MELQUISEDEQUE

OU A TRADIÇÃO PRIMORDIAL

CB132379

Jean Tourniac

MELQUISEDEQUE

OU A TRADIÇÃO PRIMORDIAL

Tradução:
Silvio Floreal de Jesus Antunha

MADRAS®

Publicado originalmente em francês sob o título *Melkitsedeq ou la Tradition Primordiale*, por Éditions Dervy.
© 2002, Éditions Dervy-Paris.
Direitos de edição e tradução para todos os países de língua portuguesa.
Tradução autorizada do francês.
© 2006, Madras Editora Ltda.

Editor:
Wagner Veneziani Costa

Produção e Capa:
Equipe Técnica Madras

Tradução:
Silvio Floreal de Jesus Antunha

Revisão:
Wilson Ryoji Imoto
Augusto do Nascimento
Adir de Lima
Daniela de Castro Assunção

Dados Internacionais de Catalogação na Publicação (CIP)
(Câmara Brasileira do Livro, SP, Brasil)

Tourniac, Jean
Melquisedeque, ou, A tradição Primordial/Jean Tourniac; [tradução Silvio Floreal de Jesus Antunha]. — São Paulo: Madras, 2006.
Título original: Melkitsedeq, ou, La tradition primordiale.
Bibliografia.
ISBN 85-370-0075-2
1. Melquisedeque, Rei de Salém 2. Religião - História I. Título.
II. Título: A tradição primordial.
06-0895 CDD-222.11092

Índices para catálogo sistemático:
1. Melquisedeque, Rei de Salém: Bíblia:
Gênesis: Biografia 222.11092

Proibida a reprodução total ou parcial desta obra, de qualquer forma ou por qualquer meio eletrônico, mecânico, inclusive por meio de processos xerográficos, incluindo ainda o uso da internet, sem a permissão expressa da Madras Editora, na pessoa de seu editor (Lei nº 9.610, de 19.2.98).

Todos os direitos desta edição, em língua portuguesa, reservados pela

MADRAS EDITORA LTDA.
Rua Paulo Gonçalves, 88 — Santana
CEP: 02403-020 — São Paulo / SP
Caixa Postal: 12299 — CEP: 02013-970 — SP
Tel.: (11) 6959-1127 — Fax: (11) 6959-3090
www.madras.com.br

Índice

Segunda parte
Melquisedeque e o Judaísmo

Terceira Parte
Melquisedeque e o Islã

Quarta Parte
Melquisedeque e o Cristianismo

Nota do Editor

As citações bíblicas se encontram traduzidas fielmente ao texto original, pois foram extraídas de versões distintas da Bíblia, cujas referências conta na Bibliografia do livro.

INTRODUÇÃO

A obra que apresentamos aos leitores reúne os elementos de uma tese universitária de doutorado cuja defesa não pôde ser efetuada em razão das supressões de disciplinas ocorridas em 1980.[1]

Achamos oportuno realizar esta publicação, levando em conta a época que atravessamos e a rapidez do desenrolar dos acontecimentos que a caracterizam.

Alguns pensarão que tratar de uma tradição ante-secular ou de um personagem do Gênesis quase desconhecido é realmente desprezar o presente e a atualidade.

Não cremos assim. De fato, as divergências das três religiões originadas de Abraão estão na ordem do dia de muitas discussões, encontros ou "mesas-redondas", tanto teológicas como políticas.

Ora, a solução para essas contradições ou incompreensões poderia muito bem ser fornecida por esse personagem misteriosamente surgido da história bíblica e que confere a Abraão, pai dos três monoteísmos, a bênção do Deus Altíssimo. Um personagem fora de nascimento humano: Melquisedeque, sacerdote e rei de Salém.

No caso, seria preciso então elevar em um "grau" a cronologia do monoteísmo e situá-lo no nível "melquisedequiano", ascensão que mais acrescenta do que retira algo do excepcional destino espiritual do pai dos crentes.

O rei de Justiça e rei de Salém aparece, além do mais, como princípio não apenas do sacerdócio da realeza, mas também de uma determinação geográfica sagrada na qual se enfrentarão, particularmente nos dias de hoje, as duas posteridades carnais de Abraão: aquela que surgiu da "mulher livre", da qual descende Cristo, Sara, e aquela despontada da "escrava", ou da serviçal, Agar. Trata-se, é claro, da Cidade Santa de Jerusalém. Outra questão da atualidade...

1. Rennes-II, fevereiro de 1977, nº de registro 7735461J, documento nº 767-036, arquivo central das teses da Universidade de Paris-X-Nanterre.

No entanto esse lugar de tumultos é, a princípio, aquele da unidade e da paz, dessa "Salém" regida por Melquisedeque.

Não resistimos ao desejo de citar aqui alguns trechos sugestivos de um recente tema de oração da associação ecumênica "Jerusalém Invisível".[2]

Jerusalém, cidade mediadora

Por sua posição geográfica nos confins do Oriente e do Ocidente, Jerusalém se encontra predestinada a uma vocação de epicentro. Como constata André Chouraqui:

> Sobre as colinas da Judéia, de frente para a África e também para os grandes desertos asiáticos e, por sua costa mediterrânea, aberta aos grandes ventos no Ocidente, Jerusalém se ergue nessa encruzilhada dos continentes onde suas poderosas raízes podem sorver toda a sabedoria do Oriente e articular em uma língua nova que propõe aos homens a grande aventura do reino da Justiça.

Tal é o ensinamento da tradição mística judaica:

> Do trono celeste, desde a criação, uma pedra de safira havia caído nesse lugar do espaço infinito; essa pedra havia se tornado o lugar do Templo, centro da terra de Israel, que iria se tornar o centro do mundo (*Zohar*).

Essa pedra — *eben ha-shetiyah* — ocuparia o lugar da Arca da Aliança no Santo dos Santos do Segundo Templo.

É dela ainda a lembrança que subsistiria com a pedra onde os peregrinos do *Anastasis* (Santo Sepulcro) reconhecem atualmente como o centro do Universo (Salmo 87).

Jerusalém, cidade de ajuntamento dos povos

> ... também, é em Jerusalém que são chamados a se reunir, a se encontrar, a se perdoar, a se amar todos os povos da nossa terra; Jerusalém é a cidade de articulação que se ergue com sua tripla coroa de minaretes, de domos, de campanários e suas sinagogas murmurantes de orações, como enxames alados que voam para Deus (Baruque, 4: 37; 5: 5-6).

---

2. "Jérusalém à la croisée de l'Orient et de l'Occident", outubro de 1981, texto de René de Tryon-Montalembert.

Jerusalém, além do Oriente e do Ocidente

Segundo a própria tradição bíblica, Jerusalém transcende de certa maneira o Oriente e o Ocidente, situando-se além dessas identificações topológicas e vendo-se muito mais "polarizada" por sua vocação de encruzilhada do louvor e de "Cidade do Grande Rei" (Salmo 48: 3; Mateus 5: 35).

Então, a todos os homens — fossem eles originários dos confins do "Grande Oeste" ou do Extremo Oriente — Deus quis dirigir Sua Palavra, essa mensagem bíblica, recapitulada em Jerusalém, e da qual Abraão Heschel gostava de proclamar a universalidade, vendo nela "o mais insigne privilégio da humanidade".

Tal é a vocação de Jerusalém que a conduz a convocar todos os orantes do mundo "do nascimento do sol ao ocaso" (Salmo 113: 3).

Como vemos, a topografia mística de Jerusalém faz dela o *centrum in trigono centri* de todo o monoteísmo, centro esse que tem o nome da cidade de Melquisedeque.

Assim, o Patriarca "sem pai e sem mãe, sem geração", para retomar a expressão do Apóstolo das Nações, encontra-se no princípio mesmo:

— das três tradições que ele "legitima" em Abraão;

— de um sacerdócio atribuído por Paulo a Cristo, e pelo qual as nações herdarão também a eleição prometida a Israel;

— de uma localização sagrada enfim, onde se erguerá o Templo de pedras e símbolos, de carne e de amor.

Então o Patriarca não seria a epifania de uma tradição única, imperecível, aquela que René Guénon chamara de TRADIÇÃO PRIMORDIAL? O que ele entendia por isso? Esse é o gancho da nossa pesquisa.

Sempre a respeito da atualidade deste trabalho, notaremos também que a obra de Guénon tem uma audiência cada vez maior em razão mesmo dos "sinais dos tempos"; nós devíamos então levá-la em conta e testar a confiabilidade das perspectivas guénonianas relativas à noção da Tradição Primordial com a ajuda desta pesquisa sobre a função de Melquisedeque e sobre o lugar que ela ocupa no seio do Judaísmo, do Cristianismo e do Islã.

A partir daí só nos restaria seguir a presença melquisedequiana nessas três religiões, no decorrer dos séculos, na linha dos textos canônicos ou lendários, ao sabor dos costumes e das glosas marginais, ao acaso dos patronatos, das igrejas, das seitas e das teosofias ou do esoterismo.

Um périplo bastante vasto para verificar o bom fundamento da equação:

Tradição Primordial = Melquisedeque

périplo em que o insólito às vezes disputa com o clássico e o detalhe pitoresco com a evidência doutrinal.

Uma equação que certamente gera outra que visa à identificação da "Boa Nova" com a Tradição Primordial, e isso "antes que a hora tenha chegado", como em Caná.

Podemos deduzir disso que, longe de estar acabado, como alguns imaginam e às vezes esperam para justificar sua apostasia, *o Cristianismo está ainda em parição e espera seu desabrochar: a idade de ouro está para vir.*

Antes de chegar a essas conclusões é preciso superar as dificuldades levantadas no caminho pela interpretação a dar as duas manifestações divinas: a de Melquisedeque e a de Jesus Cristo.

Adivinhamos facilmente que por trás dessa interpretação se mascaram, apesar das semelhanças, irredutíveis antinomias conceituais — antropomorfismo divino e encarnação, teofania do *Christos Angelos* e dupla natureza de Cristo, Grande Igreja do símbolo dos Apóstolos e gnoses diversas, etc.

Nesse caso ainda, o debate também não é anacrônico, como se poderia supor. Com certeza, damos a essas últimas considerações menos alcance que o fazemos em outros trabalhos mais especializados, especialmente em um memorial para a Escola Prática de Altos Estudos,[3] mas não podíamos ignorá-los porque poderia muito bem ser que todas as oposições e todos os "escândalos" do monoteísmo decorressem desse mistério: Anjo Supremo ou Deus feito homem. São Paulo formulou a respeito o postulado em termos inequívocos para o Cristianismo autêntico:

> Se não há ressurreição de mortos, então Cristo não ressuscitou. E, se Cristo não ressuscitou, é vã a nossa pregação, e vã a vossa fé (I. Coríntios., 15, 12-15).

O mundo não esperou a fé cristã para crer na "imortalidade da alma", todo o helenismo está aí para nos confirmar isso. Apesar disso, a "carne", a "alma viva", em sua plenitude psicocorporal e pneumática de "vida espiritual animada", significa algo bem diferente no judaico-cristianismo da alma do mundo grego. Nenhuma das formas do *Credo* cristão afirma "eu creio na imortalidade da alma". Ora, tudo isso está em estreita correlação com a questão da teofania "angelical"... ou da divindade "encarnada".

Uma última definição agora de ordem prática: nós mantivemos constantemente a ortografia Melquisedeque em nossos escritos pessoais, com a preocupação da unidade redacional; em compensação, respeitamos nos documentos citados a ortografia utilizada por seus autores.

Para terminar, resta-nos uma tarefa agradável a realizar: agradecer a todos aqueles que nos ajudaram na pesquisa e mais particularmente a Paul Lafitte de Bayonne, a quem devemos o inventário rigoroso das passagens da obra de René Guénon alusivas à Tradição Primordial e a Melquisedeque; ele nos deu, além disso, uma contribuição muito preciosa para a clareza da obra. Que ele aceite encontrar aqui a expressão da nossa gratidão.

Jean Tourniac

3. Vª seção, Ciências Religiosas, Sorbonne (diretor de estudos: M. Antoine Faivre).

PRIMEIRA PARTE

A Tradição Primordial e Melquisedeque na obra de René Guénon

— I —

A Noção de Tradição

Antes de definir quais são os postulados de uma Tradição única e primeira para Guénon, importa entender bem o sentido que o autor dá à palavra *tradição*.

No sentido etimológico do latim *tradere* significa aquilo que é transmitido". Porém, o termo adquiriu nos dias de hoje uma coloração pejorativa de informação lendária, de rotina, de costume. Em compensação, a tradição com *T* maiúsculo se aplica, para Guénon, a tudo aquilo que se destaca das verdades principiais ou dos princípios imutáveis decorrentes da Verdade primeira e única.

Um dos pensadores próximos de Guénon afirma que essas verdades principiais "vinculam toda coisa humana à Verdade divina" (F. SCHUON, "L'Œuvre de René Guénon", in *Études traditionnelles*, números 256-261, 1951). Essa tradição teria uma origem transcendente, no dizer de outro colaborador da revista de Guénon (J. THAMAR, "Comment situer l'œuvre de René Guénon?", *E.T.*, nº 282-288, 1951), e que "escapa a toda investigação histórica"... porque ela é "tão antiga quanto o mundo", segundo a expressão de Joseph de Maistre. Certamente, não é para simplificar as coisas quando se trata de fazer a parte do real nos enfrentamentos religiosos a respeito dessa tradição das origens.

De qualquer forma, vemos que essa noção de tradição é, muito pelo contrário, de uma repetição mecânica e humana e que ela postula em favor de uma transmissão consciente de elementos invariáveis e sagrados. Na acepção guénoniana, ela compreende tudo aquilo que pode ser ancorado a um princípio metafísico e cosmológico. Sua linguagem mais adequada, e mesmo a única adequada porque a menos especificada de todas as formas de expressão e a mais próxima de uma apreensão intelectiva primeira e central, se revela ser a "*linguagem simbólica*".

O objetivo da tradição assim definida é provocar a compreensão das "razões profundas", tal como ela desemboca no conhecimento da ordem metafísica, da Unidade do Macrocosmos e do Microcosmos e de todos os estados do ser; em resumo, ao final da reflexão, que pode ser "instantânea", situa-se a realização última da "identidade suprema" do homem e do Princípio Divino. É bem essa a finalidade desse "vínculo" tradicional e das perspectivas e "técnicas" espirituais que o acompanham.

Essas perspectivas exigem ética e estrutura sociais. Toda a sociedade "tradicional" compreende desde o início uma hierarquia gradual que reflete em seu nível um aspecto da ordem tradicional. Assim, a sociedade hindu antiga possuía seu sistema de castas, não necessariamente hereditárias, que buscava uma estratificação "funcional" baseada nas qualificações da atividade humana, harmonizadas com os critérios doutrinais da tradição. É inútil para nós, porém, fazer sobre tal sistema um "julgamento" que dependa de dados morais; estes últimos procuram refletir ao mesmo tempo um ponto de vista "moderno", portanto não tradicional por hipótese e principalmente "individualista", enquanto a ordem tradicional só leva em conta, ela, a pessoa, a função; o indivíduo se funde nesta como o ator antigo na máscara. A "máscara" é a realidade superior do ator. É, portanto, dentro da perspectiva da *Bhagavad-Gita* que vamos fazer essa análise da noção da tradição em Guénon e naquela de suas aplicações.

A realização dos atos em sua modalidade tradicionalmente regulada, quer dizer, seguindo a ordem do mundo e em conformidade com os "princípios", constitui a esse respeito o rito (em sânscrito: *rita*). Assim, todo ato conforme seu protótipo eterno é ritual: a atividade que ele coloca em jogo tendo por objetivo identificar o ser humano com "Aquilo" que justamente ultrapasse sua individualidade e funda sua "existência" em uma expressão do Ser universal eterno e uno.

Essa mesma idéia de ordem principial e hierarquicamente funcional levará Guénon a exemplificar, para o Ocidente, a sociedade medieval com sua dupla autoridade sacerdotal e real, suas iniciações, etc.

Outro ponto de vista digno de atenção é que a tradição, sendo iterativa nos elementos, conjuntos e subconjuntos que a constituem (sem isso não haveria mais transmissão entre um "antes" e um "depois"), a história tradicional não é linear, mas cíclica. A "entropia", em razão da progressiva perda da receptividade tradicional e da proliferação quantitativa — pois a tradição depende do aspecto qualitativo do Universo —, conduz a uma "queda" ou degenerescência cujo ponto final coincide, em seu vértice jamais alcançado, com o ponto de partida de um novo ciclo.

Assim, a evolução é feita de um estado de perfeição e de simplicidade inicial para outro de dissolução e de multiplicidade final, inversão completa do primeiro. Guénon mostrará que essa teoria dos ciclos se verifica muito bem tanto para as quatro fases da vida humana como para as quatro idades das diferentes tradições ou como nas polarizações extremas da Escritura Bíblica com o Paraíso terrestre circular coincidindo com a Jerusalém celeste quadrangular, mas após o desencadeamento final dos acontecimentos apocalípticos.

Nós pressentimos, portanto, que o estado inicial e principial é aquele que leva o nome de "Tradição Primordial", paradigma de cada uma das tradições a virem no desenrolar do tempo, que dela são apenas uma adaptação temporal e espacial.

Em resumo, o retorno à "Tradição Primordial" constitui o coroamento do ciclo. É também o objetivo da vida individual: reabastecimento metafísico, reintegração, busca de um estado original perdido. É a razão de ser das "organizações tradicionais".

As modalidades dessa volta às origens formam um registro de itinerários e de vias variadas, adaptados às "funções" tradicionais e inseridos nas chamadas organizações tradicionais. Estas podem tomar uma forma religiosa e dispensar à totalidade dos seres submetidos à sua jurisdição um ensino mínimo geral: é o "exoterismo", cuja finalidade é garantir a "salvação" ou o prolongamento póstumo do ser que acabou o ciclo do estado corporal em uma modalidade individual do estado humano integral. Elas podem tomar uma forma mais secreta e "central" e dispensar então um ensino "esotérico" que se apóia ou sobre o primeiro ou sobre uma atividade humana ordenada na tradição; trata-se então de organizações de forma iniciática. Guénon vai demonstrar que o "esoterismo" nada mais é do que a dimensão interna, o coração, a medula vivificante e "legitimante", de alguma maneira, do exoterismo, este último manifestando-o no grau em que o "mundo manifesto" (quer dizer múltiplo e incapaz de apreensão "central") pode, apesar de tudo, e muito parcialmente beneficiar.

No fundo, poderíamos resumir o Universo tradicional em algumas imagens geométricas, entre as quais aquelas aferentes ao ponto central (sem dimensão e guarnecido da multiplicidade em número indefinido de raios) que teriam um lugar especial, as referentes à representação dos ciclos sucessivos em forma de parafuso helicoidal, depois aquelas que escalonam a tripla hierarquia tradicional: altura ascendente, base mediana e plano e profundidade descendentes, que "hierarquiza" as funções da atividade humana, pois o homem tradicional guénoniano é a princípio o *homo hierarchicus*.

Para voltar às organizações tradicionais, vemos que também aí está em questão a "Tradição Primordial", quando se trata do Paraíso das Escrituras religiosas, ou quando se trata da Iniciação: entrada, começo, rito de abertura da Via que chega ao "início", e que termina pelas perspectivas orientais, naquilo que é denominado "identidade suprema", além da dualidade sujeito-objeto e mesmo do dualismo Deus-homem. Guénon descobre a indicação metodológica desse "Fim = Origem" tanto no esoterismo islâmico (de onde provém, aliás, a expressão "Identidade Suprema") como no Hinduísmo com a afirmação da identidade *Atman-Brahman* ou como no Budismo com o *Nirvana* e o *Tao* para a China taoísta.

Tal é a "razão suficiente" da tradição, mas como só podemos transmitir aquilo que nós próprios recebemos, Guénon vai então insistir na necessidade da transmissão ininterrupta, da filiação tradicional de homem a homem e de geração em geração por meio do "rito" — da "ordem" —, ou de formas rituais por mais simples que elas possam ser. Assim, da mesma maneira que não está em poder de nenhum jardineiro fazer um carvalho crescer onde falta a glande, também nenhum homem pode insuflar o Espírito que ele próprio não tenha recebido. E é aí que tocamos precisamente na idéia de uma origem única da Tradição.

Assim, se muitas organizações tradicionais atuais remontam a "tempos imemoriais", outras conhecem fundadores historicamente determinados, mas cuja mensagem se dá e aparece como proveniente de uma fonte divina, como ilustra o famoso símbolo da árvore invertida cujas raízes estão no céu.

O "céu", aqui, nada mais é do que a "terra" primeira: aquela da Tradição Primordial no Universo conceitual definido por René Guénon.

— II —

A Tradição Primordial

Terminologia

Guénon atribuirá, portanto, toda a doutrina tradicional e a legitimidade das organizações, que veiculam alguma "influência espiritual" de natureza exotérica ou esotérica, ao princípio desta "Tradição Primordial".

Tradição Primordial ou Religião Primordial? Não entraremos nesse debate, desconhecido enquanto Guénon viveu e nos círculos guénonianos, e que somente surgiria alguns decênios após sua morte, quando as divergências doutrinárias opuseram em alguns pontos — principalmente a natureza do Cristianismo — os guenonianos rigorosos a F. Schuon.

Ora, esse autor emprega o termo "*Religio Perennis*" ou Religião Primordial; ele especifica o seu pensamento em uma nota de sua obra *L'ésoterisme comme principe et comme voie* [O esoterismo como princípio e como via] (Dervy-Livres, 1978, "Le Commandement Suprême" [O Mandamento Supremo], p. 151, nota 15):

> Dizemos "Religião Primordial" e não "Tradição" porque o primeiro desses termos tem a vantagem de exprimir uma realidade intrínseca (*religere* = "religar" o terrestre ao celeste) e não apenas extrínseca como o segundo (*tradere* = "entregar" elementos escriturais, rituais e legais). Temos então o direito de perguntar se poderia existir "tradição" em uma época em que o conhecimento espiritual era inato ou espontâneo, ou ainda se a necessidade de uma "tradição", portanto, de uma transmissão exterior, não provoca *ipso facto* a necessidade de uma pluralidade de formulações.

Para Guénon, a norma e o pivô, o germe imperecível de todo o "sagrado", de todo o Universo manifesto macrocósmico e microcósmico, o fundamento de todas as tradições secundárias e das diversas religiões, o depósito eterno da doutrina e do Conhecimento, em uma palavra, o Templo da Verdade Eterna, são claramente a Tradição Primordial.

O Dharma

Ele explicará isso de maneira muito significativa quando examinar as possibilidades incluídas na noção hindu do *Dharma*, a qual inclui o ponto de vista tradicional em sua integralidade. Trata-se, então, de uma Doutrina-Conhecimento e não apenas de uma simples teoria; ela postula a "realização efetiva" do ser e comporta aplicações que englobam todas as modalidades da vida humana, sem exceção.

R. Guénon vai então definir a natureza do *Dharma*: "é um dos termos sânscritos que mais embaraçam os tradutores", escreveu ele em um artigo em 1935 (reproduzido em *Études sur l'hindouisme*, Éditions traditionnelles, 1976), pois ele tem vários sentidos: o de "Lei", de Ordem — da maneira como poderia concebê-la o lema da Franco-maçonaria escocesa: "*Ordo ab Chao*". Com certeza, esse *Dharma* "não é a Tradição Primordial", mas nós veremos logo como a ela se vincula. Guénon lembra que ele é derivado da raiz *dhri* que significa levar, suportar, sustentar, manter, etc. "Trata-se", prossegue Guénon no artigo citado anteriormente, "de um princípio de conservação dos seres e conseqüentemente de estabilidade; portanto, pelo menos ela é compatível com as condições da manifestação, pois todas as aplicações do *Dharma* se relacionam sempre ao mundo manifesto". Esse *Dharma* se apresenta, portanto, como um reflexo da "imutabilidade principial" na ordem da manifestação. Ele só é "dinâmico", continua Guénon, "na medida em que a manifestação implica necessariamente 'devir', mas ele é aquilo que faz esse devir não ser pura mudança, o que aí mantém sempre, por intermédio da própria mudança, certa estabilidade relativa".

Guénon observa a esse respeito que *dhri* é quase idêntico na forma e no sentido à raiz *dhru*, da qual deriva a palavra *dhruva*, que significa o "pólo": Efetivamente é a essa idéia de "pólo" ou de "eixo" do mundo manifesto que convém referir-se se quisermos compreender verdadeiramente a noção do *Dharma*: *é isso que permanece invariável no centro das revoluções de todas as coisas e que regula o curso da mudança ali mesmo onde ele não participa*". Destacamos a última frase, pois ela já é alusiva à concepção guénoniana da Tradição Primordial.

Guénon associará a função do *Dharma* ao símbolo do eixo ou da "árvore do mundo" e sublinhará o parentesco dessa noção com o da palavra sânscrita *rita,* que tem etimologicamente o sentido de "retidão", conformidade com a ordem humana e antes de tudo com a ordem cósmica. Vemos então que essa noção não se limita ao homem, mas se entende de todos os seres e até mesmo de todos os estados de manifestação e, portanto, de toda a criação. É a "Norma" retificadora do conjunto e a "Norma" particular de cada grupo, espécie, grau, mundo, ciclo, incluindo as idéias de harmonia, justiça, equilíbrio, legislação, objetivo atribuído pelas Escrituras tradicionais hindus à vida humana quando sua realização surge da ordem espiritual (além do corpo e do psiquismo, mas aquém do "objetivo supremo" que não é mais do domínio da manifestação)... O *Dharma* se estende igualmente às aplicações sociais e, no caso, ele se identifica com o "dever" mais do que com o "direito". Assim, o *Dharma* próprio de um ser só se pode exprimir por aquilo que ele deve fazer, e não por aquilo que os outros devem fazer em relação a ele, "e que surge naturalmente do *Dharma* desses outros seres" (*Études sur l'hindouisme*, Éditions traditionnelles, 1976, nota 1 da página 73).

Ora, esse *Dharma* assim delimitado, se podemos dizer, e que talvez poderíamos aproximar da idéia de "vontade revelada" nos monoteísmos ocidentais (tanto como se poderia, mais injustamente ainda para essas religiões, assimilá-lo à definição que a Maçonaria anglo-saxônica dá da Bíblia: "*Volume of the Sacred Law*", Volume da Lei Sagrada), esse *Dharma* vai conduzir à sua fonte principial: a Tradição Primordial, e é então com a noção de *Sanâtana Dharma* que temos de nos preocupar.

Sanâtana Dharma e Tradição Primordial

Ainda nesse caso Guénon nos previne de que se trata de uma noção sem equivalente exato nos termos ou expressões do Ocidente e, portanto, finalmente sem configuração ou prefiguração no entendimento ocidental (cf. "*Sanâtana Dharma*" em *Cahiers du Sud*, 1949, número especial "Approches de l'Inde"; esse artigo foi retomado na coletânea *Études sur l'hindouisme,* já citada). Mesmo a expressão *Philosophia perennis* no sentido medieval do termo não lhe parece mais que uma aproximação distante com relação às notáveis diferenças que podemos observar entre o domínio restrito da *Philosophia perennis* e aquilo a que se relaciona de maneira exaustiva a noção de *Sanâtana Dharma*.

É preciso fazermos aqui uma longa citação, pois a respeito dessa tradução de *Sanâtana Dharma* Guénon vai nos dar uma demonstração bem nítida daquilo que ele entende por Tradição Primordial:

> ... o termo *sanâtana* implica uma idéia de duração, enquanto a eternidade, ao contrário, é essencialmente a "não-duração"; a duração de que se trata é indefinida, se quisermos, ou mais precisamente "cíclica" na acepção do grego *aiônios*, que, além disso, também não tem o sentido de "eterno" que os modernos, por uma lamentável confusão, lhe atribuem muito freqüentemente. O perpétuo nesse sentido é o que subsiste constantemente do começo ao fim de um ciclo e, segundo a tradição hindu, o ciclo que deve ser examinado naquilo que se refere ao *Sanâtana Dharma* é um *Manvantara,* quer dizer, a duração da manifestação de uma humanidade terrestre.

Guénon acrescenta que o termo *sanâtana* contém ainda o sentido de "primordial" e observa que aquilo que é verdadeiramente perpétuo só pode ser o que remonta à própria origem do ciclo. Por fim, ele afirma que:

> se essa perpetuidade, com a estabilidade que ela necessariamente implica, não deve de maneira alguma ser confundida com a eternidade e não tem com ela nenhuma medida comum; é, no entanto, como um reflexo, nas condições do nosso mundo, da eternidade e da imutabilidade que pertencem aos próprios princípios de que o *Sanâtana Dharma* é a expressão em relação ao mesmo.

Não daremos todas as conclusões que dela tira Guénon com relação especialmente às transmissões rituais e à natureza do rito; da mesma forma não nos demoraremos nas relações existentes entre esse *Sanâtana Dharma* e a lei escrita ou religiosa que rege tal ou qual religião ou tradição. Se existe um *Dharma* que preside a conservação dos seres e que reside na conformidade com sua natureza essencial, própria de cada ser, portanto a cada categoria de seres, mundo, estado de existência — porção determinada desta eventualmente —, povo ou período, etc, existe evidentemente *Sanâtana Dharma* quando se trata do *conjunto* de uma humanidade e, como vimos, por toda a duração de sua manifestação constituindo, na teoria hindu dos ciclos, um *Manvantara*. Encontramos aqui a idéia de "lei", "norma" — e "matriz" original no sentido matemático do termo —, própria a cada ciclo e "formulada desde sua origem pelo *Manu* que lhe rege, quer dizer, pela inteligência cósmica que no caso reflete a Vontade divina e exprime aí a Ordem universal".

Parece-nos inversamente mais importante citar a passagem mais sugestiva a nosso ver dessa análise do *Sanâtana Dharma*, pois ela nos faz entrar em cheio na própria definição da Tradição Primordial:

> Agora deve ser fácil compreender o que é na realidade o *Sanâtana Dharma*: nada mais é que a Tradição Primordial, que somente subsiste continuamente e sem mudança por todo o *Manvantara* e possui assim a perpetuidade cíclica, porque sua própria primordialidade a subtrai das vicissitudes das épocas sucessivas, e que somente pode, também rigorosamente, ser vista como verdadeiramente e plenamente integral. Além disso, após a marcha descendente do ciclo e do obscurecimento espiritual dela resultante, a Tradição Primordial se tornou oculta e inacessível para a humanidade comum.[4]

Guénon acrescenta que se trata da fonte primeira e do fundo comum de todas as formas tradicionais particulares, que dela procedem por uma

---

4. *Études sur l'hindouisme*, pp. 112-113.

adaptação às condições especiais de tal povo ou tal época. No entanto, nenhuma dessas "poderia ser identificada com o próprio *Sanâtana Dharma* ou ser considerada sua expressão adequada, embora, no entanto, ela seja sempre como sua imagem mais ou menos velada".[5] Toda tradição ortodoxa parece para Guénon como um reflexo ou "substituto" da Tradição Primordial, "na medida em que o permitem as circunstâncias contingentes".[6] Se a citada tradição ortodoxa não é o *Sanâtana Dharma*, ela o representa, no entanto, verdadeiramente para aqueles que a ela aderem e dela participam de maneira efetiva. Aliás, eles só podem atingi-la por intermédio dela, e ela a exprime para eles, se não na integralidade, "pelo menos em tudo aquilo que lhes concerne diretamente, e isso sob a forma mais apropriada à sua natureza individual".[7] Daí decorre que, finalmente, todas essas formas tradicionais diversas estão "contidas principalmente no *Sanâtana Dharma*, pois elas são tanto adaptações regulares como legítimas, e, no fundo, nenhum dos desenvolvimentos a que são suscetíveis no correr dos tempos jamais poderia ser outra coisa".[8] Como corolário, todas elas contêm o *Sanâtana Dharma* em sua interioridade mais central. Seus diferentes "graus de exterioridade" são, então, como véus que recobrem a Tradição Primordial e não a deixavam transparecer senão de maneira atenuada e mais ou menos parcial. Aos olhos de Guénon, isso é inegável e "seria um erro querer assimilar pura e simplesmente o *Sanâtana Dharma* a alguma delas, qualquer que seja, aliás, por exemplo, à tradição hindu tal qual se apresenta atualmente a nós". Ele constata que esse erro é às vezes cometido por aqueles "cujo horizonte, em razão das circunstâncias nas quais se encontram, está limitado exclusivamente apenas a essa tradição". Ele observa que se, no entanto, essa assimilação "é legítima em certa medida seguindo o que acabamos de explicar, os aderentes de cada uma dessas tradições poderiam dizer, também no mesmo sentido e sob o mesmo título, que sua própria tradição é o *Sanâtana Dharma*; tal afirmação seria sempre verdadeira em sentido relativo, embora seja evidentemente falsa no sentido absoluto".[9] Ora, existe obviamente uma razão pela qual a noção de *Sanâtana Dharma* parece ligada mais especialmente à tradição hindu.

Esta é, de todas as formas tradicionais presentemente vivas, aquela que deriva mais diretamente da Tradição Primordial, embora de alguma maneira seja uma espécie de continuação externa, levando em conta, sempre bem entendido, as condições nas quais se desenvolve o ciclo humano e que ela própria dá uma descrição mais completa do que todas aquelas que

5. *Ibid.*
6. *Ibid.*
7. *Ibid.*
8. *Ibid.*
9. *Ibid.*, pp. 113-114.

se poderia encontrar em outro lugar, e que assim ela participa em grau mais alto que todas as outras em sua perpetuidade.[10]

Guénon observa que a tradição hindu e a tradição islâmica[11] são:

> as únicas que afirmam explicitamente a validade de todas as tradições ortodoxas; e, se isso acontece, é porque, sendo a primeira e a última em data durante o *Manvantara*, elas devem integrar igualmente, embora sob modos diferentes, todas essas formas diversas que se produziram no intervalo, a fim de tornar possível a "volta às origens" pela qual o fim do ciclo deverá reencontrar seu começo, e que, no ponto de partida de outro *Manvantara*, manifestará de novo no exterior o verdadeiro *Sanâtana Dharma*.

Como acabamos de ver, para René Guénon a Tradição Primordial constitui verdadeiramente o *Sanâtana Dharma* em sua própria essência, o resto não sendo, no fundo, mais que adaptações circunstanciais no tempo e no espaço, e o caráter universal da tradição hindu se deve ao fato de que ela procede diretamente da Tradição Primordial e até, diz-nos Guénon, "a representa de alguma maneira".[12]

As consequências de uma primordialidade tradicional para as religiões

Várias conseqüências decorrem dessa teoria. Citaremos apenas algumas que nos parecem fundamentais, pois é a respeito delas que os monoteísmos ocidentais e especialmente o Cristianismo e depois, no seio deste, o Catolicismo Romano, contestarão a doutrina da *Tradição Primordial*. Essa atitude se traduz pela recusa em admitir qualquer aspecto que *iguale a tradição cristã com as outras tradições*, e todo aspecto que *hierarquize ao contrário os modos de realização espiritual mais no interior, desta vez do Cristianismo, e por causa de uma distinção que não é mais apenas aquela do clero.*[13] Esses dois movimentos antitéticos, de equalização

10. *Ibid.*

11. Não discutiremos aqui o bom fundamento dessa afirmação; limitamo-nos a reproduzir, nessa parte, o pensamento de R. Guénon.

12. *Op. cit*, pp. 174-175, resumo da obra de R. Krishnaswami Aiyar, *Thoughts from the Eternal Law.*

13. Às vezes esquecemos que a "igualdade das formas tradicionais" se refere aos fins metafísicos do Universo e do homem, ao retorno a Deus, objetivo original e último do Universo e do homem. Em compensação, essa igualdade pode muito bem se conciliar com o benefício de meios privilegiados no interior de uma forma tradicional particular: "Para Deus, tudo é possível" (Marcos, 10, 27). Assim, é preciso compreender a "economia da salvação" no Cristianismo pela graça de Cristo e por sua Ressurreição.

de um lado e de hierarquização do outro, de banalização "exterior" — no nível horizontal dos comparações entre religiões — e de eleição "interior" — no nível vertical de aprofundamento de cada religião —, condicionam um ao outro. Ora, esses dois aspectos estão estreitamente ligados à concepção de uma Tradição original da qual procedem todas as outras.

E se *Melquisedeque* detivesse a chave do enigma? Pois a recusa à qual fizemos alusão faz silêncio da presença no seio dos monoteísmos, e especialmente do Cristianismo, de uma "Testemunha" ou de um testemunho da Tradição Primordial, se julgarmos por suas descrições escriturárias, pelo papel que lhe é atribuído e, justamente, pelas controvérsias causadas por sua função tradicional. Esse testemunho não apenas corrobora o vínculo das tradições do Livro e do "Deus pessoal" com a Tradição Primordial, mas principalmente parece muito bem dar ao Cristianismo (quer seja consciente ou não, quer ele recuse o dom ou não) esse caráter de indistinção (às vezes "subversivo" no meio dessas outras tradições e civilizações) próprio da Tradição Primordial!

Não entraremos agora nessa discussão, reservada a outra parte desta tese e que, como pressentimos, diz respeito diretamente a *Melquisedeque*, o "rei de Salém".

Certamente, Guénon já havia feito a aproximação, mas no prolongamento de seus estudos consagrados mais especialmente ao *Roi du Monde* [*Rei do Mundo*] e ao "triplo poder". No que nos diz respeito, são as controvérsias em torno de Melquisedeque que nos interessam na medida mesmo em que elas vão nos permitir colocar o "personagem" no quadro das tradições bíblica, judaica, cristã e muçulmana, e isso não apenas do ponto de vista estritamente relacional ou concorrencial, mas também das perspectivas "esotéricas" ou "místicas" menos conhecidas, que esclarecem o assunto. Além disso, são essas perspectivas que arriscam desmentir os argumentos religiosos que visam a refutar a noção de Tradição Primordial ou suas conseqüências, às quais fizemos alusão anteriormente e sobre as quais voltaremos agora.

A conseqüência mais "visível", poderíamos dizer, da "primordialidade" de uma tradição, da qual todas as outras procedem em razão do sentido ligado à palavra "transmitir", é que todas as religiões ou tradições, para merecer esse duplo qualificativo de "transmitido por" ou "ligado a", devem descer historicamente dessa origem comum, desse "ovo" arquétipo. Elas se encontram então "banalizadas", sem nenhum poder de excluir as outras, da mesma forma que as filhas de uma mãe ou os descendentes dessas filhas não podem contestar a herança biológica de cada uma delas.

Aqui, a herança em questão consiste na *autenticidade* tradicional e, no nível dos princípios, na *Verdade*. Vemos imediatamente no que essa doutrina poderá prejudicar os monoteísmos, quer dizer, as religiões dotadas de um "Eu" divino: ela supõe que nenhuma dessas religiões possa alegar uma detenção *exclusiva* da Verdade e a autenticidade única e absoluta.

Vemos em seguida que se essas religiões não podem endossar a afirmação de uma "Verdade Una" que as funda todas em sua autenticidade — o que F. Schuon denominou "unidade transcendental das religiões"[14] —, em compensação as organizações esotéricas ou iniciáticas basearão precisamente sua "tolerância" nessa concepção, ligada, aliás, estreitamente ou às suas perspectivas metafísicas, como é o caso do sufismo, ou ao seu ensinamento simbólico, como a Franco-Maçonaria. Evidentemente, a divisão entre "religião" e "organização esotérica" se juntará aos motivos de luta das religiões contra os "esoterismos" ou organizações iniciáticas, quer estas estejam no "interior" das primeiras, como acontece com o sufismo em relação ao Islã, ou se encontrem especificamente ligadas a alguma atividade humana independente de determinada confissão, como podemos geográfica e historicamente constatar para a Maçonaria e para a construção do "sagrado". Enfim, essa mesma divisão explica a hostilidade dessas religiões à aceitação da tese que confirma a existência da Tradição Primordial. René Guénon demonstrará o bom fundamento de uma Tradição Primordial, que contém potencialmente todas as outras, justificando assim serem elas a projeção, por exemplo, de uma relação cognitiva e causal entre o Uno e o múltiplo. Ele verá nisso a ilustração do simbolismo da roda cujos raios estão representados *in principio* em seu centro comum por um ponto único, *origem de cada raio*.

Da mesma forma, ele deduzirá do conhecimento ou persistência de certos termos simbólicos e de seu significado "técnico" em formas tradicionais muito distanciadas no tempo e no espaço a primazia e a primordialidade de uma doutrina comum. Retomando os termos de estudos feitos por Ananda K. Coomaraswamy em diferentes revistas de língua inglesa, ele verá a explicação dessas aproximações na tomada em consideração de "formulações de uma doutrina comum" (*Dharma-Paryâya*), tantos "dialetos de uma única e mesma linguagem do espírito", ou ramos de uma mesma "tradição universal e unânime" (*Sanâtana Dharma*).[15]

O julgamento feito por A. K. Coomaraswamy sobre a arte sagrada, e que não pode agradar os especialistas da mesma no Cristianismo romano moderno, se referia, porém, sem cessar à existência de um arquétipo metafísico intemporal, portanto, fora do âmbito de uma "confissão" particular.

---

14. *Cf.* F. Schuon, De l'unité transcendante des religions, Gallimard, NRF, col. *"Tradition"*, 1948.

15. *Cf.* especialmente seu resumo dos artigos de A. K. Coomaraswamy em *Speculum*, revista de estudos medievais publicada pela Medieval Academy of America: "Formes traditionnelles et cycles cosmiques", cap. "La Kabbale juive", pp. 100-101.

Isso vale também tanto para o Cristianismo, com a arte cristã, como para qualquer outra arte tradicional que procederá sempre, por uma derivação contínua, da "tradição universal e unânime" (*Sanâtana Dharma*) e cuja fonte última continua sendo uma "revelação" (*shruti*) recebida no começo da "Luz das luzes".

Outra dedução guénoniana tirada do conceito da Tradição Primordial: a idéia do retorno de todas as coisas a um estado eterno ou pelo menos não "perecível", coincidência do Paraíso Terrestre e da Jerusalém Celeste. Alguns verão nesse caso o apagamento do "tempo linear" judaico-cristão em benefício do "tempo cíclico" das tradições orientais, as "adaptações" sucessivas da Tradição Primordial efetuando-se durante o ciclo, por uma "presença" desta e pelo "reconhecimento" de que ela garante tais adaptações.

Dentro dessa perspectiva, toda religião monoteísta se encontra de novo classificada na mesma rubrica que aquela que a precede ou a sucede, ou todas as tradições existem concorrentemente com aquela em um momento histórico dado. Nesse caso ainda, uma religião qualquer não pode mais deter uma superioridade absoluta em relação às outras, quanto à posse da Verdade. Da mesma forma que não existe mais de uma Verdade, há apenas uma Tradição, princípio de todas as outras. Evidentemente, esse ponto de vista não pode ser aquele que cada confissão esposa, por extensão do princípio: "Fora da igreja não há salvação". Ora, o que foi dito de uma pode também ser dito da outra. O nível das provas não é nem demonstrativo nem objetivo, mas intuicionante, "subjetivo", ou surge eminentemente da Fé e da Graça.

Assim, analisando a obra de Paul Vulliaud sobre a cabala judaica e aquilo que esse autor relata a respeito do grande sacerdote celeste *Mikael*, de Moisés, etc., Guénon destaca algo que está dito:

> aqui dos israelitas pode ser dito de todos os povos que possuem uma tradição verdadeiramente ortodoxa: com mais forte razão é preciso dizer que são representantes da Tradição Primordial da qual todas as outras derivam e à qual todas estão subordinadas...

Dentro da mesma lógica de pensamento, o ciclo que implica uma volta ao começo, Guénon assimila "a volta de todas as coisas a seu estado primitivo" de que trata o *Zohar* (III, 856, a respeito de Jeremias, XVII, 3), a volta ao "estado primordial", quer dizer, ao estado do qual a Tradição Primordial detém a herança.

Os comentadores de Guénon tirarão dessa visão histórica aplicações associadas ao tema apocalíptico judaico-cristão. Assim Gaston Georgel (*Le Symbolisme* nº 398-399, de julho-outubro de 1971, artigo "Doctrine des cycles et mouvement de l'histoire") escreve que:

> A cronologia cíclica tradicional pode ser inscrita em um círculo, com o ponto de tangência coincidindo com o ponto de partida das duas cronologias (cíclica e linear), e assim vemos imediatamente que: 1) na vizinhança do ponto de tangência as duas cronologias quase coincidem, mas 2) elas diferem à medida que nos distanciamos ainda mais do ponto de tangência.

Ele deduz então que, no limite, o tempo retilíneo tende para o infinito, enquanto o tempo cíclico volta a seu ponto de partida, "pelo menos analogicamente".

A conseqüência desse aspecto tradicional cíclico reside no desabrochar da presente humanidade sobre uma terra que tem seus pólos e seu aspecto próprio,

> passando por dez diferentes fases sucessivas até o esgotamento total de suas possibilidades, após o que um cataclismo cósmico terminal perturbará a posição do globo e o aspecto do céu — a reversão do eixo dos pólos — para dar lugar em seguida a novos céus e a uma nova terra, morada a princípio paradisíaca de uma nova humanidade que será regida pelo Manu do novo Manvantara.

Descobrimos aqui o parentesco entre a doutrina dos ciclos e a da Tradição Primordial e as teorias orientais aplicadas à escatologia e também com as predições do *Vishnu-purana*, relativas às características da nossa era final, idade sombria do *Kali-Yuga*, descritas assim:

> Raças de escravos dominarão o mundo.
> Os chefes serão de natureza violenta.
> Os chefes, ao invés de proteger seus súditos, os abandonarão.
> Somente os bens conferirão a posição.
> O único vínculo entre os sexos será o prazer.
> A terra só será apreciada pelos seus bens minerais.
> O tipo de vida será uniforme em meio à promiscuidade geral.
> Aquele que distribuir mais dinheiro dominará os homens.
> Não importa qual homem se imaginará igual a um brâmane (autoridade espiritual).
> As pessoas experimentarão o terror da morte e a pobreza as assustará.
> As mulheres se tornarão simplesmente objeto de satisfação sexual.

Porém, todas essas perturbações levam à volta a Norma encarnada pela Tradição Primordial, como destacamos no estudo de Jean-Pierre Schnetzler, autor de *La Méditation Bouddhique*.[16]

---

16. Dervy-Livres, 1979.

> Quando os ritos ensinados pelos textos tradicionais estiverem a ponto de desaparecer e o término na idade sombria estiver próximo, uma parte do Ser divino que existe por sua própria natureza espiritual segundo o caráter do Princípio, que é o Começo e o Fim, descerá sobre a terra... e dará nascimento a uma raça que seguirá as *leis da idade primordial.*

Além disso, notaremos que, no universo conceitual retratado por Guénon, o postulado isotrópico da Tradição Primordial leva a admitir outras afirmações lendárias contestadas não somente do ponto de vista epistemológico, mas também em razão dos "retoques" que elas pressupõem no nível doutrinal, efetuados pelas religiões envolvidas.

Daí a idéia do Paraíso Terrestre identificado ao Centro Original e simbolizado pela posse do Graal — seus beneficiários podem então ser contados entre os conservadores da Tradição Primordial. Devemos citar nesse contexto uma série de trechos extraídos da obra de René Guénon, *Le Roi du Monde*, que vêm apoiar as constatações antes citadas a propósito:

a) *da idéia do Graal e da conservação da Tradição Primordial nos "centros espirituais" secundários*: Guénon nota que o Graal foi confiado a Adão no paraíso terrestre, mas que, quando de sua queda, Adão o perdeu por sua vez; ele não pôde levá-lo quando foi expulso do Éden. Assim, o sentido da lenda é claro: o homem, afastado de seu centro original, se *encontra* a partir de então preso na esfera temporal; ele não pode mais alcançar de novo "o ponto único de onde todas as coisas são contempladas sob o aspecto da eternidade". Eis então o comentário esperado:

> A posse do "sentido da eternidade" está ligada àquilo que todas as tradições nomeiam (...) de "estado primordial", cuja restauração constitui o primeiro estágio da verdadeira iniciação, sendo a condição prévia da conquista efetiva dos estados "supra-humanos". O paraíso terrestre, além disso, representa propriamente o "Centro do Mundo"; e o que diremos em seguida, sobre o sentido original do palavra *Paraíso*, permitirá compreendê-lo melhor.

Guénon se detém ainda no enigma de Seth que consegue voltar ao Paraíso Terrestre e pôde assim recuperar o precioso vaso. O nome *Seth* exprime, é verdade, as idéias de fundamento e de estabilidade e, conseqüentemente, indica de alguma maneira a restauração da ordem primordial destruída pela queda do homem:

> Devemos compreender que Seth e aqueles que depois dele possuíram o Graal puderam por isso mesmo estabelecer um centro espiritual destinado a substituir o paraíso perdido, o qual era como uma imagem deste; e então *essa posse do Graal representa a*

> *conservação integral da Tradição Primordial em um centro espiritual como esse.*[17]

Guénon pensa que a origem céltica que reconhecemos na lenda do Graal deve, sem dúvida, deixar entender que os druidas nela tiveram participação e "devem ser contados entre os conservadores regulares da Tradição Primordial".

b) *das relações dos centros secundários com o centro supremo*: Guénon estima que a perda do Graal ou de algum de seus equivalentes simbólicos corresponde ao extravio da Tradição com tudo aquilo que esta comporta; mas lhe parece que ela está mais oculta que perdida, e que em todo caso ela só pode ser perdida "por certos centros secundários, quando estes deixam de estar em relação direta com o centro supremo". O centro supremo em questão contém invariavelmente o depósito da Tradição, e ele não é afetado pelas mudanças que ocorrem no mundo externo, daí o fato de que, "segundo diversos padres da Igreja, e principalmente Santo Agostinho, o dilúvio não pode atingir o Paraíso Terrestre", que é "a habitação de Enoch e a Terra dos Santos" e cujo cume "toca na esfera lunar"; quer dizer, encontra-se acima do domínio da mudança (identificado com o "mundo sublunar"), no ponto de comunicação da Terra e dos céus (*Le Roi du Monde*, pp. 43-44).

c) *das relações entre a existência de uma Tradição Primordial e a noção de "estado primordial" do homem*: aos olhos de Guénon, o Graal representa aquele que possui integralmente a "Tradição Primordial e que, portanto, chegou ao grau de conhecimento efetivo que essa posse implica essencialmente". Por isso, ele está "reintegrado na plenitude do estado primordial". A essas duas noções, de "estado primordial" e "Tradição Primordial", lhe parece dever relacionar-se o duplo sentido inerente da própria palavra *Graal*,

> pois, por uma dessas assim migrações verbais que muitas vezes desempenham no simbolismo um papel não desprezível, e que têm, além disso, razões muito mais profundas do que podemos imaginar à primeira vista, o Graal é ao mesmo tempo um vaso (*grasale*) e um livro (*gradale* ou *graduale*); este último aspecto designa manifestamente a tradição, enquanto o outro diz respeito mais diretamente ao próprio estado (pp. 44-45).

d) *das "funções" representativas dessa Tradição sagrada, de origem "não humana" e existente no interior de organizações depositárias dessa Tradição ou que governam uma humanidade*: Guénon citará a esse respeito o Legislador ou Manu identificado com o princípio

---

17. Sublinhado por nós.

reitor e "central" da Tradição Primordial, com o chefe supremo de um centro ou região mítica intitulado a *Agartha*, segundo Saint-Yves D'Alveydre, com o Pontífice-Rei detentor dos poderes profético, sacerdotal e real, com o "Rei do Mundo":

> Pelo que acabamos de citar, já podemos compreender que o "Rei do Mundo" deve ter uma função essencialmente coordenadora e reguladora (e observaremos que não é sem razão que esta última palavra tem a mesma raiz de *rex* e *regere*), função que se pode resumir em uma palavra como aquela de "equilíbrio" ou de "harmonia", o que traduz precisamente em sânscrito o termo *Dharma*: o que nós entendemos aí é o reflexo no mundo manifesto, da imutabilidade do Príncipe Supremo (*op. cit.*, "Royauté et Pontificat", pp. 20-21).

e) *enfim, do caráter "válido" das tradições secundárias que procede da Tradição Primordial, sendo essa própria validade atestada por um reconhecimento de filiação autêntica.* Levando em conta aquilo que indicamos em d), fica evidente que esse "reconhecimento", epifanizando o laço atado que entre a Tradição Primordial e a tradição derivada ou secundária, se exercerá por intermédio de personagens que simbolizam as funções supremas assinaladas anteriormente ou representativas da tradição original.

Uma passagem do *Rei do Mundo* é significativa a esse respeito: Guénon aproxima o sentido do "duplo poder sacerdotal e real" das distinções que separam cada uma das funções tradicionais nas doutrinas hindus e ele escreve:

> ... ao *Brahâtmâ* pertence a plenitude dos dois poderes sacerdotal e real considerados a princípio e de alguma maneira no estado indiferenciado; esses dois poderes se distinguido depois para se manifestar, o *Mahâtmâ* representa mais especialmente o poder sacerdotal, e o *Mahânga* o poder real. Essa distinção corresponde àquela dos *Brahmanes* e dos Kshatryas; mas, além disso, estando "além das castas", o *Mahâtmâ* e o *Mahânga* têm neles mesmos, tanto quanto o *Brahâtmâ*, um caráter ao mesmo tempo sacerdotal e real.

O propósito o levará a precisar um ponto que até então não lhe parecia ter sido explicado de maneira satisfatória, embora seja muito importante e se refira à função dos "Reis Magos" do Evangelho que uniam neles os dois poderes; esses personagens misteriosos não representam na realidade outra coisa senão os três chefes da *Agartha*.

> O *mahânga* oferece a Cristo o ouro e o saúda como "Rei"; o *Mahâtmâ* lhe oferece incenso e o saúda como "Sacerdote"; enfim o *Brahâtmâ* lhe oferece a mirra (o bálsamo da incorruptibilidade, imagem da *Amritâ*) e o saúda como "Profeta" ou Mestre Espiritual por excelência. *A homenagem assim prestada ao*

> *Cristo que nasceu, nos três mundos que são seus domínios respectivos, pelos representantes autênticos da Tradição Primordial é ao mesmo tempo, devemos observar bem, o penhor da perfeita ortodoxia do Cristianismo em relação a ele*[18] (cap. "Les trois fonctions suprêmes", p. 36).

Destacamos a última frase da citação, pois é bem essa a aplicação ao Cristianismo dos princípios guenonianos que acabamos de lembrar.

A conclusão se impõe por si mesma: jamais os intérpretes dos dogmas ou da história religiosa nas igrejas cristãs quiseram atribuir aos Reis Magos a "função" que lhes é reservada segundo R. Guénon na economia tradicional do monoteísmo e por isso mesmo.

É então um novo motivo de desacordo entre o monoteísmo e a noção guénoniana mediadora da Tradição Primordial que surge aqui.

Antes de examinar mais a fundo as perspectivas de René Guénon, vamos enumerar os pontos de sua obra relativos a essa noção da Tradição Primordial ligada, no judaico-Cristianismo, como já sugerimos rapidamente, ao personagem de Melquisedeque.

As obras de René Guénon e as referências à Tradição Primordial

Não indicaremos nessa nomenclatura as passagens em relação direta com Melquisedeque; nós as detalharemos em outra parte desta obra. Com efeito, daremos, adiante, uma classificação detalhada delas, por nome de obra, assunto tratado, página, etc.; no momento nos contentaremos em repertoriar as obras de Guénon nas quais ele trata da Tradição Primordial assim:

1. *Símbolos fundamentais da Ciência Sagrada*: introdução, cap. I, II, III, IV, VI, VII, VIII, X, XI, XII, XVII, XVIII, XXII, XXIII, XXIV, XXV, XXVIII, XXXI, XXXV, LIX, LXIX, LXX.
2. *A grande Tríade*: prefácio, cap. XVI, XXV.
3. *O Rei do Mundo*: cap. I, II, III, IV, V, VI, VII, VIII, X, XI.
4. *Resumos*: pp. 28, 125, 188, 200.
5. *Sumários sobre o esoterismo cristão*: pp. 30, 33, 34, 35, 37, 38, 86, 97 e 102.
6. *Estudos sobre a Franco-Maçonaria e a Fraternidade*:

   Tomo 1: p. 22.

   Tomo 2: pp. 26, 27, 29, 35, 42, 54.
7. *Formas tradicionais e ciclos cósmicos*: pp. 45, 46, 48, 49, 50, 66, 72, 101, 103, 166.

---

18. Sublinhado por nós.

— III —

Tradição Primordial — Centros secundários — Papel de Melquisedeque

Primeiras Considerações

Guénon, quando faz o comentário sobre o esoterismo hebraico, depois de Paul Vulliaud e a respeito da obra *O Rei do Mundo*, nota que, entre os "intermediários celestes", designados pela cabala judaica (a *Shekhinah* e *Metatron*), a *Shekhinah* é a "presença real" da Divindade. Ele também faz notar que quando a Escritura menciona essa presença real ela o faz em referência à construção do Tabernáculo ou dos Templos de Salomão e Zorobabel. Trata-se aí sempre de uma manifestação "luminosa" que Guénon, aliás, aborda, tanto em *O Rei do Mundo* como nas *Formas tradicionais e ciclos cósmicos* (cap. "A cabala judaica"), com a designação da loja maçônica como "lugar muito luminoso e muito regular".

Antes de prosseguir, vamos reter essa comparação ou essa assimilação, pois, se existe uma organização tradicional a ponto de preservar muito viva a consciência de uma "universalidade doutrinal" que retira sua fonte de um *centro original único e comum* a todos os homens e a todas as religiões, portanto a todo o "sagrado", é certamente a Maçonaria, e isso, apesar do ambiente confessional monoteísta que foi e continua ocupando no Ocidente.

Guénon, portanto, refere-se a *Shekhinah* com o habitáculo divino e com o "Centro do Mundo", outra designação da Tradição Primordial. Assim em *Formas tradicionais e ciclos cósmicos*, falando do *Jubileu* e das idéias e imagens a ele relacionados: paz, raízes para o rio (Jeremias, XVII, 8), ou ainda "rio que sai do Éden" e que leva o nome de *Jobel* no *Zohar*, ele nota que se trata do retorno ao "estado primordial" que todas as tradições consideram:

e do qual tivemos que nos ocupar em nosso estudo sobre Dante; e quando acrescentamos que "o retorno de todas as coisas ao seu primeiro estado anunciará a era messiânica", aqueles que tiverem lido esse estudo poderão lembrar-se do que dissemos a respeito das relações entre o "Paraíso Terrestre" e a "Jerusalém Celeste".

Cabe ao nosso autor insistir sobre o fato de que aquilo de que se trata aqui, "em toda a parte e sempre, nas fases diversas da manifestação cíclica", não é nada mais que o *Pardes*, o centro deste mundo, comparado com o coração, centro do ser e "residência divina" ou *Brahma-pura* na tradição hindu. O tabernáculo é sua imagem e, por essa razão, ele é chamado em hebreu *mishkan* ou "habitáculo de Deus", palavra que tem a mesma raiz de *Shekhinah*.

Guénon observará finalmente, depois de Vulliaud e sua *Cabala Judaica*, que a *Shekhinah* tem um paredro com nomes idênticos aos seus e que possui os mesmos caracteres e tantos aspectos diferentes como a própria *Shekhinah*. O nome desse paredro é *Metatron*, numericamente equivalente ao nome divino *Shaddaï*.

Esta será, para Guénon, a ocasião de fazer a propósito de *Metatron* uma nova alusão à Tradição Primordial e à idéia de mediação angelical na qual veremos que ela levará Guénon a evocar justamente o papel de Melquisedeque.

Citemos então essa passagem do capítulo "A *Shekhinah* e *Metatron*" de sua obra *O Rei do Mundo*:

> O termo *Metatron* comporta todas as acepções de guardião, de Senhor, de enviado, de mediador; ele é "o autor das teofanias no mundo sensível";[19] ele é "o Anjo da Face", e também "o Príncipe do Mundo" (*Sâr ha-olâm*), e vemos por esta última designação que não nos distanciamos de forma alguma de nosso tema. Para empregar o simbolismo tradicional que já explicamos anteriormente, diríamos de bom grado que, como o chefe da hierarquia iniciática é o "Pólo Terrestre", *Metatron* é o "Pólo Celeste"; e o mesmo tem seu reflexo naquele, com o qual está em relação direta seguindo o "Eixo do Mundo".

Ora, Paul Vulliaud havia revelado em sua obra *A Cabala Judaica* que o nome do "Pólo Celeste" era *Mikaël*, o grande sacerdote, holocausto e oblação perante Deus. Assim, tudo que os israelitas fazem na terra está conforme aquilo que se passa no mundo celeste. O Grande Pontífice aqui embaixo simboliza *Mikaël*, príncipe da Clemência, e da mesma forma quando a Escritura fala do aparecimento de *Mikaël*, trata-se da glória da *Shekhinah*.

19. *La kabbale juive*, t. I, pp. 492 e 499 (nota de R. Guénon).

Guénon estenderá o exemplarismo a todos os povos possuidores de uma tradição verdadeiramente ortodoxa; com mais forte razão quando se trata dos representantes da Tradição Primordial da qual todas as outras derivam e à qual todas elas são subordinadas. Ele verá aí uma correspondência com o simbolismo da "Terra Santa", imagem do mundo celeste. Enfim, ele acrescentará que *Metatron* não tem apenas o aspecto da Clemência, mas também o da Justiça; ele é o "grande sacerdote" (*Kohen ha-gadol*) e o "grande príncipe" (*Sâr ha-gadol*), o "chefe das milícias celestes", nele está o princípio do poder real, e também o do poder sacerdotal ou pontifical ao qual corresponde propriamente a função de "mediador":

> É preciso, aliás, observar que *Melek*, "rei", e *Maleak*, "anjo" ou "enviado", não são na realidade senão duas formas de uma mesma e única palavra; além disso, *Malaki*, "meu enviado" (quer dizer o enviado de Deus, ou "o anjo no qual Deus está", *Maleak ha-Elohim*), é o anagrama de *Mikaël*.[20]

Melquisedeque e a noção de "centro"

Se Guénon faz a correspondência do enviado e do anjo ou do rei com o personagem de Melquisedeque, ele também estabelece uma ligação entre, de um lado, as funções espirituais de que vimos a devolução desde sua diferenciação "pós-primordial" e, do outro lado, os atributos que são de Melquisedeque, ou pelo que a Escritura diz ou pelo que significa a etimologia do nome Melquisedeque.

Da mesma forma, ele explicará assim em um capítulo inteiro do *Rei do Mundo* consagrado a Melquisedeque e alusivo, nessa direção, à Tradição Primordial. Vamos extrair daí as principais passagens.

Para começar, lembremos que Guénon havia precisado bem que o "Centro Supremo" dessa Tradição Primordial — como também a localização polar dessa "região" suprema — encontrava, durante o desenvolvimento dos ciclos, seu reflexo em outros centros particularizados: os das tradições que decorrem dessa Tradição Primordial única. É então toda a questão da "localização dos centros espirituais", título do capítulo XI do *Rei do Mundo*, que é evocada a esse respeito; ela também se refere, dentro do monoteísmo mediterrâneo, ao papel de Melquisedeque em relação à Tradição Primordial e ao centro de "Jerusalém".

---

20. Essa última observação lembra naturalmente estas palavras: "*Benedictus qui venit in nomine Domini*"; as mesmas são aplicadas a Cristo, que o *Pastor* de Hermas assimila precisamente a *Mikaël* de uma maneira que pode parecer bastante estranha, mas que não deve espantar aqueles que compreendem a relação que existe entre o Messias e a *Shekhinah*. Cristo é também chamado de "Príncipe da Paz", e ele é ao mesmo tempo o "Juiz dos vivos e dos mortos" (nota de R. Guénon).

Guénon diz que é preciso considerar várias localizações sucessivas, que correspondam a diferentes ciclos ou subdivisões de outro ciclo mais extenso chamado de *Manvantara*; convém observar, a partir daí, uma ordem hierárquica entre essas localizações, que correspondam à constituição de formas tradicionais; estas não passam em suma de "adaptações da Tradição principal e primordial que domina todo o *Manvantara*". Com efeito, também é possível existir aí simultaneamente, além do centro principal, vários outros centros que a ele se vinculem e que sejam como suas imagens; esses centros secundários, sendo mais exteriores, devem ser por isso mesmo mais aparentes que o centro supremo, o que às vezes pode causar confusões.

Guénon já havia notado a semelhança de Lhassa, centro do Lamaísmo, com a *Agartha*, qualificada mais tarde de *Shambala* por Marco Pallis, e ele chamará a atenção dos ocidentais para duas cidades cuja própria disposição topográfica apresenta particularidades que, na origem, tiveram uma razão de ser semelhante: Roma e Jerusalém. *Esta última, diz ele, "era efetivamente uma imagem visível da misteriosa Salém de Melki-Tsedeq"*.[21] É a ocasião para ele lembrar a existência de uma geografia sagrada ou sacerdotal em relação à qual a posição das cidades e dos templos não era arbitrária, mas determinada por leis muito precisas; podemos pressentir por aí, ele garante, os laços que uniam a "arte sacerdotal" e a "arte real", cuja expressão é conservada na Maçonaria, na arte dos construtores com a noção de *Pontifex*, e também as razões,

> pelas quais as antigas corporações estavam de posse de uma verdadeira tradição iniciática. Além disso, entre a fundação de uma cidade e a constituição de uma doutrina (ou de uma nova forma tradicional, pela adaptação a circunstâncias definidas de tempo e lugar), havia uma relação tal que a primeira era muitas vezes tomada para simbolizar a segunda. Mais uma vez, ele fará alusão a Janus, deus da iniciação aos Mistérios e deus das corporações de artesãos (*Collegia fabrorum*), sublinhando que "há nessa dupla atribuição um fato particularmente significativo".

Acrescentemos ainda que essa noção de "localização" já estava contida nas definições que Guénon deu da *Shekhinah*, presença divina revestida da roupagem "melequiana" de *Metatron*, e que o autor do *Rei do Mundo* estabeleceu, além disso:

a) *uma concordância entre as duas projeções do "Centro Primordial" e os símbolos da montanha e da caverna*, quando ele viu, nas descrições de Anne Catherine Emmerich, a "montanha dos profetas" assi-

21. Sublinhado por nós.

milada à famosa *Agartha*, residência do Rei do Mundo, conservatório da Tradição Primordial e receptáculo do conhecimento iniciático: "... também Swedenborg declara que daí em diante é entre os sábios do Tibete e da Tartária que é preciso procurar a 'Palavra Perdida'; e, da sua parte, Anne Catherine Emmerich tem essa visão de um lugar misterioso que ela chama de 'Montanha dos Profetas', e que ela situa nas mesmas regiões" (*Le Roi du Monde*, cap. "Le centre suprême et le *Kali-yuga*", p. 71).

Descobriremos adiante qual comparação ele faz entre o Centro Supremo da Tradição Primordial e o *situs* da montanha, quer se trate do Monte *Mêru* dos hindus, do *Alborj* dos persas ou da *Salém* de Melquisedeque, ou ainda da *Agartha*, o reino invisível.

Dentro da mesma idéia de *situs* polar ou vertical, destacamos a assimilação a essa Terra Santa paradisíaca com o monte *Garizim* dos samaritanos, que é, lembra-nos Guénon, a "Montanha Abençoada", a "Colina Eterna", o "Monte da Herança", a "Casa de Deus" e o Tabernáculo de seus anjos, a morada da *Shekhinah*; ele é até identificado com a "Montanha Primordial" (*Har Qadim*) onde ficava o Éden, e que não foi submersa pelas águas do dilúvio (*Le Roi du Monde*, p. 56, nota 1).

É ainda a montanha polar do antigo *Tula*, chamada de "Ilha Branca".

> Nós dissemos (acrescenta Guénon) que essa cor representa a autoridade espiritual; nas tradições americanas, *Aztlan* tem por símbolo uma montanha branca, mas essa figuração se aplicava a princípio a *Tula* hiperbórea e a "montanha polar". Na Índia, a "ilha branca" (*Shwêta-dwîpa*), que geralmente é colocada nas regiões longínquas do Norte, é vista como a "Morada dos Bem-aventurados", o que a identifica claramente como a "Terra dos Viventes".

Guénon nota a esse respeito que se existe uma assimilação fonética a fazer entre *Mêru* e *mêros* (coxa) a propósito do nascimento de Dionísio, a "Grande Ursa", de seu lado, era chamada de "constelação da coxa" entre os antigos egípcios. Da mesma forma ele lembra, e isso não nos distancia da nossa análise, que:

> as "ilhas afortunadas" da Antiguidade Ocidental (...) estavam situadas a oeste (o "jardim das Hespérides": *hesper* em grego, *vesper* em latim, são a noite, quer dizer, o Ocidente), o que indica uma tradição de origem atlante, e que pode também, por outro lado, fazer pensar no "Céu Ocidental" da tradição tibetana.

O que quer que seja, trata-se de uma montanha, ou ainda de uma ilha: "a ilha dos Santos" para a Irlanda ou ainda "a ilha verde", "a ilha dos Bem-aventurados", mas sempre dotada em seu centro de uma "montanha branca":

> que não, dizem, submerge a nenhum dilúvio, e cujo próprio cume é de cor púrpura. Essa "montanha do sol", como também é chamada,

> é a mesma coisa que o *Mêru*: este, que também é a "montanha branca", é circundado por uma cintura verde pelo fato de estar situado no meio do mar, e em seu cume brilhar o triângulo de luz.

Trata-se, logicamente, de representações ou de centros secundários da Tradição Primordial, constituídas, lembra-nos Guénon, tendo em vista as adaptações da mesma a determinadas condições.

Mas são sempre regiões representativas do "coração do mundo" ou "polares", as quais não podemos atingir, como essa montanha *Qâf* dos árabes, "nem por terra nem por mar" e que têm, entre suas outras designações, a de "montanha dos Santos", como ainda o *Montsalvat* do Graal. Guénon (*Le Roi du Monde*, cap. V, p. 4), se exprime assim para descrever a montanha do Graal:

> Existe ainda um símbolo que se liga a outro aspecto da lenda do Graal, que merece atenção especial: é o do *Montsalvat* (literalmente "monte da Salvação"), o pico situado "nas margens distantes das quais nenhum mortal se aproxima", representado como se erguendo no meio do mar, em uma região inacessível, e atrás do qual se levanta o Sol. É ao mesmo tempo a "ilha sagrada" e a "montanha polar", dois símbolos equivalentes dos quais nós ainda voltaremos a falar na seqüência do nosso estudo; é a "Terra da Imortalidade", que se identifica naturalmente com o Paraíso Terrestre.

Retiramos da passagem a associação do *situs* geográfico com uma cor simbólica: assim o verde-branco-vermelho do hermetismo e do escocismo maçônico da ilha verde, centrada com uma montanha branca impossível de ser atingida pelo dilúvio e de cume púrpura, ou ainda o *Mêru*, montanha branca no meio de um mar verde e sobrepujada por um triângulo luminoso, ou enfim, a brancura imaculada da "Alba", do arco-íris, etc. Em todos os casos essas noções: de isolamento: cume de uma montanha inacessível, gruta no fundo do monte, ilha; de cor pura: arco-íris, cores herméticas, brancura e corpo solar ligada ao firmamento (branco, amarelo, azul), estão ligadas à de *separação* do mundo vulgar ou "profano", de *santificação*, com o *Kaddosh* sendo colocado à parte. Encontraremos precisamente a mesma definição de "santidade aplicada à montanha de Sião no centro da terra de *Salém*... cuja realeza pertence a Melquisedeque, daí o nome de Terra Santa para a terra de Israel".

b) *a permanência de uma "organização" tradicional circular, com doze membros e um centro, para todas as derivadas da Tradição Primordial.* Nessa ocasião, René Guénon faz de novo alusão a Melquisedeque. Ele observa que essa constituição circular se encontra no conselho do *dalai-lama*, entre os cavaleiros da Távola Redonda, e que o número doze não representa apenas os doze signos do zodíaco, mas também e para começar as doze manifestações do Sol único e indivisível, as doze *Adityas* ou Sóis. Ele escreve em uma nota:

> São todas manifestações de uma essência única e indivisível; e também se diz que esses doze Sóis aparecerão todos simultaneamente no final do ciclo, retornando então na unidade essencial e primordial de sua natureza comum. Entre os gregos, os doze grandes deuses do Olimpo também têm correspondência com os doze signos do Zodíaco

A propósito do Rei do Mundo, que tem o sol entre seus emblemas, ele assinala que esse símbolo:

> é exatamente o mesmo que a liturgia católica atribui a Cristo quando lhe aplica o título de *Sol Justitiae*; o Verbo é efetivamente o "Sol Espiritual", quer dizer o verdadeiro "Centro do Mundo"; e, além disso, essa expressão de *Sol Justitiae* se refere diretamente aos atributos de *Melki-Tsedeq*.

O leão, animal solar, é justamente na Antiguidade e na Idade Média um emblema da justiça e também do poder.

> O signo do Leão é, no Zodíaco, o domicílio próprio do Sol. O Sol de doze raios pode ser considerado representando as doze *Adityas*; sob outro ponto de vista, se o Sol figura Cristo, os doze raios são os doze Apóstolos (a palavra *apostolos* significa "enviado", e os raios são também "enviados" pelo Sol). É preciso ainda ver no número dos doze Apóstolos a marca, entre muitas outras, "*da perfeita conformidade do Cristianismo com a Tradição Primordial*".[22]

Sabemos, além disso, que esses doze *Adityas,* designados pela tradição hindu sob os nomes de *Dhâtri*, *Mitra*, *Aryaman*, *Rudra*, *Varuna*, *Sûrya*, *Bhaga*, *Vivaswat*, *Pûshan*, *Savitri*, *Twashtri* e *Vishnu*, foram também assimilados por Guénon aos doze frutos da Árvore da Vida situados no centro do Paraíso Terrestre; a Árvore da Vida sendo a *Aditi*, a essência "única e invisível da qual eles saíram", ou seja, o próprio símbolo da Tradição Primordial.

Além disso, se Guénon, a propósito da localização secundária da Tradição Primordial, fez alusão à montanha e lembrou também o papel da arca do dilúvio e da *Thebah* hebraica, ele colocou em evidência o papel de *Noé*, cuja arca foi posta sobre uma montanha e que foi o primeiro a plantar a vinha. A arca do dilúvio, escreve no *Rei do Mundo* (cap. XI),

22. Sublinhado por nós.

> é ainda uma representação do centro supremo considerado especialmente enquanto garante a conservação da tradição, em estado de envoltório de alguma maneira,[23] no período transitório que é como o intervalo de dois ciclos e que está marcado por um cataclisma cósmico que destrói o estado anterior do mundo para dar lugar a um novo estado.[24]

Quanto ao *Noah* bíblico, o condutor da Arca, e cujo papel parece análogo ao *Satyavrata* da tradição hindu que se tornou em seguida o *Manu* do nosso ciclo atual (ele próprio parte do presente *Manvantara* na doutrina oriental dos ciclos cósmicos), ele considera que o fato da plantação da vinha (Gênesis, IX, 20) constitui uma alusão ao significado simbólico do vinho e ao aspecto *iniciático deste último, tal como aparece no episódio relativo ao sacrifício de Melquisedeque.*

De fato, bem a propósito dos ritos sacrificiais, Guénon vai ligar as idéias contidas no *Rei do Mundo* com a *função de Melquisedeque.* É disso que trata o capítulo VI do *Rei do Mundo* consagrado, como vimos, a Melquisedeque, pois também pela evocação de um rito sacrificial, que "memoriza" a Tradição Primordial no Tempo, Gênesis descobre o papel de Melquisedeque.

Assim se efetua em Guénon a apresentação do Patriarca Desconhecido:

> Diz-se nas tradições orientais que o *Soma*, em certa época, se tornou desconhecido, de maneira que foi preciso, nos ritos sacrificiais, substituí-lo por outra bebida, que não era mais que uma figura desse *Soma* primitivo;[25] esse papel foi desempenhado principalmente pelo vinho, e a isso se relaciona, entre os gregos, grande parte da lenda de *Dionysos*.[26]

---

23. Esse estado é assimilável àquele que representa o início de um ciclo o "Ovo do Mundo", contendo em germe todas as possibilidades que se desenvolveram durante o ciclo; a Arca contém, além disso, todos os elementos que servirão à restauração do mundo, e que são assim os termos de seu estado futuro (nota de René Guénon).
24. É ainda uma das funções do "Pontificado" garantir a passagem ou a transmissão tradicional de um ciclo a outro; a construção da Arca tem aqui o mesmo sentido daquela de um ponto simbólico, pois ambos são igualmente destinados a permitir a "passagem das águas", que tem, aliás, múltiplos significados (nota de René Guénon).
25. Seguindo a tradição dos persas, houve duas espécies de *Haoma*: o branco, que só podia ser recolhido em uma "montanha sagrada", chamada por eles de *Alborj*, e o amarelo, que substituiu o primeiro quando os ancestrais dos iranianos deixaram seu *habitat* primitivo, mas que foi perdido igualmente em seguida. Trata-se aí das fases sucessivas do escurecimento espiritual que se produziu gradualmente *pelas* diferentes idades do ciclo humano (nota de R. Guénon).
26. *Dionysos* ou *Bacchus* tem vários nomes, que correspondem a aspectos diferentes; sob pelo menos um desses aspectos, a tradição o faz vir da Índia. O relato segundo o qual ele nasceu da coxa de Zeus repousa sobre uma assimilação verbal das mais curiosas: a palavra grega *mêros*, coxa, foi substituída pelo nome de *Mêru*, a "montanha polar", à qual ela é quase idêntica foneticamente (nota de R. Guénon).

De fato, o vinho é tomado muitas vezes para representar a verdadeira tradição iniciática. Em hebreu, as palavras *iaïn*, "vinho", e *sod*, "mistério", substituem uma à outra (elas têm o mesmo valor numérico: 70) e entre os sufis,

> o vinho simboliza o conhecimento esotérico, a doutrina reservada à elite e que não convém a todos os homens, da mesma forma que nem todos podem beber o vinho impunemente. Daí resulta que o emprego do vinho em um rito confere ao mesmo caráter nitidamente iniciático; tal é notadamente o caso do sacrifício "eucarístico" de Melquisedeque, e esse é o ponto essencial sobre a qual devemos agora nos deter (*op. cit.*, cap. VI, pp. 47-48).

Guénon anuncia assim o papel especial de Melquisedeque, pois o seu sacrifício, como ele lembra, é habitualmente considerado a prefiguração do sacrifício eucarístico; fundada sobre as perspectivas de Paulo na Epístola aos Hebreus e na palavra do Salmo 110: 4: "*Tu es sacerdos in aeternum secundum ordinem Melchissedec*", aplicada a Cristo, a liturgia cristã identifica praticamente o sacerdócio cristãos ao de Melquisedeque.

Efetivamente, na Bíblia (Gênesis, 14: 19-20), nós descobrimos uma ordem hierárquica curiosa entre Melquisedeque e Abraão:

> e Melki-Tsedeq, rei de Salém, fez trazer pão e vinho; e ele era sacerdote do Deus Altíssimo (*El Elion*). E ele abençoou Abraão dizendo: Bendito seja Abraão do Deus Altíssimo, possuidor dos Céus e da Terra; e bendito seja o Deus Altíssimo, que entregou teus inimigos em tuas mãos. E Abraão lhe deu o dízimo de tudo o que havia apanhado.

Guénon faz a correspondência, como também o fazem os teólogos cristãos, dessa passagem do Antigo Testamento com o comentário do citado episódio na Epístola aos Hebreus:

> Esse Melquisedeque, rei de Salém, sacerdote do Deus Altíssimo, que se apresentou diante de Abraão quando ele voltava da derrota dos reis, que o abençoou, e a quem Abraão deu o dízimo de todo o butim; que é a princípio, segundo o significado de seu nome, rei de Justiça, depois rei de Salém, quer dizer do rei da Paz; que é sem pai, sem mãe, sem genealogia, que não tem começo nem fim de sua vida, mas que é feito assim semelhante ao Filho de Deus; esse Melquisedeque permanece sacerdote perpetuamente (Hebreus 7: 1-3).

Voltaremos a essa bênção pois a seu respeito veremos as duas "filhas da Bíblia", a judia e a cristã, se arrogarem cada uma por seu turno uma primazia, verdadeira no fato de que ela procede de uma participação em

Melquisedeque, mas errônea no sentido de que Melquisedeque não é "inferior" nem ancilar a nenhuma delas!

Guénon, em todo caso, meditou longamente sobre essa relação entre os dois sacerdócios, daí as passagens a seguir do capítulo VI do *Rei do Mundo* que coloca bem em epígrafe a hierarquia dos dois sacerdócios: o de Arão para o Judaísmo e o de Melquisedeque para o Cristianismo. Parece que Melquisedeque é representado como superior a Abraão, pois ele o abençoa e:

> "sem contradição, é o inferior que é abençoado pelo superior";[27] da sua parte, Abraão reconhece essa superioridade, pois lhe dá o dízimo, o que é a marca de sua dependência. Existe aí uma verdadeira "investidura", quase no sentido feudal dessa palavra, mas com essa diferença de que se trata de uma investidura espiritual; e podemos acrescentar que aí se encontra o ponto de junção da tradição hebraica com a grande Tradição Primordial.

Para Guénon, essa bênção coincide com a comunicação de uma "influência espiritual", na qual Abraão vai participar a partir de então, "e podemos notar que a fórmula empregada coloca Abraão em relação direta com o 'Deus Altíssimo', que esse mesmo Abraão invoca em seguida identificando-o com Jehovah".[28] Vem então uma exegese guemátrica, pois se Melquisedeque é superior a Abraão, é que o "Deus Altíssimo" (*Elion*), que é o Deus de Melquisedeque, é ele próprio superior ao "Todo-Poderoso" (*Shaddaï*), que é o Deus de Abraão. O primeiro desses dois nomes representa então um aspecto divino mais elevado que o segundo. Além disso,

> *El Elion* é o equivalente de *Emanuel*, esses dois nomes tendo exatamente o mesmo número;[29] e isso liga diretamente a história de *Melki-Tsedeq* com a dos Reis Magos, cujo significado explicamos anteriormente. Além disso, ainda podemos nesse caso ver o seguinte: o sacerdócio de *Melki-Tsedeq* é o de *El Elion*: o sacerdócio cristão é o de *Emanuel*; se então *El Elion* é *Emanuel*, esses dois sacerdócios só podem ser um, e o sacerdócio cristão, que aliás comporta essencialmente a oferenda eucarística do pão e do vinho, é verdadeiramente segundo a ordem de Melchissedec.[30]

---

27. Epístola aos Hebreus, 7: 7.
28. Gênesis, 14: 22.
29. O número de cada um desses nomes é 197 (nota de R. Guénon).
30. Esta é a justificação completa da identidade que indicamos antes; mas convém observar que a participação na tradição pode nem sempre ser consciente: nesse caso, ela não é menos real como meio de transmissão das "influências espirituais", mas não implica a ascensão efetiva a uma posição qualquer da hierarquia iniciática (nota de R. Guénon).

A Tradição Primordial e as "três funções supremas"

A propósito das três funções supremas da tradição hindu, o caráter de Melquisedeque, que transcende qualquer forma específica, vai, na opinião de Guénon, manifestar-se mais nitidamente. Daí em diante, a identificação com a Tradição Primordial do personagem "sem geração" não deixa mais dúvida: nós já notamos que ela era simbolizada pela Árvore da Vida nos doze frutos análogos ao Sol de Justiça com doze sóis secundários manifestando-se, e ele mesmo referido aos atributos de Melquisedeque.

Guénon observa, com efeito, que na história lendária dos Reis Magos, é feita alusão a três personagens distintos, Melchior, Gaspar e Baltasar, que lhe parecem ser os três chefes da hierarquia iniciática, enquanto se Melquisedeque é único, é porque ele pode — escreve — unir em si aspectos que correspondem à essas três mesmas funções — daí o fato de alguns terem distinguido em *Adoni-Tsedeq* (o "Senhor de Justiça") a dupla função denominada: *Kohen-Tsedeq* (o "Sacerdote de Justiça") e *Melki-Tsedeq* (o "Rei de Justiça"); esses três aspectos podem de fato ser considerados como se relacionando, respectivamente,

> às funções do *Brahâtmâ*, do *Mahâtmâ* e do *Mahanga*. Embora *Melki-Tsedeq* seja então propriamente o nome do terceiro aspecto, ele era aplicado ordinariamente por extensão ao conjunto dos três e que, se ele é assim empregado de preferência aos outros, é porque a função que exprime é a mais próxima do mundo exterior, portanto aquela que é manifesta mais imediatamente. De resto, podemos observar que a expressão "Rei do Mundo", como a de "Rei de Justiça", faz alusão diretamente ao poder real; e, por outro lado, encontrámos também na Índia a designação de *Dharma-Râja*, que é literalmente equivalente à de *Melki-Tsedeq* (*op. cit.*, pp. 52-53).

Ora, Guénon atribui esse título de *Dharma-Râja* a *Yudhishthira*, no *Mahâbhârata*, embora ele tenha sido primitivamente entregue ao "Juiz dos Mortos", *Yama*. A relação entre esse juiz dos falecidos e *Manu*, o justiceiro de um *Manvantara*, já foi sublinhada por Guénon. Além do mais, comentando a expressão de Paulo na Epístola aos Hebreus, 7: 8, aplicada a Melquisedeque, "Mas aí, é um homem do qual é atestado que está vivo", Guénon declarou nitidamente:

> Esse "homem vivo", que é *Melki-Tsedeq*, é *Manu* que permanece de fato "perpetuamente" (em hebreu *le-ôlam*), quer dizer, por toda a duração de seu ciclo (*Manvantara*) ou do mundo que rege especialmente. É porque ele é "sem genealogia", pois sua

> origem é "não-humana", já que ele mesmo é o protótipo do homem; e realmente é bem "feito semelhante ao Filho de Deus", pois, pela Lei que formula, ele é para este mundo a expressão e a própria imagem do Verbo Divino (*op. cit.*, pp. 51-52).

É verdade que o anjo do Julgamento, Mikaël na tradição judaico-cristã, detém um instrumento próprio à sua função, mas que surge da Justiça: a *espada*, atributo igualmente de Melquisedeque com a *balança*, seu complementar. Guénon observa ainda a esse respeito que os dois emblemas representam respectivamente, na ordem social, as funções administrativa e militar,

> que pertencem propriamente aos *kshatriyas*, e que são os dois elementos constitutivos do poder real. São também hieroglificamente os dois caracteres que formam a raiz hebraica e árabe *Haq*, que significa ao mesmo tempo "Justiça" e "Verdade", e que, em vários povos antigos, serviu precisamente para designar a realeza. *Haq* é o poder que faz a Justiça reinar, quer dizer o equilíbrio simbolizado pela balança, enquanto o próprio poder o é pela espada.

Aos seus olhos, tal é exatamente a característica do poder real; enquanto, além disso, é igualmente o símbolo, na ordem espiritual, da força da Verdade.

> Existe também uma ordem suavizada dessa raiz *Haq*, obtida pela substituição do sinal da força espiritual por aquele da força material; e essa forma *Haq* designa propriamente a "Sabedoria" (em hebreu *Hokmah*), de modo que ela convém mais especialmente à autoridade sacerdotal, como a outra ao poder real (*op. cit.*, p. 54).

Encontramos aqui, pela realeza de Justiça assumida por Melquisedeque, duas das funções supremas da tradição hindu; mas o próprio fato de haver equivalência de significado entre o legislador de um ciclo, *Manu*, e o personagem sem geração, Melquisedeque, mostra bem que este é, se podemos dizer, a encarnação da Tradição Primordial para o ciclo em questão, o nosso, por referência ao aparecimento de Melquisedeque nas duas Escrituras judaica e cristã, ciclo no seio da qual essas duas tradições monoteístas não figuram senão como "aplicações" circunstanciais e providenciais da citada Tradição Primordial.

Na passagem observaremos que isso não "desvaloriza" o Judaísmo pois ele se enraíza em Abraão "abençoado por Melquisedeque", e não deprecia em nada o caráter transcendente de Cristo, já que por um lado ele é uma descendência carnal e espiritual do Judaísmo e, por outro, é identificado com Melquisedeque e reconhecido como tal pelos "três poderes" dos

Reis Magos, e une o *início* do ciclo a seu *fim*. Poderíamos dizer que Cristo parece ser muito mais que um dos "centros" das religiões monoteístas e nenhuma religião em "ismo" (Judaísmo, Cristianismo, etc.) pode fazê-lo "seu", pela excelente razão de que Ele é eterno, como, aliás, ele mesmo diz: "*Antes que Abraão existisse, eu sou*" (João, 8:58).[31]

Essas reflexões nos levam à consideração dos três poderes ou das três funções.

As "três funções supremas" e Melquisedeque

Guénon, como sabemos, faz essas três funções supremas derivarem da Tradição Primordial, a qual ele nos diz estar *ainda presente,* apesar de oculta dentro dessa *Agartha* (ou *Shâmbala*) subterrânea que inspirou Ossendowski e, em seguida, René Guénon.

Já a propósito da *Agartha*, ele havia feito a aproximação com Melquisedeque, notando que esse é rei e sacerdote em conjunto, e que seu nome significa "rei de Justiça", que ele é ao mesmo tempo rei de *Salém*, quer dizer da "Paz"; ele encontrava aqui, antes de tudo, a "Justiça" e a "Paz", ou seja, precisamente os dois atributos fundamentais do "Rei do Mundo". A ocasião era assim propícia para observar que o nome *Salém*, contrariamente à opinião comum, não havia jamais designado na realidade nenhuma cidade, mas, se o tomamos pelo nome simbólico da residência de *Melquisedeque*, ele devia ser visto como um equivalente do termo *Agartha*.

Ainda a respeito da *Agartha* e do Rei do Mundo, surge em Ossendowski a passagem relativa ao poder do *Manu* do nosso ciclo ou do Rei do Mundo da Tradição Primordial:

> Esse poder é dado a *Agarthi* pela ciência misteriosa de *Om*, palavra com que começamos todas as orações.

Guénon explica nesses termos a relação entre o Rei do Mundo e *Om*:

> Por outro lado, o *Adi-Manu* ou primeiro *Manu* de nossa *Kalpa* (*Vaivaswata* sendo a sétima) é chamado *Swâyambhuva*, ou saído de *Swayambhâ*, "aquele que subsiste por si mesmo" ou o *Logos* eterno; ora, o *Logos*, ou aquele que o representa diretamente, pode verdadeiramente ser designado como o primeiro dos *Gurus*, ou "Mestres Espirituais"; e, efetivamente, *Om* é na realidade o nome do *Logos* (*op. cit.,* p. 33).

René Guénon vai então ligar efetivamente os três *mâtrâs*, ou elementos constitutivos do monossílabo *Om*, com as três funções supremas que

31. É bem essa a resposta da Palavra à questão fundamental do Maharshi: "Quem sou eu?", o "Eu" das tradições orientais ou "o Ser é o Ser" do Eterno falando a Moisés (Êxodo, 3: 14).

presidem os destinos dessa famosa *Agartha*, ela mesma análoga à cidade de Melquisedeque. Este poderia aparecer, nas tradições monoteístas que nos interessam, como o equivalente do *Brahâtmâ* da tradição hindu (lembremos que, dentro da ordem dos princípios universais, a função do *Brahâtmâ* se refere a *Ishwara*, aquela do *Mahâtmâ* em *Hiranyagarbha*, e à do *Mahânga* em *Virâj*).

Guénon levará os três elementos constitutivos do monossílabo *Om*, com suas formas geométricas, ao seguinte traçado: linha reta, espiral, ponto, traçado que se identifica com o triângulo iniciático do simbolismo original, para o qual o *Mahânga* representa a base, o *Brahâtmâ,* o cume, e entre os dois, o *Mahâtmâ* encarna de alguma maneira um princípio mediador, ou ainda a *anima mundi* dos hermetistas, cuja ação se espraia no "espaço intermediário".

Ele lembra, aliás, a definição dada por Ossendowski segundo a qual o *Mahâtmâ* "conhece os acontecimentos do futuro", e o *Mahânga* "dirige as causas desses acontecimentos"; com o *Brahâtmâ* "falando com Deus face a face".

Apoiando-se no relato de *Animais, Homens e Deuses*, René Guénon prossegue:

> Ao *Brahâtmâ* pertencia a plenitude dos dois poderes, sacerdotal e real, considerados principialmente e de alguma maneira no estado indiferenciado; esses dois poderes se distinguem em seguida para se manifestar; o *Mahâtmâ* representa mais especialmente o poder sacerdotal e o *Mahânga,* o poder real. Essa distinção corresponde à dos *Brâhmanes* e dos *Kshatriyas*; mas, além do mais, sendo "além das castas", o *Mahâtmâ* e o *Mahânga* têm neles mesmos, tanto como o *Brahâtmâ*, um caráter ao mesmo tempo sacerdotal e real.

Aqui vai ocorrer uma intuição muito notável do autor. Para Guénon, de fato, os Reis Magos do Evangelho, unindo neles os dois poderes, parecem-lhe representar precisamente os três chefes da *Agartha*...

> O *Mahânga* oferece a Cristo o ouro e o saúda como "Rei"; o *Mahâtmâ* oferece o incenso e o saúda como "Sacerdote"; finalmente o *Brahâtmâ* lhe oferece a mirra (o bálsamo da incorruptibilidade, imagem da *Amritâ*) e o saúda como "Profeta" ou Mestre Espiritual por excelência (*cf.* a passagem citada na página 31).

Ele conclui então que essa homenagem prestada ao Cristo recém-nascido, nos três mundos que são seus respectivos domínios, pelos representantes autênticos da Tradição Primordial, constitui bem, ao mesmo tempo, "o testemunho da perfeita ortodoxia do Cristianismo em relação à mesma".

Eis, portanto, a palavra pronunciada: os três Reis Magos representam as três funções supremas da Tradição Primordial. Por dedução, *Melquisedeque é bem o "chefe" dessa Tradição Primordial*, ou melhor, seu "princípio personalizado" em *Rei do Mundo — Cristo/Logos*. A esse respeito, Guénon acrescentará na nota 1 dessa passagem (p. 36), que o nome desses Reis Magos, Melchior ou, em hebreu, *Melki-Or*, "Rei da Luz", é bastante significativo daquilo de que se trata.

Além disso, na doutrina tradicional que ele desenvolve, se Melquisedeque é o aspecto do Logos para o ciclo abraâmico ou o equivalente teofânico do *Om* hindu, ele deve absorver necessariamente toda a manifestação tal qual ela se absorve também, e principalmente, na Tradição Primordial; a homogeneidade dessa Tradição Original implica a indistinção dos poderes e hierarquias levados a puras potencialidades, tanto como vai acontecer para as três *gunas* da tradição hindu antes da passagem ao estado manifesto. Ora, o monossílabo *Om*, do qual vimos o parentesco com Melquisedeque, contém também, mas *na unidade*, e antes de sua distinção, as hierarquias funcionais supremas, pois o *Brahâtmâ* e seus dois assessores estão igualmente em relação com os três mundos, o ternário do *Tribhuvana*: Terra, Atmosfera e Céu. Guénon indica isso nitidamente nestes termos:

> Com efeito, segundo a tradição hindu, os três elementos desse monossílabo sagrado simbolizam respectivamente os "três mundos" aos quais fizemos alusão há pouco, os três termos da *Tribhuvana*: a Terra (*Bhû*), a Atmosfera (*Bhuvas*), o Céu (*Swar*), quer dizer, em outras palavras, o mundo da manifestação corporal, o mundo da manifestação sutil ou psíquica, o mundo principial não manifesto (*op. cit.,* p. 34).

Portanto, a propósito das três funções supremas, René Guénon destacou os três dados seguintes:

1. A analogia entre a *Agartha*, como *lugar* simbólico onde se conserva a Tradição Primordial, e *Jerusalém*, lugar não menos simbólico em relação ao monoteísmo, já que, segundo Guénon, esse nome não viria de *Salém*, a Paz, visto que Melquisedeque é rei da Justiça e da Paz.

2. A relação entre o monte *Mêru*, sede da Tradição Primordial para os hindus — *Alborj* para os persas —, o *Éden paradisíaco*, sede simbólica e atemporal dessa tradição e de onde partem os quatro rios do *Pardès*, *Jerusalém* com sua santa Sião, pólo espiritual do monoteísmo e lugar de manifestação de Melquisedeque.

Vamos abrir aqui um longo parênteses:

O Paraíso das origens é também o reservatório das águas celestes, *Malkuth*, essa séfira cabalística que, segundo Vulliaud, citado por Guénon (*op. cit.*, p. 55), "é o reservatório onde se reúnem as águas que vêm do rio do alto, quer dizer, todas as emanações (graças ou influências espirituais) que ela distribui em abundância".

Exatamente Guénon chama a atenção, no capítulo do *Rei do Mundo* consagrado a *Malkuth*, para o fato de que essa séfira representa no "mundo inferior" a presença divina ou *Shekhinah* da tradição judaica, e que ela tem por sinônimo *Tsedeq*, o "Justo". Vimos que Melquisedeque era além disso definido pelo apóstolo Paulo como rei de *Salém*, a Paz, o que lhe são conferidos atributos tradicionais da balança e da espada, ou dá à noção de Justiça o sentido de equilíbrio e de paz, do eixo central do mundo, outra figura da Tradição Primordial, encarnada em Melquisedeque; daí a reflexão de Guénon no *Rei do Mundo* (cap. VI, p. 55):

> Essa aproximação de *Malkuth* e *Tsedeq*, ou da Realeza (o governo do mundo) e da Justiça, se encontra precisamente do nome de *Melki-Tsedeq*. Trata-se aqui da justiça distributiva e da propriamente equilibrante, na "coluna do meio" da árvore sefirótica; é preciso distingui-la da Justiça oposta à Misericórdia e identificada com o Rigor, na "coluna da esquerda", pois são esses dois aspectos diferentes (e, aliás, em hebreu, existem duas palavras para designá-las: a primeira é *Tsedaqah* e a segunda, *Din*).

O primeiro desses aspectos, ele explicará, é a Justiça que, em seu sentido mais estrito e completo, implica "essencialmente a idéia de equilíbrio ou de harmonia, e ligada indissoluvelmente à Paz".

3. A natureza dos estreitos vínculos que reúnem todas essas descrições de uma geografia supraespacial ou sagrada e que fundam em um único lugar espiritual a montanha das origens ou dos profetas, o monte *Mêru*, o monte da santa Sião — de onde Melquisedeque dará seu próprio nome a Jerú-Salém —, e o ponto central e subterrâneo do reino da *Agartha* — "a mais alta das montanhas e o mais baixo dos vales", dizem os rituais maçônicos mais antigos que tratam da localização da "loja de São João".

Com certeza, Guénon admitirá mesmo que se trata aí de centros espirituais mais ou menos ocultos ou pelo menos dificilmente acessíveis, mas isso será para ele a ocasião de concluir dessa maneira o capítulo que trata das três funções supremas, no qual vimos que elas eram simbolizadas por Melquisedeque.

> A única explicação plausível que pode ser dada a respeito é que, embora descrições se relacionem a centros diferentes, como parece em certos casos, os mesmos não são por assim dizer mais que emanações de um centro único e supremo, da mesma forma que todas as tradições particulares não são em suma mais que adaptações da grande Tradição Primordial (*op. cit.*, p. 39).[32]

32. Não podemos reproduzir aqui todas as passagens da obra de Guénon relativas ao centro do mundo, seja do centro do Lamaísmo, seja do conselho circular dos cavaleiros da Távola Redonda, da Cidade Solar dos Rosacruz, etc.

— IV —

A menção da Tradição Primordial e de Melquisedeque nas obras de Guénon e de seus conhecidos

Nas obras de Guénon

Damos a seguir a referência das diversas passagens da obra de René Guénon na qual é feita menção, ou alusão, à Tradição Primordial. Cada observação bibliográfica será seguida de uma curta nota sobre o assunto tratado na passagem em questão.

Precederemos de um *asterisco* (*) a indicação das páginas em que o autor faz menção a Melquisedeque.

SYMBOLES FONDAMENTAUX DE LA SCIENCE SACRÉE (Gallimard, 1962). [*Símbolos Fundamentais da Ciência Sagrada*]

Introdução de M. Valsan

p.12 (e nota 1)	Concordância da tradição cristã com as outras formas da tradição universal.
p.15 (embaixo), p.16 (no alto)	Vínculo direto entre a Tradição Primordial e a doutrina hindu.

CAP. I: O VERBO E O SÍMBOLO

p. 37	A revelação primordial, obra do Verbo, como a criação.
p. 38	Lugar central do símbolo do coração em todas as doutrinas originadas da Tradição Primordial.

CAP. III: O SAGRADO CORAÇÃO E A LENDA DO SANTO GRAAL

p. 42 (linha 7)	O número dos Apóstolos, sinal da perfeita conformidade do Cristianismo com a Tradição Primordial.
p. 45 (última parte)	A existência de uma Tradição Primordial.

CAP. IV: O SANTO GRAAL

p. 52 (última parte)	Os símbolos comuns às formas tradicionais mais distanciadas umas das outras pertencem, na realidade, à Tradição Primordial (é o caso do vaso ou da taça do Graal).
p. 61	O Centro Supremo e os centros secundários que dele emanam (o reino do padre João).

*CAP. VI: A CIÊNCIA DAS LETRAS (*ILMUL-HURUF*)*

p. 69 (no meio)	Síria primitiva = Tula hiperbórea (capital Heliópolis, segundo José).
p. 69 (última parte)	Todo centro espiritual secundário é a imagem do Centro supremo e primordial.
p. 70 (no alto)	A língua original (*loghah sûryâniyah*) é a Palavra perdida.
p. 70 (no meio)	Origem não humana da língua primitiva, como a da Tradição Primordial.

CAP. VII: A LÍNGUA DOS PÁSSAROS

p. 77 (última parte)	Segundo a tradição islâmica, Adão, no Paraíso Terrestre, falava em versos, quer dizer, em linguagem ritmada.

CAP. VIII: A IDÉIA DO CENTRO NAS TRADIÇÕES ANTIGAS

p. 84 (embaixo)	O ponto no centro do círculo: um dos signos que se vinculam diretamente à Tradição Primordial.
p. 92 (no começo)	A suástica, signo do pólo, é um dos símbolos da Tradição Primordial.

CAP. X: O TRIPLO CINTURÃO DRUÍDICO

p. 103	Do Paraíso Terrestre à Jerusalém Celeste: a quadratura do círculo.
p. 103 (nota 4)	A tradição atlante não é a Tradição Primordial do presente *Manvantara*.

CAP. XI: OS GUARDIÕES DA TERRA SANTA

p. 106	Terra Santa = Coração do Mundo = Terra dos Vivos = *Omphalos*

p. 108	A Terra Santa é, por excelência, a sede da Tradição Primordial, o *Paradesha* sânscrito, a *Pardès* caldéia ou o Paraíso Terrestre.
p. 109	Enumeração dos múltiplos nomes sob os quais se designa o Centro Supremo: Tula, *Luz*, *Agartha*, etc. Diferentes símbolos que figuram o Centro Supremo: montanha, caverna, ilha, cidade, cidadela, templo, palácio, triplo cinturão.
p. 110	Duplo sentido do simbolismo do Graal (*grasale* = vaso; *gradale* ou *graduale* = livre).
p. 112	Um dos papéis dos "Guardiões da Terra Santa": manter o vínculo entre a Tradição Primordial e as tradições secundárias derivadas.
* p. 112 (3ª parte)	Jerusalém, imagem invisível da misteriosa Salém de *Melchissédec*.

CAP. XII: A TERRA DO SOL

p. 116	O símbolo da Balança polar está em relação com o nome de Tula, dado ao centro hiperbóreo da Tradição Primordial.
p. 117	A ilha de Avalon (= Belen = Apolo céltico e hiperbóreo) é outra designação da "Terra Solar".

CAP. XVII: A LETRA G *E A SUÁSTICA*

p. 140	Vínculo entre a Tradição Primordial e os símbolos da suástica e da Grande Ursa.

CAP. XVIII: ALGUNS ASPECTOS DO SIMBOLISMO DE JANUS

* p. 149 (1ª parte)	*Melchissédec* reúne em sua pessoa os poderes sacerdotal e real que procedem de um princípio único.

CAP. XXII: ALGUNS ASPECTOS DO SIMBOLISMO DO PEIXE

p. 167	Origem hiperbórea do simbolismo do Peixe.
p. 167 (2ª parte)	O *Matsya-Avatâra* e Vishnu está em relação com o ponto de origem da Tradição Primordial.
p. 169	O *Matsya-Avatâra*, no início do *Manvantara*, traz aos homens o Veda, ou seja, a Revelação Primordial.
p. 170	Oannès, em relação com o simbolismo do Peixe, ensina aos homens a doutrina primordial.

CAP. XXIII: OS MISTÉRIOS DA LETRA NÛN

p. 176 (última parte) A tradição hindu representa a herança mais direta da Tradição Primordial.

CAP. XXIV: O JAVALI E A URSA

p. 177 (1ª parte) Símbolos de origem hiperbórea que marcam a vinculação direta da tradição céltica com a Tradição Primordial.

p. 178 (2ª parte) Vârâhî (terra do javali, considerada como um aspecto da *Shakti* de Vishnu) é idêntica à Terra Solar, ou Síria primitiva, ou a Tula hiperbórea, centro espiritual primordial.

CAP. XXV: AS PEDRAS DE FÚRIA

p. 189 (*in fine*) Origem hiperbórea das pedras de fúria.

CAP. XXVIII: O SIMBOLISMO DOS CHIFRES

p. 202 *Apolo Karneios*, deus dos Hiperbóreos = Kronos-Saturno = deus do 7º céu = regente da idade de ouro.

p. 203 Correspondência entre o deus poderoso *Karneios* e o *Shaddaï* hebraico.

p. 203 (nota 4) *Shaddaï*, Deus de Abraão, e *Seyyidna Ibrâhim* = Pólo do 7º céu de Saturno ou Kronos.

CAP. XXXI: A MONTANHA E A CAVERNA

p. 223 A montanha simboliza o centro espiritual no período original da humanidade terrestre. Em seguida, a caverna foi um símbolo mais adequado.

CAP. XXXV: AS PORTAS SOLSTICIAIS

p. 243 O Sol da meia-noite nas regiões hiperbóreas, lá onde se situa a origem da Tradição Primordial.

CAP. LIV: O SIMBOLISMO DA ESCADA

p. 336 (1ª parte) Caráter primordial do rito de ascensão da árvore axial (tanto védico como xamânico).

CAP. LXIV: A PONTE E O ARCO-ÍRIS

p. 384 Assimilação do simbolismo do arco-íris com o da serpente: lembranças de alguma coisa que remonta provavelmente a muito longe na história tradicional.

CAP. LXX: CORAÇÃO E CÉREBRO

p. 414 (2ª parte)	A idéia do coração como centro do ser é comum a todas as tradições originadas da Tradição Primordial.

LA GRANDE TRIADE: A Távola Redonda revista (edição de 1946). [A Grande Tríade]

PREFÁCIO:

p. 11 (*in fine*)	Necessidade de remontar à Tradição Primordial parar explicar as similitudes notáveis entre organizações iniciáticas que pertencem a formas tradicionais diferentes.
p. 11 (nota 2)	Tudo o que comporta a iniciação constituía anteriormente a parte superior da Tradição Primordial.

CAP. XVI: O MING-TANG

p. 112 (nota 2)	Semelhança singular entre Yu, o Grande da tradi-
ção	chinesa e Hu-Gadarn, da cultura céltica.
Seriam	essas localizações posteriores de um mesmo protótipo que remonta à pró-
pria Tradição	Primordial?
p. 114	O centro do Ming-Tang, reflexo do centro da Tradição Primordial da qual todas as formas tradicionais são derivadas.

CAP. XXV: A CIDADE DOS SALGUEIROS

p. 165	Caráter primordial, já que polar, do simbolismo da cidade dos Salgueiros no ritual da *Tien-ti-Houei*.
p. 168	A Grande Ursa: imagem do centro supremo que guarda o depósito da Tradição Primordial.

LE ROI DU MONDE (Gallimard NRF, 5ª edição). [*O Rei do Mundo*]

CAP. I: NOÇÕES SOBRE A "AGARTHA" NO OCIDENTE

p. 11 (nota 1)	O Graal, segundo a versão de Wolfgang d'Eschenbach, foi finalmente transportado para o reino do padre João, centro simbólico que representa a Tradição Primordial.

CAP. II: REALEZA E PONTIFICADO

p. 16 (2ª parte)	Natureza do reino do padre João (símbolo da Tradição Primordial da nossa era).

p. 16 (nota 2)	O padre João teria parado de se manifestar depois da época das invasões muçulmanas e seria representado externamente pelo dalai-lama.
p. 20	Função essencialmente ordenadora e reguladora do Rei do Mundo, cujos atributos fundamentais são a Justiça e a Paz.

CAP. III: A "SHEKINAH" E "METATRON"

p. 28	*Metatron* = autor das teofanias no mundo do sensível = Anjo da Face = Príncipe do Mundo = Grande Príncipe (*Sâr ha-gadol*) = chefe das milícias celestes.
p. 28	O chefe da hierarquia iniciática é o "Pólo" terrestre; *Metraton*, ele, *Kohen ha-gadol* por sua equivalência com Mikaël, é o "Pólo" celeste e este tem seu reflexo naquele. A hierarquia iniciática remonta à Tradição Primordial.
p. 29 (última parte)	Mikaël = face luminosa de *Metatron*, com a parte obscura sendo representada por Samaël (ou Sorath = 666, demônio do Sol).

CAP. IV: AS TRÊS FUNÇÕES SUPREMAS

p. 31	O *Brahâtmâ* (ou melhor *Brahmâtmâ*), chefe supremo da *Agartha,* pode falar com Deus face a face, tanto como *Metatron*, o Anjo da Face, no mundo celeste.
p. 36	Os três Reis Magos do Evangelho representam os três chefes da *Agartha* vindos para render obediência ao Rei do Mundo (*Sol Justitiae*).
* p. 38 (nota 2)	O título de *Sol Justitiae* se refere diretamente aos atributos de *Melki-Tsedeq*.
p. 39 (fim da nota 2)	Número dos 12 apóstolos: marca da conformidade do Cristianismo à Tradição Primordial.

CAP. V: O SIMBOLISMO DO GRAAL

p. 42	A posse do sentido da eternidade está ligada ao estado primordial.
p. 43	A origem céltica da lenda do Graal deixa entender que os druidas devem ser contados entre os conservadores regulares da Tradição Primordial.
p. 44 (fim)	
p. 45 (começo)	O duplo sentido do Graal (*grasale* = vaso;
gradule	= livro) se reporta primeiro ao estado primordial e depois à Tradição Primordial.

CAP. VI: "MELKI-TSEDEQ"

* p. 47 seg.

CAP. VII: "LUZ" OU A MORADA DA IMORTALIDADE

p. 66	Alcance da região do terceiro olho pela *Kundalini* = restituição do estado primordial. Quando *Kundalini* atinge a coroa da cabeça = conquista efetiva dos estados superiores do ser, além do "homem integral" ou "primordial".

CAP. VIII: O CENTRO SUPREMO OCULTO DURANTE O "KALI-YUGA"

p. 70	O retorno da humanidade terrestre ao "estado primordial" no final do *Kali-Yuga* coincidirá com o início do próximo *Manvantara*.

CAP. X: NOMES E REPRESENTAÇÕES SIMBÓLICAS DOS CENTROS ESPIRITUAIS

p. 82	Distinção da Tula hiperbórea e da Tula atlante.
p. 83 (nota 1)	Dificuldade para determinar o ponto de junção da tradição atlante com a hiperbórea em razão das substituições de nomes.
p. 83 (nota 3)	A Grande Ursa é, na Índia, a morada simbólica dos sete *Rishis*: conformidade com a tradição hiperbórea.
* p. 84 (1ª parte)	*Melki-Tsedeq*.

CAP. XI: LOCALIZAÇÃO DOS CENTROS ESPIRITUAIS

* p. 89	Jerusalém, localização visível da misteriosa Salém de *Melki-Tsedeq*.
* p. 91 (nota 3)	Significado simbólico do vinho no sacrifício de *Melki-Tsedeq*.

APERÇUS SUR L'ÉSOTÉRISME CHRÉTIEN (Éditions Traditionnelles, 1954). [*Resumos sobre o esoterismo cristão*]

PREFÁCIO DE JEAN REYOR:

* p. 8 e 9	Citação de um artigo de Guénon sobre "O Cristo, sacerdote e rei" (publicado na revista *O Cristo Rei*) onde está em questão o duplo caráter sacerdotal e real de *Melki-Tsedeq* e dos Reis Magos.

CAP. III: OS GUARDIÕES DA TERRA SANTA

p. 30	Residência da *Shekhinah* no *Mishkan* = imagem do Centro do Mundo.
p. 33	Terra Santa = sede da Tradição Primordial = *Paradêsha* ou "região suprema" = *Pardes* dos caldeus = Paraíso Terrestre.
p. 34	Termos Tula, *Luz*; Salém, *Agartha*; empregados para designar o Centro Supremo.
p. 35	Estado edênico = que corresponde à posse efetiva da Tradição Primordial.
p. 37	Os Guardiões da Terra Santa = defensores do Centro espiritual supremo = função de Kshatriya, casta guerreira cuja iniciação "cavalheiresca" faz uso do simbolismo do Amor.
* p. 38	Outra função desses guardiões do Centro supremo = manter o vínculo entre a Tradição Primordial e as tradições secundárias e derivadas. Jerusalém, imagem visível da misteriosa Salém de *Melchissédec*.

CAP. IV: A LINGUAGEM SECRETA DE DANTE E DOS "FIÉIS DE AMOR"

* p. 50 (2ª parte)	*Melchissédec*, representante da tradição única oculta sob as formas externas.

CAP. VIII: O SANTO GRAAL

p. 86	Os símbolos comuns às formas tradicionais mais distanciadas umas das outras, no tempo e no espaço, pertencem à Tradição Primordial da qual essas formas são todas originadas mais ou menos diretamente. Caso do vaso ou da taça, em particular.
p. 97	A constituição dos centros espirituais secundários já marca um primeiro grau de obscurecimento com relação à Tradição Primordial, pois então o Centro supremo não está mais em contato direto com o exterior.
p. 98	O reino do padre João.

CAP. IX: O SAGRADO CORAÇÃO E A LENDA DO SANTO GRAAL

p. 102	O número dos Apóstolos é a marca da conformidade do Cristianismo com a Tradição Primordial.

FORMES TRADITIONNELLES ET CYCLES COSMIQUES

(Gallimard NRF, 1970). [*Formas Tradicionais e Ciclos Cósmicos*]

ATLÂNTIDA E HIPERBÓREA

pp. 35, 36 e 37	Ponto de partida hiperbóreo da Tradição Primordial.
p. 38	Tula hiperbórea, centro primeiro e supremo para o *Manvantara* atual.
p. 39 (*in fine*)	Uma parte da tradição druídica era de origem hiperbórea.
p. 45	Os "ancestrais", detentores efetivos da Tradição Primordial.

LUGAR DA TRADIÇÃO ATLANTE NO MANVANTARA

p. 46	Origem polar da Tradição Primordial cujo ponto de partida é o mesmo do presente *Manvantara*.
p. 48	O solstício de inverno, ponto de partida normal do ano, diretamente em conformidade com a Tradição Primordial.
p. 49	A tradição hindu diretamente originada da Tradição Primordial. O dilúvio bíblico não corresponde ao do *Satyavrata* que precede o início do nosso *Manvantara*.
p. 50	Constituição das diferentes formas tradicionais próprias ao final do *Manvantara*, a partir da Tradição Primordial.

QABBALAH

p. 64	*Qadmôn* (hebreu) e *qadîm* (árabe) = antigo, "primordial".
p. 64 (nota 1)	Nota sobre *El insânul-qadîm* (o Homem Primordial), designação de *El insânul-kâmil* (homem universal, perfeito ou "total") = *Adão Qadmôn* (hebraico).
p. 65	Apesar de o fato da raiz *QDM* evocar ao mesmo tempo a antiguidade e a origem (*origo*, latim → *oriri* → *oriens*: ponto de origem da marcha diurna do sol), não é preciso ver aí a afirmação de uma origem oriental da humanidade terrestre. Essa origem é polar e nórdica.
p. 66	Toda tradição procede da Tradição Primordial e toda língua sagrada representa a língua primitiva por causa da cadeia ininterrupta da transmissão (*silsilah*; *shelsheleth ha-qabbalah*).

CABALA E CIÊNCIA DOS NÚMEROS

p. 72	Certos símbolos que encontramos em todas as tradições remontam à Tradição Primordial.
p. 75 (e nota 2)	Pitagorismo e orfismo têm seu ponto de união em Delfos e o Apolo délfico é hiperbóreo.

A CABALA JUDAICA

p. 97	*Pardes* = Paraíso = Centro Espiritual Supremo.
p. 98	*Beith-Din* = casa de Justiça = outra designação do Centro Espiritual Supremo.
p. 101	Os representantes da Tradição Primordial em relação ao Pólo celeste.
p. 103 (*in fine*)	Os centros espirituais secundários são imagens do Centro Supremo para cada uma das adaptações da Tradição Primordial.

RESUMOS

* p. 114	*Melquisedeque.*
p. 137	A cidadela solar, morada dos Imortais, representa um dos aspectos do centro do mundo.
p. 166	O simbolismo do Fênix, diretamente ligado à Tradição Primordial.

ÉTUDES SUR LA FRANC-MAÇONNERIE ET LE COMPAGNONNAGE (Éditions Traditionnelles, 1964). [*Estudos Sobre a Franco-Maçonaria e a Fraternidade*]

Tomo I

UM PROJETO DE JOSEPH DE MAISTRE PARA A UNIÃO DOS POVOS

p. 22	Noção de uma tradição primitiva em Joseph de Maistre.

RESUMOS DOS LIVROS

p. 168	O Rei do Mundo não é o *Princeps hujus mundi.*
* p. 191	*Melki-Tsedeq* (a propósito do Rei do Mundo e do anti-Cristo).

Tomo II

FALA PERDIDA E PALAVRAS SUBSTITUÍDAS

pp. 26 e 27	A Tradição Primordial = conhecimento implicado na posse do estado primordial. As formas tradicionais são substitutos, mais ou menos velados, da Tradição Primordial.

p. 29	*Alborj* = montanha polar da morada primordial na tradição dos persas.
p. 35	Uma forma tradicional é um "substituto" da Tradição Primordial.
p. 42	Certos aspectos da palavra sagrada da Arca real evocam uma restituição da Tradição Primordial.

O CRISMA E O CORAÇÃO NAS ANTIGAS MARCAS CORPORATIVAS

p. 54	Os relatos simbólicos e cristãos são vestígios da Tradição Primordial.

COMPTES RENDUS (Éditions Traditionnelles, 1973). [*Resumos*]

p. 28	Idéia de revelação primitiva expressa por F. Portal em seu livro *Des couleurs symboliques* [Cores Simbólicas].
p. 125	Tradição Primordial = Tradição do Paraíso Terrestre = monoteísmo mais transcendente e mais rigoroso.
p. 188	O xamanismo procede da Tradição Primordial hiperbórea.
pp. 188-189	*Axis mundi* = árvore cósmica, eixo da Tradição Primordial.
p. 200	As formas tradicionais são degradações em relação à Tradição Primordial.

L'HOMME ET SON DEVENIR SELON LE VÊDANTA (Éditions Traditionnelles, 1974). [*O Homem e seu Futuro Segundo o Vêdanta*]

CAP. 1: GENERALIDADES SOBRE O VÊDANTA

* p. 18 (nota 1)	Os oito Imortais do Taoísmo = mesmo princípio que *Melki-Tsedeq* = a analogia em todas as tradições.

Entre os conhecidos de Guénon e no início de sua obra

Notaremos que a noção de Tradição Primordial era familiar aos intelectuais que conviviam com Guénon.

Assim, Matgioi (Alberto de Pouvourville) faz em várias ocasiões alusão a essa doutrina. A esse respeito consultaremos *La Voie rationnelle* (capítulo II: "Les concordances taoïstes"; capítulo VIII: "Les sciences sacrées"; capítulo IX: "Le taoïsme contemporain"). Deste último capítulo citamos as passagens a seguir bastante significativas a esse respeito:

> A Tradição não é outra coisa, de fato, senão o resumo dos ensinamentos primordiais sob os quais a humanidade se estabeleceu, se edificou e progrediu; é uma curta síntese que contém em germe tudo o que o homem pode ser: é o magma intelectual dos ancestrais, é a quintessência cósmica da humanidade... (Éditions Traditionnelles, 1941, 2ª edição, revista e corrigida, p. 236).

> E quase poderíamos dizer que a melhor demonstração de que a Tradição está intacta é que todas as épocas, todas as situações, todos os movimentos da humanidade a ela se associam e a ela se referem (*ibid*, p. 237).

Também vamos reportar-nos a outra obra importante de Matgioi, *La voie métaphysique*, cujo primeiro capítulo se intitula "A Tradição Primordial". Esse título basta por si mesmo, mas destacaremos, porém, esta precisão:

> Devo tentar aqui abrir, no século XX ocidental, esse tesouro oculto há 5 mil anos e ignorado até mesmo por alguns de seus guardiões. Mas primeiro quero estabelecer os principais caracteres dessa Tradição primeira, e conseqüentemente verdadeira, e principalmente determinar, pela prova humana e tangível que nos deixaram seus autores, como os monumentos dessa tradição que remontam a uma época em que, nas florestas que cobriam então a Europa e mesmo o ocidente da Ásia, os ursos e os lobos quase não se distinguiam dos homens, como eles cobertos de pêlos e comedores de carne crua... (Éditions Traditionnelles, 1956, 3ª edição, p. 6).

O autor vai notar, além disso, que o mundo "amarelo conservou essa presença" de uma tradição das origens.

> Assim, é precisamente porque a Tradição Primordial soube se perpetuar entre os amarelos (...) que nós devemos reconhecê-la como apropriada *por si própria* ao gênero humano e conseqüentemente intacta e verdadeira... (*op. cit.,* pp. 8-9).

"Assim, o primeiro homem, Fohi, *cristalizou* a Tradição Primordial". Uma nota precisa: "Importa dizer desde já que Fohi não é nem homem nem mito, mas a designação de um agregado intelectual, como foi, aliás, Hermes" (*ibid.,* 13).

Nas páginas anteriores, tentamos resumir o pensamento de Guénon a respeito dessa noção de Tradição Primordial e da função reservada a Melquisedeque no seio do monoteísmo abraâmico. Era preciso começar por aí, pois em nenhuma parte, além da obra de Guénon, encontramos uma exposição tão clara e exaustiva sobre a origem central de todo o universo tradicional, religioso e "sacral".

Daqui para a frente, precisamos prosseguir a pesquisa perguntando desta vez às próprias religiões abraâmicas: "O que vocês dizem de Melquisedeque?"; "Qual lugar ou qual papel vocês lhe atribuem dentro da sua economia doutrinal, em seus comentários, em sua 'mística'?".

Acreditamos que as respostas mostrarão:

— divergências referentes às "concorrências" institucionais, especialmente entre o Judaísmo e o Cristianismo;

— distinções conceituais que surgem das perspectivas paulinas e cristocêntricas, de um lado, ou teofânicas e cristo-angélicas, de outro lado, e isso, especialmente entre o Islã e o Cristianismo;

— elementos comuns em cada religião e que permitem colocar posteriormente a equação fundamental desta tese:

Melquisedeque = Tradição Primordial.

Veremos que a resolução dessa equação, longe de "desvalorizar" o Filho do Homem, lhe restitui, ao contrário, sua natureza divina, retira de sua mensagem toda caducidade, e faz dele o restaurador da Tradição Primordial para o "mundo que há de vir".

SEGUNDA PARTE

Melquisedeque e o Judaísmo

— V —

Posição de Melquisedeque no Judaísmo

Ventilação bíblica

A posição ocupada por Melquisedeque na tradição originada de Abraão, e no Judaísmo em primeiro lugar, nos é dada pela referência à Torá, para aquilo que é a tradição "global" do monoteísmo de Israel, e em seguida pelo comentário esotérico do *Zohar*. Após essas duas fontes, vêm os pontos de vista, as exegeses e as discussões.

Para melhor compreender a importância de Melquisedeque na tradição monoteísta, é preciso ter em mente o texto bíblico:

1. de Gênesis e relativo:

— ao encontro de Abraão e de Melquisedeque e suas conseqüências (Gênesis, 14: 18-20);

— à descendência semítica, árabe, judia e cristã (Gênesis, 16);

2. de Gênesis e de Salmos relativamente ao sacerdócio de Melquisedeque e ao de Arão: Salmos, 110: 4 e passagens anteriormente citadas de Gênesis;

3. de Êxodo para Arão (Êxodo, 28, 29 e 30, 38 a 40, inclusive);

4. do Levítico para o papel do sacerdócio.

Zohar, Cabala e Targum[33]

Além disso, também é preciso conhecer as passagens que tratam de Melquisedeque, da cidade de Salém e de seu rei:

— no *Zohar*[34] (tradução de J. de Pauly): t. I, p. 500; t. II, p. 621; t. V, pp. 147, 243, 502; t. VI, p. 36;

33. Agradecemos ao dr. Maurice Grinberg por sua contribuição na pesquisa dos textos.

34. Utilizaremos somente o texto de J. de Pauly em todas as nossas citações do *Zohar*.

— no *Midrash Rabba*: Paracha L. T. (Gênesis); Paracha N. G. (Gênesis); Paracha K. H. (Levítico); Paracha A (Números); Paracha B (Deuteronômio); Paracha B (Cântico dos Cânticos);
— a *Kabbala denudata* de Christian Freiherr von Rosenroth (p. 543);
— a *Kabbala unveiled* de S. L. Mac Gregor Mathers (p. 295);
— as *Lendas dos Judeus* de Gisnburg (Hagadoth) 5, 225;
— o *Targum Néofiti* (Biblioteca Vaticana);
— o *Targum de Jerusalém* (Mikraa Gdolot).

Precisões sobre as compilações religiosas do Judaísmo

Algumas precisões são agora necessárias para esclarecer as idéias do leitor pouco familiarizado com as compilações religiosas do Judaísmo. No decorrer dos séculos III e IV o estudo vai centrar-se, na Terra Santa, sobre a *Michná*, reunindo os ensinamentos legais que decorrem da Torá oral: Torá *she be al peh*, distinta da Torá escrita ou dos livros da Bíblia que a constituem: Torá *she Biktav*. Esta *Michná* é formada de prescrições, regulamentos, passos a seguir, as "cercas" ou barreiras, chamada *halakhah* (de *halakh*: andar), e de parábolas, lendas, anedotas que facilitam sua compreensão: a *haggadah* (do verbo *hagad*, contar, ao "*hiphil*").[35]

Temos então uma ventilação assim concebida:

Torá escrita (*she Biktav*)
Torá oral (*she be al peh*)
} *Halakhah* + *Haggadah*

Os mestres que ensinavam a Torá oral a enriqueciam de ensinamentos tradicionais, os *mishnaïot*.

Sentiu-se a necessidade de reunir esses ensinamentos rabínicos a respeito da prática da Torá em uma única compilação, dotada de seis ordens: Sementes, Festas, Mulheres, Danos (direito civil e criminal completado por um conjunto de aforismos: *Aboth* — Pais —), Coisas Santas (sacrifícios ao Templo), Coisas Puras (limpeza das impurezas rituais), de 63 capítulos ao todo. Essa compilação dos principais *mishnaïot* chama-se *Michná*. Conseqüentemente temos o seguinte esquema:

- Torá escrita
- Torá oral { *Halakhah* + *Haggadah* } → *Michná*, completada pela *Tosefta*.

35. O "hiphil" é a forma ativa causal do verbo: a ação feita por outra pessoa que não o sujeito e da qual este é a causa, o instigador, etc.

A *Tosefta* é uma segunda coletânea que cita *mishnaïot* de doutores menos conhecidos, mas retomados na *Michná*.

Enfim, muitos outros *mishnaïot* continuaram a ser ensinados oralmente e se encontram no texto do *Talmude*, sob o nome de *Baraïtot*.

No entanto, o estudo da *Michná* devia provocar discussões. As tradições antigas veiculadas pelos fariseus do século I e do fim do século II d.C., os chamados "repetidores" ou *Tannaïm* (do verbo *tana* ou *shana*, repetir), foram substituídas, nos séculos III e IV e nas academias das cidades com grande densidade de judeus da Terra Santa e dos territórios situados entre o Tigre e o Eufrates, por interpretações novas. São as *Amoraïm* (do verbo *amar*, falar). As discussões muitas vezes ocorriam em aramaico dialetal, diferente na Palestina e na Mesopotâmia. Esse trabalho de pesquisa sobre a *Michná* chama-se agora *Guémarah* (acabamento) e é o *Talmude*, trabalho imenso feito pelos Amoraïm palestinos e babilônicos. Daí a existência de dois *Talmude*, o de Jerusalém, na Palestina, e o da Babilônia.

O Talmude da Palestina (Jerusalém)

Terminado no século IV (Yohanan ben Nappacha, Hillel, Gamliel, rabi Juda, o Príncipe), ele compreende 39 tratados (em 63) da *Michná*. Ele não é a base da tradição judaica, mas continua normativo para os pontos que o *Talmude* da Babilônia não trata.

No entanto, essas escolas da Palestina, se foram menos produtivas do que as da Babilônia em matéria de comentário da *Michná* — ela mesma comentário da *tradição oral* —, interessaram-se vivamente pelo estudo da Santa Escritura: a *Torá escrita*, a propósito da qual elas forneceram numerosos *midrashim* (do verso *deresh*, procurar, pesquisar). As compilações de *midrashim* são, entre as mais conhecidas, a *Mekhilta* (*Sifra* e *Sifre*) e as famosas *Midrash Rabba* das quais as diferentes *parashot* tratam, como vimos, de Melquisedeque.

Assim, não causará surpresa descobrir sempre esse termo *Midrash* tanto para o *Talmude* referido à tradição oral como para a Santa Escritura, pois essencialmente o *Midrash* é, por um lado, uma compilação que acompanha frase a frase um longo texto bíblico e, por outro, cada um dos elementos que o compõem. O *Talmude* da Palestina é constituído por um sexto de *midrashim*.

O Talmude da Babilônia

É fruto do Judaísmo da deportação babilônica de 586, que ficou no exterior da Terra Santa. As escolas desse Judaísmo desenvolveram uma *guémarah* adaptada à vida judaica fora da Palestina, estudaram a fundo as passagens da *Michná* que podiam aí ser implantadas deixando na sombra os mandamentos (*mitsvot*) obrigatórios somente na terra de Israel. Ele registra as discussões de rabinos ilustres: Rabba e Abaye no século IV. Rab Ashi (morto em 427) e Rabina acabara a conformação por volta de 500, desse *Talmude* da Babilônia, definitivamente finalizado no século seguinte pelos eruditos: os *Saboraïm*.

Esse *Talmude* é verdadeiramente a base da tradição judaica: sua extensão livresca é quatro vezes a do *Talmude* de Jerusalém.

Vimos anteriormente, e a propósito dos livros que se referiam a Melquisedeque, que ele era motivo de diferentes *parashot* do *Midrash Rabba*.

A *parashah* é uma passagem, um versículo, uma seção (do verbo *hiparesh*, ser separado). Assim, as passagens do Pentateuco que são lidas na noite do *Shabbath* são chamadas de *parasches*.

Também sai da Torá oral aquilo que chamamos de *Targum*, decalque oral aramaico da Torá escrita e lido na sinagoga sem que fosse possível retirar dele um "*Iod*" — quem se arriscasse a fazê-lo teria "queimado a Torá", segundo a expressão talmúdica. O procedimento targúmico só aparece, com sua memorização salmúdica aramaica, após a volta da Babilônia quando a língua popular se havia tornado o aramaico (é possível, de maneira um pouco grosseira, comparar a relação aramaico-hebreu com a relação língua francesa-latim para a liturgia romana). O *Targum* seria então como uma tradução oral direta, sem olhar o texto sagrado hebraico da Torá ou dos Profetas lido no ofício, a tradução feita pelo *Metourgueman* (ou *Paraklita*), o intérprete (versículo por versículo para a Torá, três versículos para três versículos para os *Nabaiim* ou profetas).[36] Como observa um autor, discípulo do padre Jousse, é a esse método que se refere Jesus de Nazaré no versículo evangélico bem conhecido: "Aquilo que teu ouvido escutou..." (leitura da Torá) "... proclama por sobre os tetos" (*Targum*). "Está escrito" (Torá lida), "disseram a vós..." (*Targum*).

Quanto ao *midrash*, ele representa o comentário final dado por aquele que presidia o ofício sinagogal.

De fato, a tradição oral, principalmente "halakhica", na origem da *Michná*, muitas vezes teve uma reserva quase desdenhosa com relação à tradição oral popular, principalmente "hagádica" que prevalece no *Targum*.[37] Alguns viram aí um vínculo entre essa tradição popular e oficiosa do *Targum* e o Cristianismo dos Evangelhos.

Para voltar aos diferentes livros e à língua que eles usam, notemos, para terminar com essas precisões, que o aramaico é oral, tanto como os *midrashim* em aramaico, mas se tornou escrito na *Michná* (salmodia) no início do século III, sob a influência de Yehouda ha-Nasi (Judas, o Príncipe) que colocou por escrito as tradições orais. É, como já vimos, a adjunção à *Michná* de seus próprios comentários ou *Guémarah*, que forma o *Talmude*,

---

36. *Cf.* Émile Moreau, *De bouche à bouche, la Bible, transmission vivante*, Éditions Ressac.
37. *Cf.* Émile Moreau, *Et le Verbe s'est fait juif*, cap. VII: Les Rabbis-Pédagogues à l'époque de Jésus.

ficando entendido que os famosos rabinos chefes da escola Hillel e Shammaï foram comentadores dos *midrashim*, base da *Michná*.

O *Talmude*, de seu lado, cobre mais de seis séculos de trabalhos e compreende então duas versões:

a) O *Talmude de Jerusalém*, em aramaico galileu dialetal, terminado no século V da nossa era;

b) O *Talmude da Babilônia*, terminado no início do século VI, redigido em aramaico babiloniano dialetal.

Sem entrar em detalhes inúteis, é preciso ainda acrescentar que entre os mais antigos *targumin* citamos o de *Onkelos*, no Pentatêuco, do nome do dr. judeu Onkelos o Prosélito (ou Akylas o Prosélito), no fim do século I d.C., muito próximo do texto hebreu da Torá, e o de *Jonas* em Profetas, atribuído ao discípulo de Hillel, Jonathan ben Uziel.

Agora estamos mais bem armados para fazer o percurso dos textos básicos de Gênesis e Salmos que emprestaremos da Bíblia do Rabinato na edição bilíngüe e na tradução francesa sob a direção do grande rabino Zadoc Khan.

— VI —

Os textos extrabíblicos e as citações

O *MIDRASH* RABBA[38]

PARACHA (GÊNESIS)

— "E Melki Tsedeq, rei de Salém, lhes trouxe pão e vinho". E Melki Tsedeq nesse local (Jerusalém) transforma seus habitantes em (homens) justos.

— E o Rei da Justiça, "o mestre da Justiça" (Js., 10: 1), Jerusalém, é chamado "Justiça" como está escrito "a Justiça habita aqui" (Isaías, 1: 21).

— *Rei de Salém*: o sábio Isaac o Babilônio diz: "Isso quer dizer que ele nasceu circunciso".

— "Trouxe pão e vinho": o sábio Samuel, filho de Nahman, disse: "Ele lhe ensinou os rituais de oração, o pão sendo o símbolo dos pães de proposições, e o vinho das libações".

O sábio disse: "Ele lhe revelou a Torá como está escrito: 'Vinde, comei do meu pão e bebei do vinho que misturei'" (Provérbios, 9: 5).

— "E ele era sacerdote do Deus Altíssimo": o sábio Abba, filho de Kahana, disse: "Cada vez que vinho está escrito na Torá, ele deixa sua marca, exceto nessa passagem" (a menção "beber vinho" é sempre seguida do relato de uma catástrofe).

38. Passagens indicadas e repertoriadas pelo dr. Maurice Grinberg.

Paracha (Gênesis)

— "*E Abraão chamou o nome do local de Adonay yiré*": Chem chama o local de Shalem e Melquisedeque rei de Chalem, e o Eterno diz: "Se eu o chamo Yire como Abraão, então Chem é um homem justo".

Paracha (Levítico)

Era ensinado na escola do sábio Ismael: o Eterno, bendito seja seu santo nome, pensou fazer de Chem o sacerdote dos sacerdotes. É por isso que está dito: "*E Melkitsedek, rei de Chalem, era sacerdote de Deus*". Todavia quando o santo Abraão bendizendo o Eterno lhe disse: "Será que a santidade do servidor tem preponderância sobre a santidade do mestre?", o Eterno, bendito seja, afastou o sacerdote dele e o deu a Abraão o que prova que (Salmos 10: 1): "O Eterno disse a meu senhor Tu és sacerdote para sempre segundo o ritual de Melkitsedek" (Salmos 110: 4).

Paracha (Números)

"*E Melkitsedek, rei de Chalem, lhe trouxe pão e vinho e ele era sacerdote do Eterno*". Será que o sacerdócio lhe fora dado? O sacerdócio certamente nenhum homem antes de Arão o teve. Então o que quer dizer aqui "e ele foi sacerdote"? Porque ele oferecia sacrifícios como os sacerdotes Chem o fizeram e o transmitiu a Abraão. Mas Abraão era o primogênito? A razão é que ele era um homem justo, a ele lhe foi transmitido e ele oferecia sacrifícios.

Paracha (Deuteronômio)

> "*Tu és sacerdote para sempre segundo o ritual de Melquisedeque*" (Salmos 110: 4). Ele mereceu também a realeza como está dito: "No vale de Chavé que é o vale dos reis. Moisés também desejava fazer a mesma coisa" e, disse Moisés: Eu estou aqui (Êxodo 3: 4), eu estou aqui *para o sacerdócio*, eu estou aqui *para a realeza*.

Paracha (Cântico dos Cânticos)

> "*As flores aparecem sobre a terra*" (Cantares 2:12): os conquistadores aparecem sobre a terra. Quem são? O sábio Berekia diz em nome do sábio Isaac: "Como está escrito 'E o Eterno me mostrará os forjadores' (Zacarias 2: 3) que são Elias, o Messias, Melquisedeque e o Messias da guerra".

A Cabala *Denudata*

Página 543 do livro de Christian de Rosenroth:

> Malchizedek: No Zohar utilizado no Salmo 110: 4 e faz também referência a Malkout dizendo que ele é sinônimo de *Dabar* (verbo) que é Malkout.

A Cabala *Unveiled* de Mac Gregor Mathers

Na página 295, lemos:

> 363. E às vezes ele chama o mesmo MLKITZDQ MLK SHLM: Melkitzedeq Melek Shalem, Melquisedeque rei de Salém.

As lendas dos Judeus de Ginsburg

Voltaremos a esta obra, mas lembramos que no tomo 5, página 225 (Hagadot), Melquisedeque é identificado a Sem (Chem), filho de Noé.

O Targum néofito (Biblioteca Vaticana)

"Melquisedeque, rei de Jerusalém, ele Chem o Grande, deu pão e vinho por causa de seu sacerdócio e exercia o santo sacerdócio perante o Eterno" (Gênesis, 14: 18).

O Targum de Jerusalém

(Mikrad Gdolot) — sobre Gênesis, 14:18:
"O rei Justo, filho de Noé, rei de Jerusalém, foi encontrar Abraão e lhe deu pão e vinho. Nessa época, ele praticava perante o Eterno".

— VII —

O conteúdo literal

A Bíblia (Pentateuco e Hagiógrafos)

O encontro de Abraão e Melquisedeque (Gênesis, 14: 17)

> ...O rei de Sodoma saiu a seu encontro como ele (Abraão) voltava de derrotar Kedoriaomer e os reis seus auxiliares, em direção ao vale de Chavé, que é o vale real. *Melchisédec, rei de Salém, trouxe pão e vinho: ele era sacerdote do Deus supremo. Ele o abençoou, dizendo: "Bendito seja Abraão pelo Deus supremo autor dos céus e da terra! E bendito o Deus supremo de entregar teus inimigos na tua mão!". E Abraão lhe deu o dízimo de todo o butim.* O rei de Sodoma disse a Abraão: "Dê-me as pessoas, e os bens guarde-os para ti"...

O sacerdócio eterno de Melquisedeque

Salmo 110:

> O Eterno fez o juramento que ele não revogará: "Tu és sacerdote (Cohen) para a eternidade, à maneira de Melki-Ttsedeq".

O sacerdócio de Arão

Ver os capítulos 28, 29, 30 e 38 a 40, do Êxodo e o conjunto do Levítico.

O Zohar (sobre Melquisedeque)

Como já dissemos, utilizamos a tradução do *Sepher ha-Zohar* estabelecida por Jean de Pauly, Éditions E. Leroux, 1906, mesmo que ela possa sofrer críticas.

Tomo I (*Zohar*, I, 86 b, 87 a, 88 a), seção *Lekh-Lekha*

> Está escrito: "E Melquisedeque, rei de Salém, ofereceu pão e vinho; pois ele era sacerdote do Deus Altíssimo". O Rabino Simeão abriu uma de suas conferências da seguinte maneira: A Escritura diz: "Ele escolheu a cidade de Salém para seu lugar e Sião para sua morada". Observe que, quando o Santo, bendito seja, quis criar o mundo, ele fez uma faísca sair da Luz suprema; ele fez um vento soprar do alto contra um vento de baixo; e do choque desses dois ventos, um contra o outro, saiu uma gota que subia das profundezas do abismo; essa gota uniu os dois ventos um ao outro; e foi a união desses dois ventos que deu nascimento ao mundo. A faísca subiu ao alto e se colocou do lado esquerdo, e a gota subiu por sua vez e se colocou do lado direito. Mas elas mudam de posição; uma vez é a faísca que ocupa o lado direito e a gota o lado esquerdo; e às vezes é o inverso. Dessa mudança contínua de posição, resulta um vaivém; enquanto uma desce do lado direito para se colocar do lado esquerdo, a outra deixa o lado esquerdo para subir ao lado direito. Quando se encontram, enquanto uma desce e a outra sobe, elas produzem um atrito, e esse atrito produz vento. Assim o vento procede de ambas e forma também a união de ambas. E é então quando a faísca é unida com a gota com a ajuda do vento (*rouah*) que procede de todas as duas que a paz está no alto e embaixo. É então que o Hé se une ao Vav e o Vav ao Hé; é então que o Hé sobe e se une com um vínculo perfeito. Tal é o sentido das palavras da Escritura: "E Melquisedeque, o rei de Salém (*schalem*)...". A palavra *schalem* significa "completo"; a Escritura, então, não significa o rei de Salém, mas o rei completo. Quando o reino do rei está completo? — No dia do "Perdão" (*Kippur*), quando todos os rostos irradiam alegria. Segundo outra interpretação, a palavra "Melchisedech" designa o mundo de baixo, e as palavras "rei de Salém" designam o mundo do alto. Deus colocou em comunicação esses dois mundos, de maneira que não haja nenhuma separação entre eles; o mundo de baixo mesmo não forma senão um com o de cima. A Escritura acrescenta: "... Oferece pão e vinho"; pois essas duas espécies representam o mundo do alto e o de baixo. A Escritura acrescenta: "... Pois ele eleva o mundo de baixo à altura daquele do alto". O termo: "Ele é sacerdote" designa o lado direito da essência divina; e as palavras: "... Do Deus Altíssimo" designam o mundo supremo. É por essa razão que o sacerdote deve abençoar o mundo. Observe que o mundo de baixo está coberto de bênçãos quando ele se vincula ao Grande Sacerdote. É porque a Escritura diz: "E ele o abençoa, e diz: Bendito seja Abraão do

Deus Altíssimo, que criou o céu e a terra". Da mesma forma, a missão do sacerdote nesse baixo mundo consiste em vinculá-lo ao do alto por um laço indissolúvel; o sacerdote deve igualmente abençoar o mundo para que, graças a essa bênção, esse baixo mundo chegue à união com o do alto. Na bênção de Melquisedeque, encontramos a fórmula estabelecida para as bênçãos litúrgicas. As palavras: "Bendito seja Abraão" correspondem a: "Seja bendito", palavras que começam toda bênção litúrgica. As palavras: "... Do Deus Altíssimo" correspondem às palavras: "Senhor, nosso Deus...". As palavras: "... Que criou o céu e a Terra" correspondem a: "Rei do Mundo". Assim, encontramos nesse versículo o mistério das bênçãos litúrgicas. As palavras: "... E ele o abençoa" significam que ele abençoa o mundo de baixo para que este consiga se unir com o do alto. As palavras "... E que o Deus Altíssimo seja bendito" significam que ele implora o mundo do alto para se vincular com o de baixo. A Escritura acrescenta: "... E ele lhe deu o dízimo de tudo". Essas palavras significam que ele operou o vínculo que une o mundo do alto com o de baixo.

O que diz a Escritura da época de Abraão? Ela diz: "E Melchisedech o rei completo (*schalem*)...", o que quer dizer que o trono de Deus era perfeito nesse momento e que não apresentava nenhuma brecha. A Escritura acrescenta: "... Ele fez sair (*hotzi*) pão e vinho", o que quer dizer que ele obteve o alimento para este mundo. A Escritura se serve da palavra "ele fez sair" (*hotzi*) para nos indicar que ele fez sair da hierarquia suprema o alimento e as bênçãos para todos os mundos; pois a palavra *hotzi* significa "produzir", assim como está escrito: "Que a terra produza (*hotzi*)..." a Escritura acrescenta: "... E ele é sacerdote do Deus Altíssimo", o que quer dizer que toda a ordem celeste se encontrava, nessa época, inteiramente completa. Essas palavras nos demonstram o quanto é grande o crime dos culpados que provocam uma brecha no mundo celeste e impedem as bênçãos de descer. Essas palavras nos provam igualmente que é pelo mérito dos justos que as bênçãos celestes se espalham neste mundo e que é pelo seu mérito que todos os habitantes desse mundo são abençoados.

Está escrito: "... E ele deu o dízimo de tudo". O que significam as palavras: "... O dízimo de tudo"? A Escritura quer dizer: a décima parte dessa região de onde emanam as bênçãos; e essa região se chama "Tudo". Segundo outra interpretação, as palavras: "... E ele lhe deu o dízimo de tudo" significa que o Santo, bendito seja,

> deu o dízimo a Abraão. E em que consistia esse dízimo? Ele consistia no grau sefirótico sobre o qual está baseada toda a fé, e que é a fonte de todas as bênçãos. Então, concedendo a Abraão a faculdade de alcançar essa séfira, ele lhe deu assim o dízimo que consiste na separação de um em dez e de dez em cem. Após ter recebido esse dízimo, Abraão atingiu o mais alto grau que é permitido a um homem alcançar.

Tomo II (*Zohar*, I, 263 a — 263 b), Apêndices, I *Haschmatoth* (omissões), *Sithré Torah* (segredos da Lei)

> Assim, Abraão está à frente de todos os justos; ele está sentado à direita do Santo, bendito seja, e é chamado "sacerdote", assim como está escrito: "Tu és sacerdote eterno segundo a ordem de Melchisedech". Como Arão é igualmente pontífice, ele está ligado a esse grau celeste que leva o nome de "sacerdote"; mas na realidade ele é a imagem de Hod.

Tomo V (*Zohar*, III, 53 b — 54 a), seção *Metzora*

> Moisés era fidalgo do rei e Arão, o da matrona. É por isso que Arão tinha a missão de manter boas as relações entre o rei e sua matrona; e, para conseguir isso, ele devia se ocupar da vida familiar; isso lhe valeu o nome de grande sacerdote; sabemos disso pelas seguintes palavras da Escritura: "Tu és sacerdote eterno segundo a ordem de Melchisedech". Assim, ele podia conseguir do rei tudo aquilo que quisesse.

Tomo V (*Zohar*, III, 193 b), seção *Balac*

> O rabino Eleazar lhe respondeu: "É um mistério que só é conhecido pelos ilustres iniciados". Ele começou a falar assim: "Senhor (*Jehovah*), tu és (*Athâ*) meu Deus (*Elohaï*); eu te glorificarei, e bendirei teu nome, porque tu tens feito prodígios". Esse versículo encerra o mistério da fé. Jeová é o grau superior, o Ponto Supremo, eternamente oculto e desconhecido. *Elohaï* é a Voz doce e suave, onde começa a questão; mas ninguém pode ainda aprofundá-la, porque ela é misteriosa e oculta. *Atha* é o começo da questão e da resposta; a inteligência percebe isso melhor que os dois anteriores. É o sacerdote eterno, assim como está escrito. "Tu és sacerdote eterno segundo a ordem de Melchisedech". O que significam as palavras "dibrathi Melchisedech"? Elas designam o sacerdote supremo que existe graças ao Verbo (*dabar*) que vem do lado direito. E "dabar" designa Melchisedech, porque é seu nome. Mas por que Davi diz "dibrathi" "minha palavra"? — Porque o rei Davi está vinculado a esse grau. De onde todos esses louvores provêm. "Atha" designa então o sacerdote.

Tomo VI (*Zohar*, III, 270 b — 271 b), seção *Eqeb. Raaïah Mehemnah* — Pastor fiel

> Se, após ter ouvido essas ordenanças, vós as guardais e as praticais, o senhor vosso Deus guardará também com relação a vós a aliança e a misericórdia, etc. "E tu comerás e te saciarás, e tudo bendirás o Senhor teu Deus, etc.". É o mandamento de bendizer o Santo, bendito seja, ao comer, ao beber, e para todo gozo nesse mundo; se não o bendizemos, roubamos o Santo, bendito seja, assim como está escrito: "Aquele que furta a seu pai e sua mãe...". Os colegas já explicaram. Quem quer que bendiga o Santo, bendito seja, lança neste mundo a vida da "Fonte de vida". Essas bênçãos se estendem sobre todos os graus e preenchem todos os mundos ao mesmo tempo. Também aquele que bendiz o senhor deve ter a intenção do bendizer ao mesmo tempo os pais e os filhos. Aquele que abençoa recebe uma parte dessas bênçãos para si mesmo assim como está escrito: "Onde quer que a memória de meu nome seja estabelecida, eu virei a ti e te bendirei". As bênçãos se espalham para começar sobre o "pomar das macieiras sagradas"; em seguida elas descem aos mundos inferiores e gritam: "É um dom que tal pessoa enviou ao Santo, bendito seja". Como aquele que pronuncia as bênçãos, aquele que a elas responde "Amém" lança igualmente para si uma parte dessas bênçãos. A fórmula da bênção: "Seja bendito, tu, Jeová nosso Deus" esconde um mistério: "Seja bendito" designa a Fonte suprema que ilumina todas essas "lâmpadas"; é uma fonte cujas águas não cessam jamais de correr. É nessa fonte que começa aquilo que chamamos "mundo futuro" e que a Escritura designa sob o nome de "uma extremidade do céu a outra extremidade do céu"; pois a cada região mencionada também tende uma extremidade, como um mundo daqui embaixo. Essa região é chamada "abençoada" em relação às regiões inferiores que são abençoadas por ela, já que ela faz chegar até lá as bênçãos da sabedoria suprema por meio de uma vereda estreita. "Tu" (*athâ*) designa a via oculta da fonte suprema. "Athâ" é o sacerdote dessa região, e é o mistério das palavras: "Tu és (*athâ*) sacerdote eterno segundo a ordem de Melchi sedech".

Uma última observação a respeito de Melquisedeque figura nas notas do tomo V, relativamente ao *Zohar* III, seção *Metzora*, 53 b:

> É porque Arão tinha por missão manter boas relações entre o rei e sua matrona; e, para conseguir isso, ele devia ocupar-se da vida familiar; isso lhe valeu o nome de grande sacerdote; sabemos disso pelas seguintes palavras da Escritura:

> "Tu és sacerdote eterno segundo a ordem de Melchisedech" (*Cf. supra*).

O comentador observa: "Assim, por causa da Matrona, Arão recebeu o nome de grande sacerdote, que é o 'sacerdote eterno segundo a ordem de Melquisedeque'".

Essa precisão adquire seu pleno sentido na querela entre o Judaísmo e o Cristianismo após Paulo, como veremos, ter transferido a ordem de Melquisedeque para Jesus. Aliás, se quisermos resumir todas as passagens do *Zohar* relativas a Melquisedeque em algumas idéias-chave, vemos que restam duas ou três essenciais classificadas em três questões:

— O *sentido* das bênçãos: aquele que é designado como "bendito" é superior ao que pronuncia a bênção?

— A *posição* de Melquisedeque na escala de importância patriarcal, especialmente em relação a Abraão e Moisés e ao significado dos *sephiroths* da Cabala, é superior ou inferior?

— A *devolução* do sacerdócio segundo "a ordem de Melchisedech"; a quem ela retorna?

Ora, é exatamente esse debate inaugurado por Paulo, na Epístola aos Hebreus, que está em germe ou em discussão aqui, como veremos sem tardar.

— VIII —

Melquisedeque e Abraão

AS PRIMEIRAS QUESTÕES

Na Torá, a primeira alusão a Melquisedeque está ligada à evocação de Jerusalém. Acontece, como vimos, quando aparece a questão das viagens dos reis do Oriente (*Lekh lekha*, Gênesis, 14), ao que corresponde em um sentido o versículo 3 do Salmo LXXIII: "Seu tabernáculo não fica em Salém e sua morada em Sião".

Moshe Davi Cassuto, rabino italiano erudito, nascido em Florença em 1883 (falecido em 1951) e que ocupou a cátedra de estudos bíblicos na Universidade Hebraica de Jerusalém, se dedicou ao estudo dos textos e a seu significado próprio, por comparação com as literaturas semíticas contemporâneas — em particular os textos do *Ugarit* — e, sobre o ponto que retém presentemente nossa atenção, ele havia escrito um texto, no dia de seu falecimento (em 18 de dezembro de 1951, 19 Kislev de 5712), publicado posteriormente (na tradução de Michel e Jacques Landau) aos cuidados da Aliança Israelita Universal.

Dela extraímos as passagens que nos interessam mais diretamente:

A propósito dos nomes divinos (e de El Elion, Deus Supremo)

> Porém, o texto bíblico não deve ser interpretado fora de seu sentido literal e convém dirigir nossa atenção para esse sentido literal. Segundo esse sentido primeiro, Melkitsedek, como Adonitsedek em sua época (Josué, 10: 1 e seguintes) era um rei cananeu de uma cidade cananéia (ou jebusita) e, além disso, sacerdote de uma das divindades cananéias "El", pai dos deuses, considerado pelos cananeus como superior a todos os outros deuses e denominado por isso "El Elion".

Sobre "EL"

> Graças aos escritos de Ougarit, que foram descobertos nos últimos anos, aprendemos a conhecer os sentimentos dos cananeus sobre esse "El" que era, segundo eles, o pai das grandes divindades como Baal, Mot e seus irmãos, e seus filhos o honravam vivamente (exceto a poderosa Anat, que se dirigia às vezes a ele com uma insolência muito grande). E nós aprendemos, além disso, dos escritos de Ougarit, que os cananeus lhe atribuíam a criação do mundo e que, por isso, eles lhe davam o sobrenome de Beni Banot, ou seja, Criador das criaturas. Em alguns textos cananeus ele é chamado de *Ken Erets*, ou Adquirente da terra, e por adquirente é preciso necessariamente compreender inventor e criador,[39] e a palavra terra dessa expressão não parece apenas significar a terra sob o céu, mas o universo inteiro. E tudo isso é corroborado pelo versículo citado antes, do livro de Gênesis que se faz seguir o nome El Elion três vezes do atributo *adquirente dos céus e da terra.*

Aqui se coloca então uma questão: como pode ser de Abraão aceitar a bênção dada por um... sacerdote cananeu e em nome de uma divindade cananéia? Pior ainda, ele lhe dá "o dízimo de todo butim"! Ele presta juramento invocando em nome de Deus!...

Eis as respostas de Cassuto:

> Para compreender a explicação desse fato, devemos lembrar que a fé dos cananeus em um Deus superior a todas as outras divindades, e que criou o mundo, está muito próxima da fé de Israel em um Deus Único que tudo criou. O Deus superior a todas as divindades é único em seu nível e é por isso que Abraão pode identificar — supondo que tal coisa seja possível — o Deus supremo dos cananeus ao Eterno seu Deus, e prestar juramento ao rei cananeu conforme a fórmula: "*Eu ergo a mão perante o Eterno meu Deus, e é ele naquilo em que ele é único no mundo e criador do universo, que vós adorais como o Deus superior a todas as divindades e que vós chamais pelo nome de adquirente dos céus e da terra*".

Mas Cassuto vê nos atos dos ancestrais um presságio para seus filhos. Ele também considera que a conquista da margem oriental do Jordão no tempo de Moisés, a de sua margem ocidental na época de Josué e dos Juízes até Dan, e o alargamento das fronteiras até o norte de Damasco no tempo de Davi "não eram nada mais que a concretização do mérito histórico que Abraão, pai da nação, já havia adquirido por sua vitória sobre os reis do Leste".

---

39. Em hebreu *Koné haarets. Kéni*, adquirir, pode às vezes entender-se no sentido de "inventor" e criador.

Além disso, e pela derrubada da interpretação de São Paulo, que encontraremos mais amplamente exposta e comentada neste estudo, ele considera que existe submissão de Melquisedeque a Abraão:

> E a partir disso, nós compreendemos por que, no fim do capítulo, é feita alusão ao rei de Salém que vem prestar homenagem a Abraão e de alguma maneira se submeter a ele: é uma alusão ao coroamento da conquista da terra de Canaã por Israel, a conquista de Jerusalém no tempo de Davi. E, mesmo a respeito do dízimo, encontramos uma alusão que segue no mesmo sentido. É dito de Abraão: "*Ele lhe deu* — ao sacerdote jerosolimita — *o dízimo sobre todo o butim*": é uma alusão à instituição do dízimo em proveito do sacerdócio de Jerusalém. Aí também, os atos dos pais são um símbolo para sua descendência, e ainda aí existe uma alusão à santidade de Jerusalém e de seus dirigentes desde tempos remotos.

Cassuto observa que o último povo cuja descendência de Abraão é chamada a herdar é precisamente o jebuseu, relativamente à "aliança dentre os pedaços" (*Berith ben habetarim*) no Capítulo 15 de Gênesis:

> Nesse dia, o Eterno concluiu com Abraão um pacto dizendo: "Eu concedi à tua raça este território, desde a torrente do Egito até o grande rio, o rio de Eufrates: o keneu, o kenizeu, o cadmoneu, o hetheu, o ferezeu, os refaïm, o amorreu, o cananeu, o Ghirgacheu e o jebuseu".

Em suma, o ponto culminante da conquista abraâmica permaneceria "a expropriação do jebuseu de sua cidade".

Então, será que devemos concluir a respeito:

1. que existe efetivamente "submissão" de Melquisedeque a Abraão? Isso seria admitir que há obediência de um personagem "sem geração" rei e sacerdote, a um homem de carne e osso, pouco mais que um chefe de tribo;

2. que existe superioridade do Todo-Poderoso, invocado por Abraão sobre o Altíssimo ou Supremo que Melquisedeque reverencia? Outra inverossimilhança, pois o "aspecto" não poderia conter o supremo ou o "todo", e o "mais" não sai do "menos".

3. que assim se justifica a apropriação por Abraão e sua descendência de um "lugar santo", casa de eleição, local que Deus teria escolhido, lugar aparentado à "Visão" (*Raoh*), lá onde se construirá o Templo, sobre a montanha de: "o Senhor será visto" (*Yeraé*)?

De fato, o Templo de Salomão repousará mais tarde sobre os flancos dos montes que fazem parte da herança de Benjamim, como previsto em Deuteronômio, 33: 12:

"De Benjamim disse: o amado do Senhor habitará seguro com *Ele*; todo dia o Senhor o protegerá, e ele descansará nos seus braços".

Então se tal é bem a explicação a entrever, é preciso dizer que não existe "submissão", mas "troca", e que a Cidade do sem geração, unindo o sacerdócio à realeza, se torna "centro secundário" de um centro primeiro que se retrai em benefício daquele que nele se instala e o "abençoa", ou seja, confere-lhe os poderes de sacralização.

Isso não seria a verificação da tese de Guénon quanto às modalidades de aparecimento de centros secundários da Tradição Primordial, representada aqui por Melquisedeque?

O personagem de Melquisedeque

Com relação ao próprio personagem de Melquisedeque, o intérprete não diz muita coisa.

Apenas o *derash*, a exegese, pode informar-nos e, a esse respeito, a Epístola de Paulo aos Hebreus, para o judaico-Cristianismo, poderia ser considerada um exercício de *derash* no caso.

Aliás, os retratos de Melquisedeque, como o que o *Livro dos Segredos de Enoch** nos fornece, que estudaremos posteriormente, ou o *Midrash* de *Qumrâm*, são todos tirados da exegese deráshica. Se no *Midrash* de *Qumrâm* Melquisedeque é um personagem divino-humano, "Messias sacerdotal e juiz escatológico", enquanto em outro lugar ele é o grande sacerdote de El Elion, o rei de Jerusalém, finalmente o grande Sem em pessoa, todos esses qualificativos formam no fundo o substrato do "magnífico Midrash da Epístola aos Hebreus"[40].

Da sua parte o professor Kurt Hruby, em um artigo dedicado à exegese rabínica e à patrística, se pergunta sobre a interpretação rabínica do Salmo 110 e sobre a versão dada pelo Judaísmo, no sentido de um desenvolvimento das idéias expostas por Cassuto. Desta vez trata-se, de alguma maneira, de uma "degradação" de Melquisedeque em proveito de Abraão. Deus teria retirado o sacerdócio do primeiro para conferi-lo ao segundo, considerando os méritos excepcionais do patriarca caldeu. E Hruby cita o *Talmude* (*Ned.* 32 g):

> R. Zekharyah diz em nome de R. Yishma'el: o Santíssimo quis fazer sair o sacerdócio de Sem, pois está dito (Gênesis 14: 18): "(Melkisedeq, rei de Salém)... era sacerdote do Deus Altíssimo". Mas já que (Melkisedeq) abençoa Abraão antes de abençoar Deus (o Senhor) retirou (o sacerdócio) de Abraão, como está dito (*ibid.*,

* N.E.: Sugerimos a leitura de *O Livro de Enoch — O Profeta*, da Madras Editora.

40. *Cf.* A. Diez Macho, *Le Targoum palestinien,* Universidade das Ciências Humanas de Estrasburgo, Faculdade de Teologia Católica, 1973.

> 19: 20) "(Melkisedeq) abençoa (Abraão) e diz: Bendito seja Abraão pelo Deus Altíssimo...". Abraão lhe diz (então): "Será que pronunciamos a bênção do servidor antes da de seu mestre?". Então (Deus) deu imediatamente (o sacerdócio) a Abraão, como está dito (Salmos 110: 1): "Disse o Senhor ao meu senhor: Assenta-te à minha direita, até que eu ponha os teus inimigos debaixo dos teus pés". E está escrito depois (*ibid.*, 4): "O Senhor jurou e não se arrependerá: tu és sacerdote para sempre, segundo a ordem de Melkisedeq (*'al-divrati Malkisèdèq*)", por causa da palavra de Melkisedeq (que abençoou Abraão antes de invocar Deus). É por isso que está dito (Gênesis 14: 18): "Ele era sacerdote do Altíssimo": ele próprio era sacerdote, mas não seus descendentes.

A mesma idéia no *Midrash Rabba* do Levítico, porém com um desenvolvimento posterior diferente e relativo à circuncisão.

Nessa interpretação judaica é preciso levar em conta dois elementos:

— a tradição rabínica que identifica Melquisedeque com Sem, o filho de Noé, o qual teria recebido o nome de Melquisedeque "quando Deus lhe conferiu o sacerdócio" e, lembra Kurt Hruby: "Na juventude, Abraão teria freqüentado a academia dirigida por Sem-Melquisedeque. A tradição patrística reconhece, aliás, igualmente essa identificação de Sem com Melquisedeque" (cf. também Jerônimo, *quest.* XIV, 18);

— a réplica à exegese cristã que tira argumento desde Paulo, do sacerdócio de Melquisedeque devotado a Jesus, Sacerdote *secundum ordinem Melquisedeque*, para rebaixar o sacerdócio de Arão, levítico, e finalmente toda a tradição judaica, à posição secundária, ancilar, e mesmo para considerar tal tradição como definitivamente caduca.

Voltaremos ao assunto, pois é por esse enfrentamento, que não deixa de ter, se pensarmos bem, relação com aqueles referentes à posse de Jerusalém como capital confessional, que se situa a chave do problema, chave que depende de sua superação como bem viu Guénon.

De qualquer maneira, o professor Ginsburg retomará o mesmo assunto em *The Legends of the Jews* a propósito de uma nota sobre Abraão (nota 102, pp. 225-226 da obra). Citamos uma passagem dessa nota traduzida do texto inglês por Henri-John Ostiak:*

> A identificação de Melchizedeh com Sem está pressuposta em muitas fontes judias e cristãs; comp. Nedarim 32 b (retomado por um mestre muito conhecido por volta do ano 100); BR 26, 4 e passagens similares mencionadas/citadas por Teodoro; Tehillim 76, 340; Pre 8 e 27; Yelam-medenu citado no Yalkut Nahum (aqui

* N. T. Traduzido da citação em francês.

> *Schin*, *Lamed*, *Mem* = perfeito, livre de toda repreensão); Midrash Aggada I, 23 (ler: *Schin*, *Aïn*, *Schin*, *Alef*, *Vav* — *Kaf*, *He*, *Noune*, "ele o contratou como sacerdote"); Targum Yerushalmi; Gênesis 14: 18. Zohar Hadash Noah, 29 b (e daí no Gabai's' *Ahodat ha-Kodesh* II, 31, no qual a fonte não foi indicada). O estudo sobre Abraão na Academia de Sem-Melchizedek citada nesta fonte (comp. nota 13), nos informa que Sem recebeu o nome de Melchizedek de Deus quando Ele o recebeu como sacerdote; comp. nota 51 ou vol. I, 166. Os Padres da Igreja, Jerônimo, *Questiones*, 14, 18, Ephraïm I, 61 E e 79 D da mesma forma que Epiphanius, Haet., 55.6, falam, de Sem-Melchizedek. O último padre da Igreja citado atribui essa identificação aos samaritanos, de onde "os judeus declaram que Melchizedek teria sido filho de uma prostituta". Autores cristãos recentes modificam um pouco o ponto de vista rabínico a respeito de Melchizedek e o considerariam descendente de Sem. Esta última opinião é compartilhada pelos escritores muçulmanos. Comp. Beed, *Leben Abrahhms*, nota 300: Ginzberg, *Haggada bei den Kirchenv*., 103-105; Friedlaender, *Chadhir Legende*, 258, sq. A respeito das lendas gnósticas sobre Melchizedek, ver os fragmentos gnósticos publicados por Murfil-Charles em suplemento de sua edição do eslavônio, Enoch, 85-93. O fato de a personalidade misteriosa de Melchizedek preocupar a fantasia do povo em uma época distante encontra-se nos doze Testamentos, os quais em suas partes pré-cristãs (Levítico 17: 7) falam dele nos termos mais elogiosos. A identificação de Salém, a cidade de Melchizedek, com Jerusalém, pressuposta nas fontes rabínicas citadas anteriormente, é igualmente conhecida de Josèphe, *Wars*, VI, 10; Teófilo 2, 3 (sua dependência de Josèphe é provada pela frase "o primeiro sacerdote" que ele copiou de Josèphe); Clemente, *Stromata*, 1, 5; Jerônimo, *Epistola ad Evargium*, 73. Comp. igualmente Thomsen, *Loci Sancti*, I, 10.
>
> A respeito da explicação etimológica do nome de Jerusalém e de Salém, ver a nota 253. Os samaritanos identificam Salém com Shechem; comp. Eupoleme 9, 17 (p. 419) e Freudenthal, *Hellenistische Studien* I, pp. 85 e 87. A observação em ARN 2, 2, segundo a qual Sem-Melchizedek teria nascido trazendo o sinal da aliança abraâmica se refere às polêmicas cristãs relativas à circuncisão.

As referências patrológicas citadas aqui devem ser retidas.

Quando à *Haggada*, ela identifica misteriosamente Melquisedeque, rei de Salém (portanto de Jerusalém), após a misteriosa bênção de Abraão pelo pão e vinho, com *Sem*, filho de Noé, ele mesmo visto como um *cohen* descendente do primeiro homem, e isso porque a lenda hagádica declara que Noé teria dado a Sem as vestes sacerdotais de Adão...

As obras em siríaco da gnose cristã, como a *Caverna do Tesouro* e o *Livro de Adão*, associarão, também, o personagem de Melquisedeque ao de Sem, que tem um papel essencial nessa literatura, como teremos a oportunidade de constatar mais adiante.

Nem todos os comentadores judeus, porém, "desvalorizaram" Melquisedeque após o aparecimento de Cristo. Philon não deixará de dar uma versão exaltada do papel do "sem geração" em suas interpretações alegóricas.[41] Citamos:

> ... mas Melchitsedek, no lugar da água, oferece vinho e dá às almas uma bebida forte a fim de que elas possam cair em uma embriaguez divina, mais sóbria que a própria sobriedade. Pois ele é sacerdote, ele é mesmo o Logos, ele tem Deus por sua parte, e todos os seus pensamentos de Deus são elevados, profundos e sublimes; pois ele é sacerdote do Altíssimo (Gênesis, 14: 18) e não existe nada além do Altíssimo, pois Deus sendo um está "no alto no céu, e embaixo sobre a terra, e não existe nenhum outro" (Deuteronômio, 4: 39); mas conceber Deus não de maneira baixa e terrestre, mas em termos sublimes que transcendem toda a grandeza e tudo o que escapa à matéria evoca em nós uma representação do Altíssimo.

Devemos, porém, considerar o filósofo grego um autêntico intérprete do Judaísmo apesar de suas ascendências judaicas e de ele pertencer a uma família sacerdotal? De educação tanto helênica como judaica, esse deputado da comunidade judaica de Alexandria (morto em 54 da era cristã) é tão, senão mais, platônico que judeu; ele deve tanto a Platão como à Torá e sabemos a influência que teve sobre o neoplatonismo e a patrologia cristã. Assim, sua concepção de Melquisedeque não poderia ser representativa do pensamento judeu tradicional de seu século "e pessoas viram nesse texto uma das fontes de heresia bem desconhecida do resto dos melquisedequianos da qual sabemos que ela conferia deliberadamente a Melquisedeque, na economia divina da salvação, o papel reservado segundo os cristãos ao próprio Cristo".[42]

Porém, encontramos outra indicação na Cabala desta vez; ela nos é fornecida por Georges Vajda, em suas *Recherches sur la Philosophie et la Kabbale dans la pensée juive du Moyen Âge* [Pesquisas sobre a Filosofia e a Cabala no Pensamento Judeu da Idade Média].

Trata-se da nota-anexo X, a respeito de Moisés de Narbonne e as *séfirot*, as "inteligências" e as "esferas".

---

41. *Interprétations allégoriques*, III, 79-82. Citado por Ernest Muller, *Histoire de la mystique juive*, Petite Bibliothèque Payot, nº 284.
42. Marcel Simon, "Melchisedech", *Revue d'histoire et de philosophie religieuse*, 1937, Paris, Félix Alcan, Bibl. da Faculdade de Tel. Prot. de Estrasburgo, referência: 109914.

Moisés de Narbonne aproxima a visão extática das esferas no *Havy Ibn Yaqzân* de Ibn Tufayl daquela de Ezequiel, e estabelece um paralelismo entre o esquema cosmológico dos filósofos e as dez *séfirot* (ou *sephiroth*).

A propósito do Salmo 12: 1, onde está escrito: "*la menasseah 'al haseminit*" interpretado: "*al mima seminit*" na oitava corda, a lira tetracorda do Templo se tornará octacorda no "mundo que virá" segundo o *Talmude, Arâkin, 13 b)*, e no qual o versículo se torna símbolo da oitava *séfira* descendente: *Hôd, a octacorda*, é definida pelo narbonês como a "pedra especular translúcida".

Ora, Ibn Waqar, em seu léxico, via aí o símbolo de *Tif' eret*, enquanto a oitava *séfira* ascendente é *Binah* — mas o narbonês lembra que "os sábios de Israel conhecem distinções particulares para cada *séfira* e isso lhes servia de princípio de influência e de ação". É assim que ele analisa cada *séfira* e qualifica a quarta de *Melchisedech* "denominada *Adorno* (*Tif' eret*) e também *graça* (*Hesed*), pois a obra da graça aí se manifesta pela intervenção de Júpiter que dele recebe o movimento, pois nele reside".

Vajda, que transcreve *séfira* e *séfirot*, observa que a partir daqui o texto se torna extremamente confuso (além de que o narbonês dará o lugar de *Geburah*, quinta *séfira*, a *Nesah* que está geralmente no sétimo lugar; da mesma forma ele atribui o sexto lugar a *Hod*, a "majestade", enquanto na nomenclatura usual ela ocupa a oitava *séfira* e que deveríamos então encontrar, segundo a ordem, *Tif' eret* no lugar de *Hod*).

Cabe a Vajda escrever conseqüentemente:

> Na ordem normal, é a vez da quarta *séfira*, *Hesed*, cuja esfera homóloga seria a de Júpiter, em hebreu *Sedeq*, palavra cujo sentido corrente é "justiça" de onde o trocadilho, inspirado em Isaías 1: 21, "justiça" tem sua habitação nessa esfera (esse jogo de palavras pode ter sido inspirado no *Keter Malkut*, "Coroa Real", de Salomão Ibn Gabirol, linha 182 da edição de H. Schirmann, em sua *Anthologie de la poésie hébraïque d'Espagne et de Provence* [Antologia da poesia hebraica da Espanha e da Provence], t. I, Jerusalém, 1955, p. 268). Melchisedech pode dever sua presença aqui tanto ao mesmo jogo de palavras como à relação estabelecida no esoterismo judaico entre o sacerdócio e a quarta *séfira*. Em compensação, a intrusão de *Tif' eret*, nome habitualmente dado à sexta *séfira* e que nós não encontramos aqui em seu lugar normal, não deixa de ser incômoda e, para nós, inexplicável.[43]

De qualquer maneira, o que parece digno de atenção para nosso estudo é a relação *Tif' eret*-Melquisedeque.

43. Georges Vajda, *Recherches sur la philosophie et la Kabbale dans la pensée juive du Moyen Âge*, Mouton et Cie, editor.

De fato, na exegese cabalística de Nahmanide, a Graça, *Hesed*, é a *séfira* cujo arquétipo é Abraão, o "amante de Deus".

Assim, no *Sepher ha Bâhir*, encontramos a seguinte escala descendente:

Hesed	=	Abraão
Gebûrâh	=	Isaac
Tif' eret	=	Jacó (ou Moisés)
Malkuth	=	Davi

Em 'Azri'el de Gérone, *Tif' eret* é também atribuída à "Comunidade dos Vivos", feixe mítico dos amantes de Deus.[44]

Vemos, portanto, que se o narbonês confere de bom grado os dois graus sefiróticos de *Tif'eret* e de *Hesed* a Melquisedeque... a Cabala tradicional reserva *Hesed* a Abraão, o que é uma boa indicação quanto à vontade de relegar um pouco o patriarca aos lugares subalternos! De fato, o *Zohar* assimila no fundo Melquisedeque a Abraão, com a transferência do sacerdócio de Melquisedeque ao Judaísmo levítico aarônico por intermédio de Abraão, e isso na ocasião de seu encontro com Melquisedeque.

Guénon destacará, de sua parte, que *Tsedeq* "é o nome do planeta Júpiter, cujo anjo é chamado *Tsadqiel-Melek*" e ele nota a similitude com o nome de Melquisedeque, ao qual somente é acrescentado "El", o nome divino "que forma a terminação comum a todos os nomes angelicais".[45] Ele também faz uma aproximação entre *Tsedeq*, o "Justo", e *Malkuth*, o "Reino", décima *séphira* que representa a *Shekhinah*, ela própria síntese de todas as *sephiroth*.

Isso não nos informa, porém, sobre a verdade das relações "hierárquicas" entre Melquisedeque e Abraão. Vimos, com certeza, que Guénon retomou por conta própria a perspectiva da Epístola aos Hebreus insistindo particularmente sobre a diferença de "altura" entre o "Altíssimo" e o "Todo-Poderoso", cada qual se referindo ao aspecto divino representado por Melquisedeque e Abraão, e sobre o sentido "descendente" das bênçãos dadas pelo superior ao inferior. Porém, a perspectiva de René Guénon é a de Paulo ou a do Cristianismo paulino; ela não poderia necessariamente ser a do Judaísmo.

Cabe a nós, portanto, ver como vão reagir, na história de suas relações conceituais, os dois monoteísmos chamados a se perguntar sobre a intercessão do rei da Justiça e da Paz.

---

44. Nas *Sha' arey 'orâh* de Ibn Giqatilia, a séphira *Hokhmah* está acima de *Hesed*, pois se trata do temor reverencial interior, e não do temor da observância (*Gebûrâh*, 5ª séphira).
45. *Le Roi du Monde*, Gallimard, 1958, cap. VI "Melki-Tsedeq", p. 55, nota I.

— IX —

Entre o Judaísmo e o Cristianismo, rumo à Tradição Primordial

ANTECIPAÇÕES

Notemos, *in limine litis*, que um judeu eminente como Élie Benamozegh verá em Melquisedeque o testemunho do universalismo e não a garantia de alguma superioridade confessional ou racial. Ele escreve, com efeito:

> Um personagem notável, quase enigmático, faz uma breve aparição, mas que luz ela projeta! Das sombrias profundezas do mundo pagão, do seio da corrupção e do erro que já predominam em toda a parte, eis, com Melquisedeque, o traço indiscutível na gentilidade de uma instituição antiga e venerável, de um culto, de um sacerdócio monoteísta superior mesmo àquele do patriarca hebreu, já que Abraão recebe a bênção desse pontífice de El-Elion, mestre do céu e da terra, quer dizer, do Deus mais universal que se possa conceber.[46]

Portanto, aqui, nenhum equívoco: a bênção de Melquisedeque é a manifestação de uma superioridade religiosa; mas não poderíamos concluir tão depressa em nome do Judaísmo e, primeiro, porque Élie Benamozegh, apesar de ser rabino, nem por isso deixa de ser "moderno", em relação ao século de seus escritos (fim do século XIX), e considerou sua perspectiva. Com efeito, o autor da *Histoire des Esséniens* [História dos Essênios] era também o mesmo de duas obras: *Morale juive et chrétienne* [Moral Judaica e Cristã] e *Israël et l'Humanité* [Israel e a Humanidade], esta revista e preparada por um cristão lionês, mas judaico-cristão por seus conceitos, e que não podemos, sem excesso e falta de respeito por ele, qualificar

46. Citado por R. Aron, *Le Dieu des origines (Histoire de Dieu)*, Plon editor.

de convertido: ele terminou seus dias dentro das vestes de monge após haver pregado na sinagoga liberal de Paris. Ele era "ambos em conjunto", portanto, de fato verdadeiramente judaico-cristão, sem traição de uma ou de outra das alianças.[47] Ora, e para voltar ao nosso famoso rabino italiano, reconhecemos mais que, se ele pretende substituir especialmente a Cabala em nosso quadro da tradição religiosa e filosófica de Israel, quer principalmente mostrar, pelo estudo aprofundado do proselitismo judeu na Antiguidade, o caráter universalista do Judaísmo. Ele é, portanto, como mostrava R. Aron em *Le Dieu des origines (Histoire de Dieu)* [O Deus das Origens (História de Deus)], um dos anunciadores modernos do "noaquism"... Mas o noaquismo não é nenhum dos monoteísmos; ele seria talvez "anterior" à divisão das três tendências ou "filhos de Noé" — a dimensão *vertical* de Sem onde habita o eterno, a dimensão expansionista e *horizontal* de Japhet ("Eu perceberia Japhet") e a dimensão *descendente* de Cham que seria o escravo dos outros (Gênesis, 9: 26-28). Essas três tendências são "indistintas" no círculo da Arca, sobreposta pelo arco-íris, elas são como uma réplica, em modo bíblico, das três *gunas* da tradição hindu. Então, após o dilúvio, ou mais exatamente durante os quarenta dias que separam o antigo mundo do novo, e no momento da saída da Arca, Noé representa bem de alguma maneira a Tradição Primordial... Daí a plantação da vinha (Gênesis, 9: 18), símbolo do conhecimento sagrado.

Assim, a equação Melquisedeque = noaquismo volta a escrever Melquisedeque = Tradição Primordial. Ora, na medida em que Cristo é encarnado e associado às profecias bíblicas, originado de uma família de carne — ele é judeu descendente de reis judeus por Judá e de sacerdotes judeus por Levi —, finalmente ele é também descendente de Abraão, o *abençoado* de Melquisedeque. Dessa maneira, portanto, quando o Verbo esposa a carne, *ele se faz judeu* para levar a eleição ao universo, mas por meio de Israel. Nesse nível, não existem dois monoteísmos, o judeu e o cristão, mas *apenas* um: planta e flor originadas da mesma.

Se em compensação consideramos Cristo como Verbo, "*antes que Abraão existisse, Eu sou*", encontramos bem um sacerdócio melquisedequiano universalista... e não mais apenas cristão, no sentido de "isto oposto àquilo". É o sacerdócio do "Em si" imortal, e Cristo é então aí a Tradição Primordial. Daí as indistinções: "Não existem aqui nem judeus nem gregos", "Quem são meu pai e minha mãe?", "Quem não se junta comigo se afasta de mim", etc., e caímos em uma unidade testamental, já que é então dessa tradição primeira, simbolizada por Melquisedeque, que a particularização monoteísta judaica vai tirar sua autenticidade!

Essas reflexões, entretanto, nos distanciaram um pouco do assunto imediato, mas antecipam nossa conclusão.

---

47. Trata-se de um francês, o lionês Aimé Pallières.

A "BALANÇA" JUDAICO-CRISTÃ

Em suma, a "balança" judaico-cristã não cessará de oscilar entre esses dois pólos: o personagem inquietador e o tranqüilizador. Melquisedeque será alternadamente personagem "perigoso" entre os judeus e auxiliar precioso entre os cristãos; personagem perigoso entre os cristãos, pois modelo supremo das seitas melquisedequianas, e auxiliar precioso das gnoses, etc.; existem outros exemplos dessas contradições.

Para os judeus e antes da chegada do Cristianismo, Melquisedeque é um "protótipo" da eleição judaica, isso ainda mais porque ele está ligado à fundação de Jerusalém.

No entanto, isso não deixa de provocar um grave problema ao Judaísmo na medida em que o mesmo não é universal, mas estreitamente ligado a uma terra e a um povo escolhidos por Deus "para sempre"; talvez a um centro espiritual eterno preciso — Jerusalém — ao qual se vinculará também Jesus, porque precisamente ele encarnou no povo judeu pelo sangue, pela vinculação religiosa e finalmente pelo destino exemplar divino.

Ora, como bem esclareceu Marcel Simon:

> E eis que um estrangeiro, rei de Salém, um cananeu sem dúvida, filho de uma raça maldita, se apresenta em seu caminho. Bem antes de existir um sacerdócio levítico, ele já é sacerdote do Deus Altíssimo. Sacerdote para a eternidade, dirá o salmista. Perante ele, Abraão se curva: ele recebe sua bênção e lhe dá o dízimo de tudo, ele o maior dos patriarcas, e de todos os judeus, o pai do povo eleito e do monoteísmo! O que se tornam nessa aventura as prerrogativas de Israel, a dignidade desses grandes homens e a autoridade de seu sacerdócio? Essa questão parece não ter sido colocada em Israel antes do desmoronamento nacional.[48]

Daí a interpretação dada pelo povo judeu ao Salmo 110, que parece ser de coroamento dos reis israelitas, cujo objetivo seria destacar o caráter religioso, e até sacerdotal da realeza vinculada para se adaptar a Melquisedeque.

> O sacerdote-rei de Salém, cuja eminente dignidade está fora de contestação, serve de modelo e de protótipo ao soberano de Israel. Ele é até mesmo no caso, com todo rigor, o precursor e o ancestral: pois Salém nada mais é que Jerusalém. Assim o entende já o Salmo 76:
>
> "Conhecido é Deus em Judá; grande, o seu nome em Israel. Em Salém, está o seu tabernáculo, e, em Sião, a sua morada" (2-3).[49]

---

48. Simon, "Melchisédech dans la polémique entre juifs et chrétiens e dans la légende", in *Revue d'histoire et de philosophie religieuse*, 1937. Publicada pela Fac. de Teol. Prot. de Estrasburgo (Paris, F. Alcan, ed.). Ref. bibl. da Fac. Católica: nº 109914.
49. *Ibid.*

O procedimento não deixa de ser perigoso, quando desaparece a realeza e somente subsistem o integrismo religioso e as considerações étnicas.

Então o Judaísmo vai, no primeiro momento, tentar ligar "racialmente" ou mais objetivamente "carnalmente" Melquisedeque ao pai do mosaísmo: Abraão, pai do monoteísmo judeu. O meio mais simples consiste, ao dotá-lo de um estado civil,

> em integrar o personagem em uma linhagem autenticamente judaica. Se chegássemos a criar entre Abraão e ele um vínculo estreito de parentesco, a reconhecer nele, por exemplo, um ancestral ou patriarca, ele não mais se chocaria com as marcas de respeito que este lhe testemunha: elas são naturais, da parte de todo bom israelita, para com o chefe de família. É assim que se explica, sem dúvida, a identificação comumente admitida, sem a menor justificação, como uma coisa natural, nas partes mais antigas do Talmude, entre Melquisedeque e Sem.[50]

Em todo caso, a idéia é mencionada não apenas no *Talmude* (*cf. Jewish Encyclopedia*[51]), mas também na patrologia cristã.

Os reis de Israel reforçam aqui a origem de sua realeza e a legitimidade de sua sucessão.

Comentando essa solução, Marcel Simon observa:

> A origem deve ser buscada, segundo toda verossimilhança, na bênção de Sem por Noé (Gênesis 9, 26-27), que não deixa de ter analogia na forma com a bênção que Melquisedeque pronuncia sobre Abraão. A aproximação quase se impunha: Javeh é chamado por Noé Deus de Sem; Melquisedeque é designado como sacerdote do Deus Altíssimo; como, aliás, nenhuma dúvida é possível sobre a identidade desse Deus Altíssimo e de Javeh, basta um raciocínio muito simples para colocar a igualdade Melquisedeque = Sem. O gosto rabínico pela exatidão se encontrava assim satisfeito. Cortavam-se pela raiz, na mesma ocasião, as divagações dos sectários que pretextavam o silêncio da Escritura no tocante à genealogia do grande sacerdote para o elevar, além de todas as categorias normais, ao posto de uma hipóstase divina: Melquisedeque descia de novo do céu para a terra[52].

E o método podia convir em um primeiro momento aos judeus, e no segundo tempo aos cristãos inquietos com a importância que Melquisedeque ganhava em face do Filho único...

---

50. *Ibid.*
51. VIII, p. 450 e XI, p. 261, Nova York.
52. Simon, *op. cit.*

Assim, chegamos àquilo que poderíamos chamar de segunda etapa que se caracteriza por dois traços:

— para começar, o desaparecimento da realeza judaica que queria vincular-se à de Melquisedeque;

— em seguida, a chegada da polêmica cristã, ela própria alimentada pela interpretação de Paulo.

Este segundo traço vai de resto fornecer todo material de trabalho de nossa análise referente a Melquisedeque e ao Cristianismo.

Para os cristãos dessa época, existe ruptura entre Melquisedeque e o Judaísmo, pois aquele, não circunciso e sem ter passado pelas prescrições rituais judaicas, é revestido da dignidade de sacerdote do Altíssimo. Assim a circuncisão e com ela todas as obras da Lei, ritos tardios e provisórios, não são mais indispensáveis à salvação. Ao mesmo tempo, e por isso mesmo, eis o sacerdócio judaico levítico superado,

> pelo sacerdócio cristão, e antecipado na origem pelo de Melquisedeque, cuja prioridade é uma preeminência (e ele) também não possui mais que um valor relativo. Conforme Tertuliano: "*Unde Melchisedech sacerdos summi Dei nuncupatus, si non ante leviticae legis sacerdotium Levitae fuerunt qui sacrificia Deo offerebant?*" (*Adv. Judaeos*, 2). E ainda "*Melchisedech quoque, summum Dei sacerdos, incircumcisus et non sabbatizans ad sacerdotium Dei allectus est*".[53]

Mas há mais: Paulo, em sua Epístola aos Hebreus, considera que Melquisedeque é superior a Abraão, o pai da eleição (Hebreus 7: 4-7) e que ele está na origem do sacerdócio real de Cristo. De repente, todos os primeiros cristãos respaldam esses termos. Marcel Simon citou vários deles, especialmente Justino, o Mártir e São João Crisóstomo ou Clemente de Alexandria.

É verdade que a interpretação simbólica do pão e do vinho, considerados a matéria do sacrifício de Melquisedeque, soa estranha, aos autores cristãos mais antigos. Ela aparece pela primeira vez em Clemente de Alexandria (*Strom.*, 4, 25) "(...) nesse meio alexandrino a exegese de Filon já havia encontrado um sentido alegórico para o vinho, que é a imagem da embriaguez divina comunicada às almas pelo Logos", notará Marcel Simon.

Mas vejamos Justino, o Mártir e Aphraate. Em Justino, o Mártir: "Ele era incircunciso, o sacerdote do Altíssimo, a quem Abraão, que foi o primeiro a receber a circuncisão da carne, levou o dízimo, e que o abençoou" (*Dial. com Tryphon*, 19). Em Aphraate: "Melchisédech era sacerdote do Deus supremo e abençoou Abraão, não sendo circunciso. Ora, é sabido que o menor é abençoado pelo maior" (*Homél.*, 11, 4).

Quanto às espécies do pão e do vinho dados a Abraão, os cristãos verão, portanto, a prefiguração da Eucaristia. Em São João Crisóstomo:

53. *Ibid.*

> Porque a sinagoga dos judeus sacrificava a Deus, conforme o rito de Arão, não o pão e o vinho, mas bezerros e cordeiros. Deus proclama, dirigindo-se a Cristo Jesus: "Tu és sacerdote para a eternidade à maneira de Melquisedeque".[54]

Enfim, ainda em Justino, o Mártir:

> Da mesma forma que Melquisedeque, sacerdote do Altíssimo como escreve Moisés, era sacerdote dos incircuncisos e que ele abençoa Abraão que, embora circunciso, levava a ele o dízimo, também Deus tornou manifesto que seu sacerdote eterno seria sacerdote dos incircuncisos. E aqueles dos circuncisos que forem a ele, entendo que crerão nele e solicitarão sua bênção; ele os acolherá, por sua vez, e os abençoará.[55]

A réplica judaica mostra que vai de alguma maneira inverter os papéis de Melquisedeque e Abraão.

Para começar, é de Melquisedeque que o sacerdote levítico tiraria sua origem para uma transmissão feita diretamente a Abraão, apesar da posteridade carnal de Melquisedeque. É a tese do *Midrash haggadah* sobre a Gênesis.

Em seguida, nos *Pirke* de R. Éliezer, observamos que o dízimo pago por Abraão provém não de seus próprios bens, mas do butim de guerra trazido de Sodoma e Gomorra.

Melhor ainda, diz-nos Marcel Simon no estudo ao qual nos referimos:

> A favor de uma imprecisão gramatical do texto hebreu, que não permite reconhecer com inteira certeza quem, Abraão ou Melquisedeque, é o sujeito da frase — *ambiguum habetur*, declara São Jerônimo — invertemos os papéis: é Abraão quem recebe o dízimo, e Melquisedeque quem o dá, reconhecendo assim o patriarca como sacerdote. O pão e o vinho são aqui ainda interpretados alegoricamente: ao oferecê-los a Abraão, Melquisedeque o coloca a par das prescrições referentes à dignidade de grande sacerdote, pois eles representam os pães de proposição e o vinho da oferenda (*Midr. Ber. Rabba*, 43).

Outro texto judaico destaca a passagem do sacerdócio a Abraão (b. *Nedar*. 32 b. traduzido e comentado por R. Travers Herford, in *Christianity in Talmud and Midrash*, Londres, 1905):

> R. Ismaël[56] diz: o Santo, bendito seja, quis que o sacerdócio retirasse sua origem de Sem, pois está dito (Gênesis 14: 18): "Era sacerdote do Deus Altíssimo". Mas desde que ele abençoou Abraão

54. Migne, *P. G.*, *Sur Melquisedeque*, 56, 262.
55. *Dial.*, 33.
56. Rabbi Ishmaël é contemporâneo de Justino, o Mártir, de quem conhecemos a interpretação melquisedequiana.

> antes de Deus abençoar, Deus fez de Abraão o pai do sacerdócio, conforme o que está escrito (*ibid.*, 19): "Abençoou ele a Abraão e disse: Bendito seja Abraão pelo Deus Altíssimo". Abraão lhe disse: "O servidor é abençoado antes de seu mestre?". Logo em seguida, o sacerdócio passa a Abraão, assim como está escrito (Salmo 110: 1): "Disse o Senhor ao meu senhor: assenta-te à minha direita...". E está escrito também (*ibid.*, 4): "Tu és sacerdote para sempre, segundo a ordem de Melquisedeque". Como ele era sacerdote, seus descendentes não eram sacerdotes.

Depois, uma glosa da *Tosefta* explica que uma translação do sacerdócio foi feita à custa de outros semitas que forçosamente descendem de Sem, identificado com Melquisedeque, e somente em benefício de Abraão; isso aconteceu por ocasião de uma falta cometida no ritual por Melquisedeque, falta "relevada" por Abraão...

Vemos despontar aqui a inversão hierárquica que conduz de Melquisedeque, "superior" a Abraão, a Melquisedeque "inferior" a Abraão, e vemos aí a aplicação da "passagem insólita do Salmo 110".[57]

Todos os textos talmúdicos e apócrifos vão daí em diante aumentar o papel de Abraão (*Livro dos Jubileus, Apocalipse de Abraão*, etc.). A lenda também vai aumentar, alimentada pelos relatos hagádicos e midráshicos.

É talvez o cenário histórico da rivalidade judaico-cristã que reaparece aí: os dois heróis, o "sem geração" e o "Pai dos crentes", medindo-se como campeões de cada campo: o cristão e o judeu, em um combate singular, como escreve Marcel Simon.

Veremos, para concluir, a que ponto essa dicotomia falseia as realidades espirituais. Um exemplo? Santo Atanásio, em um escrito apócrifo que lhe é atribuído, dá a seguinte versão para a ausência de genealogia de Melquisedeque,[58] conforme o resumo fornecido por Marcel Simon em sua obra já citada:

> Era uma vez um rei chamado Melqui, pai de dois filhos: Melqui e Melquisedeque. Esse rei, zeloso no culto aos ídolos, um dia enviou seu filho caçula para comprar gado para os sacrifícios. No caminho, a contemplação do céu estrelado deu a Melquisedeque a revelação do Deus único, criador de todas as coisas. Ele renunciou à missão da qual estava incumbido, voltou ao palácio, e anunciou a seu pai sua conversão. O rei, furioso, decide, para reparar esse ultraje feito a seus deuses, lhes imolar um de seus filhos. A sorte designou Melqui. Melquisedeque, durante os preparativos da cerimônia, sobe ao Tabor e pede a Deus para aniquilar todos os que

57. *Cf.* P. Billerbeck, *Kommentar zum N. T. aus Talmud und Midrash*, IV, Leipzig, 1928, p. 453 sq.
58. Sur Melchisédech, P.G. de Migne, 28, 523-530.

> estiverem presentes ao sacrifício. Sua oração é logo atendida: a cidade inteira, com todos os seus habitantes, é tragada por um cataclismo; nenhuma alma sobrevive. Melquisideque, apavorado, permanece sete anos no Tabor, até o dia em que Abraão, por ordem de Deus, se apresenta perante ele. "Como não resta ninguém de sua família — disse Deus ao patriarca — ele será chamado sem pai, sem mãe, sem família, não tendo começo de dias nem fim de vida; e como ele agradou a Deus, permanecerá sacerdote para sempre".

Como observa Marcel Simon, não vemos nesse relato como Melquisedeque merece ser chamado "sem começo de dias nem fim de vida".

Ora, no Judaísmo encontramos a mesma história, mas dessa vez relativa a Abraão, que um *midrash*[59] retrata como o filho de um idólatra e que descobre o Deus criador contemplando os astros. Também seu pai vai entregá-lo ao rei Nemrod, "que o joga em uma fornalha ardente; mas o fogo poupa miraculosamente o santo personagem, e devora, ao contrário, seus carrascos, e também seu irmão Haran, culpado de impiedade". Esse *midrash* que inspirará outras glosas judaico-cristãs (*Livro dos Jubileus, Apocalipse de Abraão*, etc.) joga com as palavras *Aor/Ur* que designam o fogo em hebreu e a cidade natal de Avram, cara aos cruciverbistas. Eis o que escreveu Marcel Simon:

> Vamos substituir o nome próprio pelo substantivo comum homônimo nos dois versículos a seguir: "Eu sou o Senhor que te tirei de Ur dos caldeus" (Gênesis 15: 7) e "Morreu Haran na terra de seu nascimento, em Ur dos caldeus, estando Terá, seu pai, ainda vivo" (Gênesis 11: 28) e teremos o ponto de partida e como que o plano de nossa historieta: para que Javeh tivesse feito Abraão sair do "fogo" seria preciso que ele ali tivesse sido previamente lançado, daí o episódio da cólera paternal; e se seu irmão em seguida foi morto ali, é porque também ali foi jogado por sua vez, a justo título agora, por sua impiedade.

Quanto à contemplação dos astros, Simon observa que é fácil reconhecer aí o famoso episódio do anúncio feito pelo Eterno a Abraão e relativo à sua posteridade:

> Ele precede imediatamente, no texto bíblico, o versículo sobre a saída de Ur, ao qual ele se liga pela seguinte frase: "Abraão tinha fé em Javeh, e Javeh lhe imputou isso para justiça". Desta frase o relato midráshico é apenas uma edificante ilustração. Ele possui, sob a forma primeira, uma coerência que se buscava inutilmente no texto cristão. Do traço essencial da lenda, que é a utilização de "Ur", este último não deixa nada subsistir: a família real perece

59. *Midrash Beresh. Rabba* em Gênesis, 11, 28, ed. Wünsche, Leipzig, 1881.

de fato, não em uma fornalha, mas nas entranhas da terra que se abrem para tragá-la.

Jerusalém: pedra no caminho

Notaremos, aliás, que se alguns tentaram dissociar o vínculo existente entre Salém e Jerusalém, nem sempre isso foi para realçar Abraão à custa de Melquisedeque, mas, no próprio meio semita, para reivindicar uma relação preferencial com o rei-sacerdote. Será esse o caso entre os samaritanos que situam em seu território o reino de Melquisedeque e o encontro com Abraão, às vezes em Sichem, tradição observada por Epifânio. O próprio São Jerônimo constata a identificação Salém-Jerusalém por razões tanto lingüísticas como topográficas. É verdade que a interpretação de Jerônimo para o Salmo 76, que lhe dá argumento lingüístico ou filológico, não é sem interesse, pois repousa sobre a tradução da *Vulgata* que dá "Shalom" — a paz — para Salém. Também existe "seu habitáculo na paz", interpretação que confere à situação da realeza melquisedequiana um sentido quase divino.

Na polêmica, os judeus vão instalar Elias, cujo retorno aguardam, no lugar de Melquisedeque — lembremos do capítulo 18 de I Reis, 30-32, em que se trata do altar edificado para Elias; pois bem, esse altar será assimilado àquele construído por Melquisedeque para oferecer o pão e o vinho. O profeta Elias, tendo confundido os sacerdotes de Baal e demonstrado a impotência do falso Deus, restaurou solenemente o culto de Y. H. W. H.:

> Todo o povo tendo se aproximado dele, Elias restabeleceu o altar do Eterno que havia sido derrubado. Elias pegou 12 pedras, conforme o número das tribos dos filhos de Jacó, ao qual a palavra de Javeh havia sido dirigida nestes termos: "Israel será teu nome", e ele edificou com essas pedras um altar em nome do Eterno.

Ora, o Judaísmo esperava em Elias o precursor dos tempos messiânicos, o que explica também a identificação, pelos Evangelhos, de João Batista com Elias. Mas depois da destruição do Templo vemos nele também, e principalmente, o restaurador das instituições de Israel. Ele se apresenta então revestido da dignidade sacerdotal: é o grande sacerdote do futuro. Da mesma forma que ele restabeleceu o culto do verdadeiro Deus durante sua via terrestre, também o fará, em todos os detalhes de seus ritos, no fim dos tempos. Sem dúvida, o próprio Messias, o Rei Glorioso, lhe é superior; é dele, porém, que este último receberá, segundo um rito renovado da antiga Aliança, a unção real. Mas para instalar Elias nessa perspectiva escatológica foi preciso primeiro expulsar um rival, que não é outro senão Melquisedeque. É curioso, de fato, constatar, até nos escritos rabínicos, a existência de uma tradição, que identifica o *cohen Tsedeq* dos tempos vindouros não com Elias, mas com o sacerdote de Salém, sacerdote para a eternidade conforme o Salmo 110, e importa então fazer coincidir Elias com o rei de Salém.

Desde a época do Rabi Aqiba, constatamos nos escritos rabínicos esse "escorregamento" do rei de Salém no corpo de Elias revestido do caráter sacerdotal.

Nós veremos a propósito da interpretação cristã como Melquisedeque "reintegrará" Jerusalém do ponto de vista da área geográfica, e mesmo o Gólgota, considerado pelos livros apócrifos (conforme a versão eslava de Enoch) o Centro do mundo.

Quanto ao abarcamento pelos samaritanos — retomados à sua conta por São Jerônimo — houve, ao que parece, seqüências concretas cuja trama conduz desta vez da localização à evocação dos essênios e de João Batista; ela recorta a interpretação "elíaca" de Melquisedeque sobre a qual voltaremos a propósito da polêmica cristã. Na circunstância, damos novamente a palavra a Marcel Simon, tantas vezes citado nesta parte do nosso estudo, consagrado ao enfrentamento judaico-cristão:

> Com efeito, essa tradição, que podemos apelar para simplificar a tradição samaritana, retomada depois de São Jerônimo por alguns autores cristãos, não ficou confinada aos meios cultivados. Invocando até o testemunho das pedras, ela encontrou acolhida na devoção popular, e na prática cultural da antiga Igreja. Aprendemos, com efeito, pelo relato de um peregrino, quase contemporâneo, possivelmente, de São Jerônimo, a *Peregrinatio S. Silviae*, que se podiam ver à época na antiga Salém samaritana, sobre uma colina, as fundações do palácio real de Melquisedeque. Além disso, no local exato onde Melquisedeque encontrou Abraão, se erguia uma igreja, *ecclesia Sancti Melchisedech*; aí se recitava em sua honra uma liturgia adaptada às condições locais: "*Lectus est ipse locus de libro Sancti Moysi; dictus est etiam psalmus unus competens loco ipsi*" (*Sil. Peregr*. 13, 4-14, 3 C.S.E.L. 39, pp. 56-58).

Simon observa que a concordância do documento com as indicações de São Jerônimo é ainda mais significativa:

> Seguindo, em direção ao Jordão, o caminho pelo qual Abraão voltou do combate, os peregrinos chegam em pouco tempo ao local onde João Batista exercia seu ministério: "Enom, perto de Salim" (João 3: 23). Ali também se ergue uma basílica, e aí se venera a memória do Precursor pelas orações e pela leitura dos textos evangélicos que falam dele.

Eis que se esboça um tipo de comunicação entre o Batista, em quem habitava a "virtude de Elias", e Melquisedeque:

> Logo percebemos claramente como certos traços da figura do Precursor vieram enriquecer e definir a fisionomia misteriosa e sumária do grande sacerdote. O ponto de partida dessa elaboração está nas circunstâncias concretas que acabo de indicar. Instalado em Salém de Samaria, Melquisedeque tem por vizinho João Batista. Justapostos topograficamente, os dois personagens estão associados na devoção popular. Não se venera um sem ao mesmo tempo saudar o outro: eles são os dois santos patronos da região. Nossa lenda e este sincretismo que ela opera procedem, portanto, de uma tradição local, que é a tradição cultural da Igreja cristã de Samaria ou da Galiléia; há, na história das religiões e no folclore de todos os países, outros exemplos do mesmo fenômeno.

Marcel Simon dá um exemplo característico dessas trocas, agora com o Islã e a propósito do imã Ali, tal como está relatado nas *Archaelogical Researches* por Clermont Ganneau.[60] O santo muçulmano cujo túmulo é venerado perto de Jericó é objeto de uma multidão de traços da história de Josué, herói da região. Ainda aqui, e é isso que torna mais curiosa a comparação com o exemplo que nos ocupa, a rivalidade judaico-samaritana desempenhou um papel. Da mesma forma que Salém foi, para as necessidades da causa, transferida de Jerusalém para Samaria, da mesma forma, ao contrário, os judeus, para possuírem todos os lugares ilustrados por Josué, transpuseram para as próprias portas de Jericó o Ebal e o Garizim (o fato é atestado entre outros por São Jerônimo): a lenda muçulmana é assim parte de uma tradição judaica, como a lenda cristã de uma tradição de origem samaritana.

Então, e para voltar a Melquisedeque, é dentro desse contexto que a localização do encontro de Melquisedeque e Abraão poderá acontecer... na montanha galiléia do Tabor. A Galiléia continuou durante muito tempo, após a ruína de Jerusalém, um centro do pensamento judaico. Assim, a tradição que relatamos pode ter sido veiculada a partir de uma dessas "lauras" bizantinas, tão numerosas na Terra Santa, cujos monges uniam em uma mesma expectativa existencial o ascetismo de João Batista e as prescrições rituais do sacerdócio melquisedequiano, o anacoreta e o sacerdote.

É natural que eles tivessem tido sem cessar diante dos olhos o exemplo dos dois santos personagens e que tenham assim concebido, em uma espécie de fusão de suas duas figuras, seu modelo mais perfeito. É mesmo ainda perfeitamente impossível que o autor dessa piedosa lenda tenha pertencido ao convento de Salém, cujo prior, na época em que foi redigida a *Peregrinatio*, arrancava dos peregrinos, por sua santidade e sua ciência, este elogio entusiasta: "*Dignus qui prasesit en hoc loco, ubi Sanctus Melchisedech advenientem sanctum Abraam hostias Deo puras primus obtulit*" (*op. cit.*, 14, 1)?

---

60. Londres, 1896. Ver também: *Comptes rendus de l'Académie des inscriptions*, 1919, pp. 87-120 e pp. 298-300. Da mesma forma: Vincent, in *Revue biblique*, 1919, pp. 532-563.

Com essas observações nós abandonamos com certeza definitivamente Melquisedeque no Judaísmo e entramos, através da lenda samaritana, no Cristianismo "melquisedequiano".

O essencial para nós era mostrar como o Judaísmo, consciente da ameaça que representava para o sacerdócio levítico a bênção de Melquisedeque, conferida a Abraão, mas fora da religião ou da etnia apesar da genealogia do rei de Salém, havia ainda tentado "minimizar" a importância do personagem. Se uma das idéias adotadas foi a de lhe atrelar a máscara de Elias o Tesbita, outra mais astuciosa ainda consistiria em fazer dele um personagem inferior a Abraão. De fato, Paulo poderá dizer com tranqüilidade na Epístola aos Hebreus que, sem contestação, é o superior quem abençoa o inferior — no caso, é Melquisedeque, representação de Cristo, quem abençoa Abraão, prefigurador do sacerdócio mosaico —, os rabinos não deixaram de observar que os rituais, ao contrário, levam as bênçãos do homem a Deus: "Bendito sejas tu, Deus do Universo para...". Assim acontece mesmo, e cotidianamente, que seja o homem quem "abençoa o Santo", seu criador, e que a partir daí, com o inferior abençoando o superior, se possa disso deduzir a bom direito que Abraão superava em estatura espiritual aquele mesmo que o abençoava: Melquisedeque...

Melquisedeque ao sabor das lendas

Vimos para a Igreja nascente: graças a Melquisedeque os incircuncisos... assumem o lugar dos circuncisos na eleição e cabe a São João Crisóstomo dizer em uma passagem que citamos anteriormente, mas lembramos agora:

> Porque a sinagoga dos judeus sacrificava a Deus, conforme o rito de Arão, não o pão e o vinho, mas bezerros e cordeiros. Deus proclama, dirigindo-se a Cristo Jesus: "Tu és sacerdote para a eternidade à maneira de Melquisedeque" (*Sur Melchisédech*, Migne, P.G. 56, 262).

Lembremos também esse texto de Justino, o Mártir:

> Da mesma forma, Melquisedeque, sacerdote do Altíssimo, como escreve Moisés, era sacerdote dos incircuncisos, e que ele abençoou Abraão que, embora circunciso, lhe trazia o dízimo, assim Deus tornou manifesto que seu sacerdote eterno seria sacerdote dos incircuncisos. E aqueles dos circuncisos que forem a ele, entendo que crerão nele e solicitarão sua bênção, ele os acolherá por sua vez e os abençoará (*Dial.* 33).

É a primeira glosa na controvérsia entre o Judaísmo e o Cristianismo a propósito do rei de Salém; posteriormente, apenas virão os comentários sobre a assimilação do pão e do vinho oferecidos quando do encontro de Melquisedeque e Abraão, às espécies eucarísticas. Já dissemos que essa interpretação simbólica do pão e do vinho, consideradas a matéria do sacrifício de Melquisedeque, é estranha aos autores cristãos mais antigos. Citamos que ela aparece pela primeira vez em Clemente de Alexandria, *Strom.*, 4, 25. Notamos, além disso, que nesse meio alexandrino, a exegese de Filon havia encontrado um sentido alegórico para o vinho, que é a imagem da embriaguez divina comunicada às almas pelo Logos.

Para os cristãos desse tempo, aliás, o pai do monoteísmo não é mais Abraão, mas Melquisedeque.

Como nota Marcel Simon[61], não somente Melquisedeque é igual a Abraão, mas para os cristãos ele é seu "superior": é a preocupação comum a muitos textos. Essa superioridade aparece claramente em uma passagem do escrito conhecido pelo nome de *Chronicon Paschale*. Melquisedeque, aí está dito, era da raça de Cham.

> Tendo sido reconhecido justo e santo em sua raça, ele agradou a Deus, e Deus o fez sair de seu país para levá-lo abaixo do Jordão, da mesma forma como ele fez Abraão sair do país dos caldeus.

Talvez haja aí uma reminiscência e uma aplicação do texto de Amós (9: 7): "Não fiz Israel subir do país no Egito, os filisteus de Caphtor e os arameus de Qir?". A inspiração é a mesma de uma parte e de outra: Melquisedeque encarna a gentilidade que, em sua pessoa, participa desde as origens nas promessas: os privilégios de Israel não são mais então que uma palavra vã. Mas igualdade não basta. É preciso ainda subordinar o patriarca ao grande sacerdote, pois Melquisedeque prefigura o Cristo. A esse título, ele aparece às vezes como o verdadeiro substituto de Deus, e os autores cristãos lhe atribuem de bom grado palavras ou gestos que, na Bíblia, são o fato do próprio Eterno. Assim, por exemplo, a obra intitulada *A Caverna dos Tesouros*, da qual voltaremos a falar, retoma por conta própria o relato de Gênesis, 25: 29 e seguintes relativa ao nascimento de Esaú e Jacó, modificando-o de maneira curiosa: Rebeca, inquieta por se encontrar grávida, vai consultar, não o Eterno como no texto bíblico, mas ninguém mais nem menos que Melquisedeque. É o grande sacerdote, e não Deus, quem pronuncia então a profecia: "Duas nações estão em teu seio...".[62] Mais curiosa ainda, no mesmo escrito, a maneira pela qual é interpretada a bênção de Abraão por Melquisedeque:

> Quando Melquisedeque o abençoou e ele participou dos santos mistérios, Deus falou a Abraão e lhe disse: Tua recompensa é muito grande, Abraão. Já que Melquisedeque te abençoou, e te

61. Marcel Simon, "Melchisédech", *Revue d'histoire et de philosophie religieuse*, 1937, Faculdade de Teologia Protestante de Estrasburgo (*Cf.* nota *47, supra*).
62. *The Book of the Cave of Treasures, translated from the Syriac text*, por Sir E. A. Wallis Budge, Londres, 1927, pp. 154-155

fez participar do pão e do vinho, eu te abençoarei da minha parte, e com certeza multiplicarei tua raça.

A promessa divina está assim[63] subordinada ao gesto de Melquisedeque e propriamente motivada por ele: Melquisedeque dispõe de plenos poderes, Deus só pode ratificar!

Enfim, eis um novo detalhe, que completa o anterior. Sabemos que, segundo a tradição bíblica, o patriarca chamava-se primitivamente Abraão. Ao contratar com ele a Segunda Aliança, o Eterno muda esse nome para o de Abraão. Ora, em nosso *Pseudo-Athanase*, essa substituição se opera quando do encontro com Melquisedeque, e pela própria boca do sacerdote-rei.[64] Assim, as prerrogativas do patriarca e as marcas do favor divino se voltam contra ele: elas chegam a ele por Melquisedeque, que "é o artesão de sua grandeza; ele é seu benfeitor e seu mestre".

Marcel Simon comparou o retrato que o *Pseudo-Atanásio* faz, no físico, de Melquisedeque e aquele que *A Caverna dos Tesouros* descreve sobre os traços de Matusalém:

PSEUDO-ATANÁSIO

Ele estava nu como quando saiu do seio materno. Suas unhas estavam compridas em uma mão, e seus cabelos caíam de sua cabeça até seus rins. Suas costas eram como a carapaça de uma tartaruga. As bagas das árvores eram seu alimento, e por bebida ele sorvia o orvalho.

O LIVRO DA CAVERNA DOS TESOUROS

Ele passará na solidão todos os dias de sua vida; ele não tomará mulher, nem verterá o sangue, nem oferecerá em sacrifício nem animais selvagens nem pássaros, mas apenas o pão e o vinho; ele se vestirá de peles de animais; ele não se barbeará, nem cortará nem suas unhas nem seus cabelos; ele ficará sozinho, pois é sacerdote do Altíssimo.

Marcel Simon comparou essas imagens com aquelas dos anacoretas názires ou essênios que deixam crescer sua cabeleira ou como os essênios que se abstinham do casamento e do uso alimentar das carnes. Ele nota ainda que encontramos em outros escritos, como Budge destacou em uma lenda árabe, em um sinaxário etíope (*Patr. orient.*, IX, 4, 1913, p. 451), descrições análogas. Ora, será que João Batista também não é retratado desse jeito?

Continuemos a explorar essa *Caverna dos Tesouros* na seqüência de Marcel Simon:

63. Gênesis, XV, 1 sq. e XVII, 1 sq.
64. Migne, *P.G.*, 28, 528.

> A realidade da imitação é aqui tornada manifesta pela seqüência do relato. Abraão aborda o santo personagem e, segundo a ordem recebida de Deus, começa a barbeá-lo e a lavá-lo; após o que Melquisedeque lhe faz sobre a testa uma unção de óleo, e lhe confere o nome, *onoma teleion*, que ele terá a partir daí. Durante esta cena uma voz celeste se faz ouvir; aquela mesma que ressoa igualmente no batismo de Cristo e também, notemos, na cena da Transfiguração: não nos espantemos mais nessas condições de ver nosso eremita eleger domicílio, e encontrar Abraão, sobre o Tabor. É Melquisedeque, desta vez, que ela glorifica.

Melquisedeque vai então reunir em sua pessoa os traços físicos e as funções de João Batista "na eminente dignidade de Cristo batizado". Símbolo de Cristo na tradição cristã, ele se torna agora prefiguração do próprio Precursor. Sacerdote para a eternidade importa então que ele seja investido de todo o poder sacramental da Nova Aliança. "Assim se explica, no mesmo texto, o desdobramento da cena com Abraão. Lá onde a Bíblia contava apenas um encontro, nosso escrito imagina dois".

Como se opera essa bipartição? Pela unção batismal e pela Eucaristia.

> Durante a primeira, Melquisedeque faz a Abraão a unção; na segunda, ele lhe apresenta o pão e o vinho: símbolo transparente da iniciação cristã em que o batismo e a unção santa, acompanhados da imposição do nome, são para o neófito o indispensável prelúdio à comunhão.

Vemos como uma confirmação no *Chronicon Paschale*, que nos mostra Abraão obrigado, antes de receber "a Eucaristia", a esperar Melquisedeque e por isso a atravessar o Jordão: outra imagem, igualmente clara, e de uso corrente na antiga Igreja, da imersão batismal.

> A eucaristia estava figurada no pão e no vinho de Melquisedeque; o batismo cristão é anunciado pelo de João. Uma síntese audaciosa reúne aqui os dois personagens e os dois ritos. É a Igreja eterna que se ergue diante de nós. Melquisedeque é o chefe dela, imagem de Cristo. E eis os membros: Abraão e seus companheiros. Eles são 318 a comungar com ele, tanto, diz-nos o texto, quanto os sacerdotes no concílio de Nicéia. Ao mesmo tempo em que ele evoca a lembrança dessa augusta assembléia, o autor tem perante os olhos o uso litúrgico de sua Igreja, que é a Igreja do Oriente: imitando o celebrante oriental, Melquisedeque apresenta a Abraão o pão *no* vinho.

Vimos como foi possível assimilar Melquisedeque ou a Elias instalado em face do Jordão, ou a João Batista, que é "Elias que deve vir". Aqui, o alimento de Melquisedeque, feito de bagas e orvalho recebidos de fonte angelical, à maneira do alimento do profeta garantido por um corvo, ou ainda uma pretensa semelhança física entre Melquisedeque e João Batista, servem de justificação à assimilação e permitem "fazer o impasse" sobre o papel do rei de Salém com relação ao Judaísmo. Tal é a tese da *Caverna dos Tesouros*.

Haverá, do lado cristão, uma vontade determinada de instalar realmente o Cristianismo no seio mesmo da revelação judaica, de suas instituições e de seus ritos, e isso por intermédio de Melquisedeque. Eis o exemplo que a *Epístola de Barnabé* vai dar-nos a propósito dos 318 companheiros de Abraão, nascidos em sua casa (Gênesis, 14: 14). Marcel Simon relata-nos nestes termos:

> Quando Abraão, diz-se em substância a Epístola, circuncidou os 318, ele anunciou Cristo em espírito. Pois se pode escrever, segundo a numeração grega, I H T: as duas primeiras letras da palavra IHCOUC, e o sinal da cruz. Isso é apenas um exemplo, nítido e particularmente procurado, desse método das prefigurações que eu assinalava há pouco. Mas eis a segunda etapa. Barnabé não fazia mais do que fundir em um único os dois versículos da Gênesis relativos às pessoas da casa de Abraão. Tertuliano transpõe explicitamente a circuncisão de Abraão, e implicitamente aquela, simultânea, de seus companheiros, antes do encontro com Melquisedeque: "*Melchisedech ipsi Abrahae jam circumciso, revertenti de praelio, panem et vinum obtulit incircumcisus*" (*Adv. Judaeos*, 3). A razão primeira dessa transposição é, como vemos, da ordem da polêmica: a circuncisão já recebida por Abraão, e considerada pelos judeus um privilégio, não o impediu de se humilhar perante Melquisedeque.

No Pseudo-Atanásio, é simplesmente a unção que substitui a circuncisão:

> Sobre a realidade da substituição, nenhuma dúvida resta: a mudança de nome Abraão-Abraão, que no texto bíblico acompanha a circuncisão como um segundo sinal da aliança contratada por Deus com o patriarca, se opera aqui no momento da unção. Abraão e seus companheiros recebem assim não um sucedâneo do batismo, mas o batismo verdadeiro. Não é mais questão dos ritos judeus; os sacramentos cristãos se implantam em seu lugar, no coração da Antiga Aliança

como lembra Marcel Simon, e não se está próximo de nenhuma inversão cronológica!

Eis agora, sempre relatada pelo autor do *Verus Israël*, a lenda da "Caverna dos Tesouros". Ela não se contenta mais com apagar a realidade dos ritos judaicos no Judaísmo em proveito dos cristãos, mas elimina os ritos judaicos do Cristianismo original, passando de Adão para Cristo, o elo principal continuando Melquisedeque. Ela chega mesmo a negar a realidade material da circuncisão do Menino Jesus:

> Como o ferro corta a chama sem nada retirar dela, assim a circuncisão de Jesus em nada o diminuiu em sua carne.

Daí a prefiguração adâmica:

> Exilado do Paraíso após o erro, Adão não deixa de continuar a levar uma vida piedosa. Tendo um dia se ferido em uma queda, ele oferece a Deus, nas folhas que juntavam o solo, o sangue de seu ferimento. Deus aceita esse primeiro sacrifício, e envia o fogo do céu para consumá-lo. No dia seguinte, Abraão, não tendo mais sangue a oferecer, apresenta ao Eterno pão de fermento. Ainda desta vez Deus se digna a aceitar a oferenda: um clarão vem consumi-la, mas totalmente, por isso um anjo pega uma parte e com ela dá de comer a Adão e Eva. "Assim", diz o senhor, "quando eu descer sobre a terra, eu farei do pão a minha carne que será oferecida continuamente." A partir desse dia, Adão oferece o pão — seríamos tentados a dizer que celebra a missa — três vezes por semana.

Nessa geração "Adão — Melquisedeque — Jesus", o rei de Salém é dado como descendente em linha direta de Salém e não está mais em questão a geração de Melquisedeque na Epístola aos Hebreus de Paulo, simplesmente porque Malakh, pai de Melquisedeque, não fez nada que merecesse ser destacado e consignado! Isso dava o que pensar.

Também, e embora recolocado na família semita de onde a exegese cristã o havia a princípio feito sair, Melquisedeque, remontando ao "sacerdócio de Adão" exercido no "Éden que é sua santa Igreja", encontra-se situado

> a meio-caminho entre Adão e Cristo, como eles sacerdote e rei (...) continua um e anuncia o outro; ele transmite de um a outro o rito do sacrifício puro, desejado por Deus para toda a eternidade, e do qual o sacrifício israelita representa não uma prefiguração, mas uma deformação.

Tal é a versão original do *Livro de Adão* ou *Livro da Ordem de Sucessão das Gerações* (Ed. Wallis Budge), que segue a lenda da *Caverna dos Tesouros*.

Ora, existe um dado importante a reter, para além da polêmica entre judeus e cristãos a respeito do nosso personagem misterioso, a bênção de Deus a Abraão *lhe conferindo a paternidade de uma "multidão de nações" se exerce sobre o homem abençoado por Melquisedeque e, por essa mediação, a estende à humanidade inteira.* Encontramos então, nesse ponto, a idéia de um sacerdócio da tradição primeira ou primordial, que faz do "sacerdote segundo a ordem de Melquisedeque" o grande sacerdote de uma tradição não mais particular, mas universal.

Com certeza, a idéia do exegeta autor do *Livro das Gerações* era diferente. Marcel Simon a interpreta com razão de maneira "étnica" e em função de um certo nacionalismo sírio ainda visível quando o autor da *Caverna dos Tesouros*, comentando a inscrição trilíngue da Cruz, garante que se o sírio está ausente daí é que "aqueles que falam isso não tiveram nenhuma parte nesse crime". Ele se esforça "igualmente em várias ocasiões em demonstrar, à custa dos hebreus, a antiguidade de sua língua".

A *Caverna dos Tesouros*, diz-nos Marcel Simon, é considerada pela tradição, obra de Santo Efrem:

> Ela surgiu, quase com certeza, no norte da Mesopotâmia, talvez em Edesse ou em Nisibis. Ela exprime os devaneios de um Cristianismo oriental, semítico de raça, siríaco de língua, e orgulhoso dessa dupla prerrogativa que, acima dos cristãos originados das "raças malditas", faz dele, em toda a realidade do termo, o novo Israel. Se a lembrança dos primeiros patriarcas, seus ancestrais, continua ligada às pedras, e revive no idioma familiar, como se admirar que eles representam para ele as grandezas quase tangíveis? Instalado nos próprios lugares onde se desenvolvem os episódios da história e da pré-história bíblicos, ele aí reconhece sua própria epopéia; a epopéia dos filhos de Sem: vemos por que, ao final da evolução que tentei traçar, Melquisedeque entra em suas fileiras, como um dos maiores. Essa unidade e essa continuidade do desenvolvimento histórico tão cara em seu coração, o autor da *Caverna* a concebe nos limites étnicos: ela ilustra a missão eterna de sua raça.

Bem depois, quando o Judaísmo se voltar para si mesmo, a batalha a respeito da apropriação de Melquisedeque perderá seu interesse.

Vamos concluir então esse ponto do nosso estudo com a última passagem do artigo sobre Melquisedeque devido à pena de Marcel Simon (já citado in *Revue d'Histoire et de Philosophie religieuse*, 1937, e intitulado: "Melquisedeque na polêmica entre judeus e cristãos e na lenda"):

> Com a superioridade de Melquisedeque não sendo mais atacada a partir de agora, as pessoas desistiram de bom grado, principalmente em meio semítico, em colocá-la com rival. E geralmente deixaram de destacar sua "heterogeneidade" para só insistir a respeito de sua original e eminente dignidade. Essa evolução dos pontos de vista aparece, em uma síntese surpreendente, no *Pseudo-Atanásio*, que reproduz bastante bem, em suas duas par-

> tes, as duas maneiras sucessivas: polêmica antijudaica a princípio, pelo método das transposições, depois alegoria sacramental e eclesiológica. Nós encontraremos aí, cristalizado na lenda, outro aspecto da evolução, interior desta vez, da antiga igreja. À medida que ela se encaminha para as formas definitivas de sacerdotalismo ritualista, Melquisedeque se desliga da polêmica. Ele não é mais o rival dos patriarcas. Entre estes e ele não existe mais medida comum. Ele se move sobre um plano infinitamente superior ao da humilde realidade concreta.

Marcel Simon considera agora outra conseqüência do ato relatado na Gênesis: aquela que trata do rito do pão e do vinho, transmutado em um sacrifício e em um sacramento.

> Mais ainda do que no relato de Gênesis, é sobre o versículo misterioso do salmo que se organiza a lenda. Protótipo de Cristo, herdeiro de Adão, substituto de Elias, prefiguração do Batista, Melquisedeque se eleva assim, além das categorias normais, fora do espaço e do tempo, ao posto de uma entidade. Ele é, se podemos dizer, o lugar ideal para onde convergem todas as figuras sacerdotais, ou concebidas como tais, da Antiga e da Nova Aliança: ele é o Sacerdócio.

Encontraremos ainda essas fontes polêmicas quando retomarmos a análise do termo próprio à identificação do lugar de encontro entre Melquisedeque e Abraão e ao papel de Jerusalém.

TERCEIRA PARTE

Melquisedeque e o Islã

— X —

Um Islã "pré-cristão"

As pessoas se surpreenderão ao ver o Islã suceder o Judaísmo e assim assumir o lugar que, cronologicamente, deveria ser do Cristianismo com relação à *sucessão das Alianças*, à *Unidade do Livro*: (a Bíblia) e àquilo que poderíamos chamar, ironicamente, de "dupla pertinência" de Melquisedeque, tanto no Primeiro Testamento, com Gênesis e Salmos, como no Segundo Testamento, com a Epístola aos Hebreus, tanto no Judaísmo como no Cristianismo; depois também em razão da *dupla reivindicação* "melquisedequiana" das duas tradições, como evidenciamos nos capítulos anteriores.

Ora, esses motivos nos pareceram insuficientes para justificar o desenvolvimento temático; pareceu-nos de fato mais importante vincular imediatamente o Islã ao Judaísmo a propósito do rei de Salém, para levar a análise espiritual do "sem geração" até suas últimas conseqüências teológicas e conceituais. Por quê? Porque esta última questão não foi verdadeiramente considerada pelo Judaísmo, mais inclinado a escrutar as filiações e as precedências, portanto "a história" mítica ou material, do que a glosar sobre os modos epifânicos do divino. Compreendemos isso facilmente, pois o monoteísmo judaico sendo o que é, a idéia mesmo de uma "encarnação", não poderia aflorar no Espírito dos doutores da lei.

Quanto ao Cristianismo, ele também não podia discutir de uma perspectiva sem fundamento aos olhos de seus ministros e teólogos, já que, sendo Cristo o filho único, "encarnado" segundo o Credo, Melquisedeque não podia ser outra encarnação... Pelo menos tal foi a tese das origens; veremos que as indagações virão mais tardiamente, quando Melquisedeque, definitivamente "recuperado" pelo Cristianismo à custa do Judaísmo, com sua grandeza paradigmática poderia fazer temer uma "duplicação" de Melquisedeque na presença de Cristo, ou uma "angelização" de Cristo no modelo melquisedequiano...

Entre as duas tradições, a judaica e a cristã, vai infiltrar-se o Islã; este, livre de certas preocupações que, como vemos, retiveram a atenção de seus dois precursores.

Monoteísta? Ele o é, pelo menos tanto quanto o Judaísmo, e a esse título parece, de alguma maneira, continuar o Judaísmo. Às vezes, o Cristianismo foi descrito como "o Judaísmo em marcha" e o Islã como o "Cristianismo em marcha". Nós cremos que a comparação não é feliz. O Islã se apresentaria mais como o "Judaísmo em marcha": um monoteísmo abrupto e sintético para povos "em marcha", errantes ou habitantes nômades dos desertos. É o irmão selvagem do filho de Abraão...

Então é bastante lógico ligá-lo, do ponto de vista metodológico ao monoteísmo judaico.

Mas, eis que intervém outra dimensão própria ao Islã e desconhecida do Judaísmo: a revelação maometana se produz seis séculos após a de Cristo. Portanto, esse Judaísmo maometano integra certamente dados específicos próprios ao corpo doutrinal cristão; melhor ainda, ele tentará, em nome mesmo do monoteísmo estrito que se arvora, uma solução das contradições inerentes à "incorporação" do divino; solução com a qual não precisava preocupar-se o Judaísmo no tempo da concorrência com o Cristianismo e levando em conta outros enfrentamentos mais concretos ou escriturais. É principalmente o ramo xiita do Islã que será abrangido por essa solução na medida em que a angelologia assuma nele uma importância excepcional; no Xiismo e nas teorias "místicas" do Islã.

Ora, se Melquisedeque tem pouco espaço no *Corão*, ele tem um lugar, visível ou oculto, de importância extrema na angelologia... Aí, vamos encontrar a grande questão: *quem* é o Princípio sem começo nem fim de vida: Cristo? Mais então *quid* de Melquisedeque? Se este é a teofania suprema, mas *não encarnada* — pois não pode existir Deus-homem na perspectiva muçulmana — *quid* de Cristo?

Seria bom, pensamos, abordar as margens perigosas dessa região teológica, e captar a ancoragem islamo-melquisedequiana a ser feita, antes de entrar plenamente nas regiões cristãs da grande Igreja que rejeitou todas as doutrinas de *Cristo angelos* em proveito da encarnação — pois, na verdade, sem encarnação e ressurreição, não há outro Cristianismo que não seja o Islã — mas conservado o arquétipo melquisedequiano de uma função divina.

— XI —

Melquisedeque no Alcorão

Cingir a presença "melquisedequiana" na terceira descendência abraâmica, o Islã, exige um primeiro trabalho escritural.

Com efeito, se o personagem que centraliza nossa atenção se encontra nominalmente designado nas duas Escrituras próprias à descendência dos filhos de Abraão e Sara: Isaac e Jacó-Israel (de onde nascerão Moisés para o Judaísmo e Jesus para o Cristianismo), o que acontece no *Alcorão* cuja relação com Abraão se deve ao fato de que o Profeta é de origem da copulação primeira de Abraão e de Agar, a escrava?

Vemos assim que, como Melquisedeque é de atestação bíblica vétero e neo-testamentária, nossa pesquisa deve tratar primeiro do aspecto escritural da revelação maometana, com os muçulmanos adorando o Deus Uno de Abraão, Isaac e Jacó que falou aos homens.

Assim a surata diz:

Nós cremos em Deus,
naquilo que nos foi revelado,
naquilo que foi revelado
a Abraão, a Ismael, a Isaac, a Jacó e às tribos;
naquilo que foi dado a Moisés e a Jesus;
naquilo que foi dado aos profetas,
da parte de seu Senhor.
Não temos preferência por nenhum deles;
Somos submissos a Deus.

Ora, nós poderíamos acrescentar: quem aceita a versão escritural da Torá concernente a Abraão admite ao mesmo tempo, explicitamente ou não, a intervenção "consagrante" de Melquisedeque, sem pejorar, aliás, a idéia de uma "progressão" das Leis, como afirmam as suratas 3 e 5. Com efeito, se a Torá foi dada a Moisés, Jesus veio com o Evangelho confirmando a verdade da Torá, mas autorizando certas coisas anteriormente proibidas (surata 3, 50). Enfim, o *Alcorão* desceu sobre Maomé, o Selo dos Profetas, para confirmar as escrituras anteriores e trazer por sua vez a nova Lei (surata 5, 48).

Definitivamente, como a matriz é comum: a *Escritura*, de onde Melquisedeque tira sua existência, o problema é a princípio, para nós, situar a relação entre o *Corão* e a *Bíblia*.

O *Corão* "ignora" os grandes profetas como Jeremias e Isaías e os pequenos profetas com Amós e Oséias. Assim, portanto, existe aí ao mesmo tempo *semelhança e divergência* entre os dois livros, *Corão* e *Bíblia*, *enquanto que há coerência e continuidade entre a Torá e a Boa Nova*. Isso é uma constatação da qual encontraremos confirmação em múltiplos pontos dessa história santa em paralelos:

— a construção da Ka'aba em Meca: divergência (cf. surata 2, 118 sq. e 14, 40);

— o sacrifício de Isaac: divergência;

— a crucificação de Jesus (surata 4, 156, 159): divergência;

— a mentira de Abraão faraó a propósito de seu parentesco com Sara: divergência, etc.

Mas evidentemente é a propósito da morte e da ressurreição de Cristo que o Corão difere fundamental e totalmente do Evangelho, pois ele dá do acontecimento a narração a seguir:

> Ele lhes disse: "Aquele que recusa (aceitar) o que quer que seja daquilo que eu fiz esta noite não está comigo e eu não estou com ele". Então eles aceitaram. Quando acabou, ele lhes disse: "O que eu fiz por vós esta noite, preparar-vos a refeição, lavar eu mesmo as vossas mãos, que sirva para vós como um exemplo. Em vosso pensamento, eu sou o mais digno dentre vós. Que nenhum de vós se creia maior que os outros; sacrificai-vos um pelo outro, como eu mesmo me sacrifiquei por vós. Quanto à necessidade pela qual pedi vossa assistência, orem a Deus por mim, e peçam-lhe para diferir minha hora ('ajal)". Enquanto eles tentavam orar e se esforçavam verdadeiramente, o sono veio sobre eles, e eles não puderam orar. Então Jesus os despertou, dizendo: "Glória a Deus. Não podeis resistir durante apenas esta noite para me assistir?". Eles responderam: "Oh! Deus, não sabemos o que acontece conosco. Estamos acostumados à vigília, e muitas vezes nós vigiamos, mas esta noite não conseguimos. Cada vez que queremos orar, alguma coisa nos impede de fazê-lo". Então Jesus lhes disse: "O pastor será levado e o rebanho ficará disperso". Ele começou a lhes falar dessa maneira a seu respeito. Depois ele disse: "Em verdade um de vós me negará antes de o galo cantar três vezes; um de vós me venderá por algumas moedas de prata e 'devorará' (o preço) (recebido) por mim". Eles se disper-

saram enquanto os judeus estavam à procura de Jesus. Eles pegaram Simão, um dos apóstolos, e disseram: "É um de seus companheiros". Mas Simão negou, protestando: "Eu não sou seu companheiro". Então eles o deixaram ir. No entanto, outros o detiveram, e novamente ele negou. Mas quando ouviu o canto do galo, ele chorou e ficou infeliz. Ao amanhecer, um dos apóstolos veio encontrar os judeus e disse: "O que vocês me dão se eu vos fizer encontrar o Messias?". Eles fixaram 30 denários. Ele os pegou, depois ele (o Messias) o apontou aos judeus. *Mas antes disso, seu sósia foi substituído aos olhos deles* (cf. surata 4, 157). Eles o pegaram, e enquanto o seguravam firmemente, eles o amarraram com uma corda e o levaram, dizendo: "Vós trazeis da morte à vista e vós expulsais Satã e curais os possessos. Por que não vos livrais dessa corda?". Cuspindo nele, eles atiravam espinhos. Até que o carregaram com o madeiro no qual queriam crucificá-lo. Mas Deus o levou para ele. *Assim eles crucificaram a semelhança que para eles se tornou visível.*[65]

Citamos essa longa passagem do *Corão* porque, ao insistir na divergência, ela coloca em evidência um traço essencial da gnose ismaeliana: *a não morte corporal — portanto a não ressurreição carnal — de Jesus* e, de maneira mais profunda, *a não coincidência da encarnação e da teofania angelical*, ou se quiserem, mas de uma óptica sensivelmente diferente, já que é admissível para um cristão paulino, *a distinção a fazer entre carne espiritual,* caro spiritualis, *de Cristo*, equivalente do corpo glorioso dos ressuscitados, *e carne de corrupção material.*[66]

Ora, precisamente, *são esses os aspectos que encontraremos na teoria melquisedequiana do Islã: aqueles que tratam da doutrina das teofanias angelicais.*

No que diz respeito a Jesus, outras características estão, em seu enunciado escritural, muito pouco distanciadas, se não do texto do Evangelho, pelo menos em seu espírito, assim:

— os milagres e o poder de ressuscitar os mortos (surata 3, 35 e seguintes);

— o nome de Jesus: Palavra e Espírito de Deus (surata 3, 39-45; 4, 171), Messias (surata 3, 45);

— o anúncio da hora (surata 43, 61);

— a Nova Lei dada por Jesus (surata 3, 49-50) e o colégio apostólico (surata 3, 52).

---

65. Sublinhado por nós.

66. A respeito de todos esses pontos, é preciso reler Tertuliano e seu tratado sobre *La Resurrection* que data do início do século III. Quando redigimos esta obra, ignorávamos a reedição, sob o título *La Résurrection des morts*, Introdução, notas, análise de Pierre Mané, tradução de Madeleine Moreau, Desclée de Brouwer, Paris, 1980.

De fato, o Islã admite várias escrituras santas: Torá, Salmos, Evangelho e é claro, o *Corão*, este último sendo "*a Escritura de Verdade*" revelada, mas cuja exegese implica referências à *Bíblia* e, finalmente, o recurso mais ou menos admitido aos relatos bíblicos, as *Isrâ'îliyyat*.

Poderíamos, portanto, *a priori*, concluir dessas observações relativas ao paralelismo *Bíblia-Corão*, que se o Islã não dá nenhum destaque especial a Melquisedeque, o personagem "sem geração" da Torá, dos Salmos e do Evangelho, ele não nega sua presença, sendo esta atestada pelas Escrituras precedentes.

Há mais, no entanto. Evocamos até agora o caso geral do Islã; ora, é preciso afirmar que é na "mística" muçulmana influenciada pelo sufismo que o aporte da *Bíblia* e do Novo Testamento é mais sensível. Podemos julgar isso, por exemplo, com a tradição atribuída a Abû Dardâ (cf. Abû Dawûd, "Sunan", K. *al*-tibb, nº 19, Cairo, 1952, vol. II, p. 338-9):

> Eu ouvi o mensageiro de Deus dizer: "Quem dentre vós ativer queixas ou então se seu irmão tem algo grave contra si, que diga: Senhor nosso Deus, que estais nos céus, que o vosso nome seja santificado, que vossa vontade (*'amr*) esteja nos céus e na terra, assim como a vossa misericórdia está nos céus que ela esteja também sobre a terra, perdoai nossas ofensas e nossos pecados, vós que sois o Senhor da Bondade, da vossa misericórdia se faça descer aqui embaixo a misericórdia e da vossa beatitude a cicatrização desta pena que precisa ser curada".

Também dentro dessa corrente iniciática ou esotérica do Islã vamos agora encontrar a alusão mais direta a Melquisedeque. O que, aliás, importa sublinhar é que essa alusão diz respeito exatamente à "*natureza*" *teofânica e simbólica de Melquisedeque*, a qual não é evocada claramente nos dois testamentos judaico-cristãos, apesar de ela constituir no fundo a linha divisória *entre Melquisedeque e Jesus*.

Ora, se existe no Islã um ramo com dominante mística é certamente o Xiísmo. É portanto aí que nós devemos logicamente descobrir essas alusões ao "sem geração" bíblico.

Efetivamente, como veremos, tomando por base os trabalhos do professor Henry Corbin, o Xiísmo é rico de tradições melquisedequianas, a ponto de ele assimilar Melquisedeque ao próprio *imã*:

"A glosa ismaeliana dá o nome de Melchisedech ao imã dos três primeiros períodos do ciclo da profecia" (H. Corbin, *En Islam iranien*, t. 4 p. 413).

— XII —

Melquisedeque no Xiísmo

De fato, é o Xiísmo que, por sua ancoragem no pólo iniciático do Islã, o genro do Profeta, Ali, engloba a maior parte das teorias esotéricas do Islã, o que não significa que o sunismo não disponha, com os *Turuq* ou vias iniciáticas do sufismo, do *corpus* metódico e ritual próprio à realidade espiritual maometana. Esse é outro aspecto, não menos essencial, do Islã. Pudemos ver o Xiísmo platônico como uma espécie de doutrina aberta do esoterismo muçulmano, "exoterizada" de certa maneira, mas sem nada negar de seus mistérios e da gnose, de seus dados escatológicos, cosmológicos, de seus conceitos próprios aos estados póstumos que são para nós do maior interesse, enfim, de seu escalonamento dos mundos corporais, físicos ou sutis e espirituais.

Se nos demoramos, a propósito de Melquisedeque e de seu lugar no terceiro monoteísmo, na análise dos ensinamentos xiitas, é que, primeiro, é bem aí que encontraremos a mais ampla aceitação feita ao Personagem "sem geração" que, em segundo lugar, as doutrinas do Xiísmo, confortadas pelo aporte neoplatônico, são as mais conhecidas por nós graças ao gigantesco trabalho e às obras do professor H. Corbin, e que, enfim, as perspectivas decorrentes do "triplo mundo" ao qual acabamos de fazer alusão — e das geografias ou histórias paralelas que o acompanham — permitem compreender a natureza do campo de ação do "rei da Justiça".

Ora, nesse Islã, centrado sobre o Imã, o Selo da *walayât*[67] é o imamato maometano, com um duplo aspecto:

— Selo da *walayât* universal: os primeiros dos 12 Imãs;

— Selo da *walayât* maometana: o Imã XII. Mas a "Pessoa" do Imã... é também Melquisedeque! É o *Anthropos* celeste como lembra H. Corbin em sua análise de um *Traité sur les sept sens ésotériques du Qorân* [Tratado sobre os sete sentidos esotéricos do Qorân],[68]" ou o Imã eterno:

---

67. Só podemos, a esse respeito, remeter ao conjunto das obras de Henry Corbin, repertoriadas em nossa bibliografia.

68. *En Islam iranien*, t. III, "Aspects spirituels et philosophiques", Gallimard, 1972, p. 231-232.

> Assim como o profeta anunciador (*Nâtiq*) se refere ao Imã silencioso (*Sâmit*), assim a letra do Livro Santo, transmutada em símbolo, se torna o local epifânico do sentido espiritual. É ao mesmo tempo o termo final da filosofia profética e da hermenêutica esotérica. À antropomorfose divina no plano da humanidade celeste do Imã (aquele que leva o nome de Melquisedeque no ismaelismo), responde a teomorfose (*ta'alloh, theôsis*) do ser humano pela experiência mítica. Aqui deve ser lembrado tudo o que Haydar Amoli observava a respeito das relações do Xiísmo e do sufismo.

Esse Imã oculto (que como Melquisedeque é dito permanecer no alto da "Montanha dos Profetas" na visão de Catherine Emmerich, o monte Mêru ou o "pólo" para René Guénon) reside no cume dos sete "pólos" (os sete *Abdâl* ou orifícios da Grande Ursa) do pleroma celeste.

É esse Imã oculto que preside os mistérios, a gnose, o esoterismo e a iniciação, as transmissões do Conhecimento e as das funções espirituais.

Compreendemos então que existe uma assimilação do Imã invisível e de Melquisedeque, o qual "validará" a missão de Abraão para o monoteísmo e prefigurará o sacerdócio "eterno" de Cristo. É o Imã secreto. Citemos ainda H. Corbin:[69]

> Sem dúvida, os textos comoventes que nos relatam a hagiografia do Imã XII, e com a mesma o segredo de sua dupla "ocultação", não são de modo algum textos que ressaltam da crítica histórica no sentido ordinário da palavra. Também insistimos na via fenomenológica como a melhor via de aproximação para o pesquisador de ciências religiosas. Eis com efeito mais de dez séculos em que o Imã XII vive uma vida misteriosa em uma região "da qual nenhum mortal se aproxima", e cujas coordenadas não podem ser constatadas em nossos mapas. Ele está rodeado de companheiros velados para nosso mundo sob um mesmo *incógnito*. Múltiplos são os testemunhos de onde resulta que ele mesmo, às vezes, ou alguns dos seus se manifestam, mas de tal maneira que só tomamos consciência disso após o fato, e isso não apenas para seres excepcionais, mas para seres simples que uma grande aflição, por exemplo, teria arrancado das evidências e das quietudes da vida cotidiana. Para compreender essas coisas, é preciso certamente dispor de uma ontologia que dê lugar ao "oitavo clima".

Cabe a H. Corbin definir que a parusia do Imã XII marca a conclusão do Homem integral.

69. *Ibid.*, t. III, pp. 326-327.

o Homem perfeito (*al-Insân al-kâmil*); ela revela aquilo que, em outras gnoses, chama-se o mistério do *Anthrôpos*. Por isso, é igualmente possível dizer que a imamologia assume uma função homóloga à da cristologia na teosofia cristã.

Assim, aquele que reside no cume da montanha *Qâf* seria, portanto, o que, no Judaísmo, é o rei de Justiça e rei da Paz? Encontramos aí toda a perspectiva desenvolvida por Guénon no *Rei do Mundo*.

É especialmente no Xiísmo ismaeliano reformado de Alamût — o que mantém relações particulares com a ordem do Templo na Terra Santa, na ocasião das Cruzadas — que encontraremos indicações mais exatas sobre Melquisedeque — voltaremos ao assunto —, e isso, a propósito da "interiorização" dos dados da profetologia, *e foi a tradição de Alamût que deu o nome de Melquisedeque ao Imã dos três primeiros períodos do nosso ciclo*:

> (por variantes da forma do nome), como se provocasse, na imamologia, uma ressurgência da cristologia dos melquisedequianos (Melquisedeque como entidade angelical e Espírito Santo, teofania do *Logos asarkos*, verdadeiro "filho de Deus", etc.). A interiorização conduziria aqui a um "Melquisedeque do teu ser.[70]"

Henry Corbin volta freqüentemente a essa função melquisedequiana do imamato, e nota, a propósito de um artigo de Raymond Panikkar publicado na revista *Kairos*[71] (*Zeitschrift für Religionswissenshcft und Theologie*, janeiro de 1959):

> O artigo é escrito dentro da perspectiva da teologia católica, mas o autor pressente que o sacerdócio de Melquisedeque esconde uma universalidade própria para fundar uma teologia geral das religiões; ele não parece suspeitar, infelizmente, nem que a idéia é professada há vários séculos pela profetologia e pela teosofia ismaelianas, nem que a figura de Melquisedeque foi, no interior mesmo do Cristianismo no século V, para os gnósticos *melchisédékiens*, a figura teofânica, por excelência, do Logos "separado da carne" (*asarkos*). Por essa idéia podemos pressentir o vínculo entre o Melquisedeque da gnose melquisedequiana e o da gnose ismaeliana.

Também a gnose ismaeliana dá o nome de Melquisedeque ao Imã eterno detentor do sacerdócio espiritual, "iniciante no sentido oculto das Revelações". Ora, não é esse justamente o papel do Judaísmo abraâmico e do Cristianismo? Para o Islã, esse Melquisedeque, longe de ser ignorado,

---

70. *Ibid.*, t. III, "Les sept organes subtils selon Semnâni", pp. 293-294, nota 110.
71. "*Eine Betrachtung über Melquisedeque*", pp. 5-17.

continuaria presente na função assumida pelo imamato, o qual, nos diz Henry Corbin:

> mergulha suas raízes na idéia de uma religião profética universal, da qual nós constatamos aqui o florescimento dela quase não distinguindo ainda a "cadeia de transmissão" que a levou até o ecumenismo esotérico do Xiísmo, que engloba a totalidade da hiero-história.

Hiero-história que recorta aquilo que denominamos, nos estudos e obras editados há alguns anos, de história não "material", a história espiritual e sutil, terminologia familiar justamente a Henry Corbin.

Na perspectiva do Xiísmo, se os doze Imãs manifestam externamente a função esotérica da Revelação muçulmana, "até a parusia do Imã oculto"[72] e são a "fonte de uma tradição espiritual", o Imã XII permanece o *Pólo místico*, até sua parusia anunciadora da Ressurreição:

> Ele não *tem* e nem *terá* sucessor. Esse tempo permanece "o tempo do Imã oculto". Mesmo se a ele damos o nome de *pólo* no sentido figurado a este ou àquele *shaykh* [*xeique*] eminente, o Imã continua o *pólo dos pólos* (*Qoth al-aqtâb*). Ora, podemos observar a extrema discrição de Sohrawardî. Nada, nas poucas linhas onde ele afirma a existência do *pólo místico*, obriga a ler em outro sentido que não aquele exigido pela teosofia xiita duodecimana.

Para H. Corbin, em torno desse *Pólo* se agrupou a hierarquia mística dos Sábios "orientais", de ordem puramente espiritual e desconhecida pelos homens, como "invisível para eles é seu chefe; ela é fundada sobre um critério que não recai sob a evidência comum, mas só é perceptível pelos 'sentimentos espirituais.'"[73]

Também não surpreende que, ultrapassando mesmo o "personagem" sem geração que abençoa Abraão, a compreensão do melquisedequismo no Xiísmo seja aplicada a tudo aquilo que depende do conhecimento iniciático, e até das organizações instituídas para veiculá-lo de alguma maneira. Daí o fato, destacado por H. Corbin, de um vínculo "entre a imamologia e uma escola de gnose, conhecida em teologia cristã com o nome de 'melchisédékiens' cujo ensinamento se desenvolveu do século III ao século V da nossa era".[74] Daí o fato também de certos tratados ismaelianos xiitas darem o nome de Melquisedeque ao *Anthropos* celeste,

> figura da antropomorfose divina... teofania eterna e mestre do sentido esotérico. Seria então por causa dessa modalidade de ser "celestial" que finalmente se faria alusão ao Imã como ao mestre

---

72. H. Corbin, *op. cit.*, t. I, p. 63.
73. *Ibid.*, t. II, "Sohrawardî et les Platoniciens de Perse", pp. 74-75.
74. *Ibid.*

> interior invisível do homem espiritual (*infra*, Cap. VII). É por tudo isso que convém pensar para entender bem de qual sufismo fala Haydar Amolî quando, como destacamos anteriormente, ele trata do sufismo como sendo o verdadeiro Xiísmo (*cf.* ainda *infra*, Livro IV, Cap. I), pois tal assimilação deixa sua marca em toda a história espiritual do Irã[75].

Se existe então identificação entre o "princípio" que preside a função melquisedequiana e aquele que representa o Imã oculto, é que a mesma teofania entra em jogo em ambos os casos: ela se refere à revelação dos segredos celestes: "Este é João que durante a Ceia repousou no coração do Senhor e a quem foram revelados os segredos celestes", para retomar uma passagem da liturgia católica romana.

Vemos aparecer aqui e por meio da igualdade "Melquisedeque = Imã oculto", outra igualdade: "Melquisedeque = Espírito Santo", o Espírito anunciado exatamente por João. Ora, aquele que agrada a Cristo "de guardar até a sua volta", João Evangelista, é por um lado o anunciador do Paracleto, e de outro lado, parece escapar ele mesmo da morte corporal e esposar assim a "forma" do *Anthropos* melquisedequiano, quebrando as normas das gerações históricas "materiais": nascimento-morte. Ele penetra em um tempo que pertence a outra história, no qual se dissolve a noção das gerações, o "tempo de Melquisedeque e do Imã oculto", o tempo assimilado ao centro do estado humano, lá onde tempo e espaço não existem mais senão como princípios das condições que regem esse estado. O que, bem entendido, explicaria:

— a emergência da função melquisedequiana não importa em qual "momento" do ciclo, quando a missão providencial exige essa manifestação;

— o empréstimo de uma "forma" que é ao mesmo tempo antropomorfose e teomorfose;

— o recurso a uma geografia mítica e a uma história "sutil" que são parte integrante da "hierogeografia" e da "hiero-história" para usar a terminologia do professor Corbin;

— finalmente, a inspiração "paraclética" das mensagens dadas aos homens.

O Imã XII, ou o Imaculado XIV, sendo Imã *oculto* do nosso tempo,

> reside em um mundo supra-sensível, invisível aos humanos, até seu aparecer futuro, sua parusia que fechará o presente ciclo do nosso mundo. O tempo que é nosso, agora, é o tempo de sua "ocultação", o tempo da *ghaybat*. Como Imã esperado (*Imâm montazar*) ele foi identificado por vários autores xiitas, entre outros por Haydar Amoli, com o Paracleto anunciado por Jesus no Evangelho de João.[76]

75. *Ibid.*, t. I, "Le phénomène du Livre saint", p. 171.
76. *Ibid.*, t. I, "Aspects du shî'isme duodécimain", p. 56.

Como indicamos no começo deste capítulo, são justamente esses dados próprios ao mundo no qual se situa o "sem geração", mundo dotado de uma geografia, de uma modalidade histórica ou gerativa e de uma corporeidade particulares, mundo do "imaginal" segundo H. Corbin, são esses dados, dizemos, que convém aprofundar na doutrina do Xiísmo; eles podem fazer-nos compreender "quem" é Melquisedeque em seu "corpo" e em que, no entanto, ele difere do corpo carnal e do corpo glorioso de Cristo segundo a definição paulina da Encarnação e da Ressurreição.

Além disso, são também esses dados que permitem saber "como" se estabelece o testemunho de Melquisedeque com relação às três tradições monoteístas, fora do tempo material e da história temporal, ou seja, na permanência de um tempo "imaterial", extracronológico, *única solução dada àquilo que estava "no começo", portanto na Tradição Primordial, para se manifestar em um instante exato do ciclo temporal: tempo da viagem de Abraão na Terra Santa, tempo da revelação cristã, "tempo" da vinda do Imã XII.*

É preciso então admitir com a tradição xiita que, se existe um corpo de "carne" putrescível, há também um corpo psíquico que depende de um mundo "imaginal", e um corpo pneumático dotado de sentidos espirituais e que depende do mundo divino.

A partir daí, escreve H. Corbin,

> se uma essência como a que designa a palavra *corpo* tem vários modos de existir, diferenciados em grau de nobreza e de densidade, podemos chegar a admitir, no limite, que exista alguma coisa como um "corpo divino" (*jism ilâhî*), mas ao qual se aplica o versículo corânico: "Nada se parece com ele"[77] (42:9).

Da mesma forma, podemos dizer que se Melquisedeque é sem geração e se do Imã XII é dito que permanece "entre os tempos", sua morada espacial só é alcançada "saindo" da exterioridade do *situs* geográfico para alcançar o lugar "interior", denominado por Sohrawardî: o país do "Não-onde",

> um país (*abad*) mas do qual não se pode dizer "onde" ele está, porque não seria possível a orientação para ele tomando como referência os pontos cardeais do espaço sensível. É o país das "visões teofânicas".[78]

É o país onde a história não é feita com "dias", "datas", "anos" e documentos, mas onde o acontecimento é um "estado de consciência" do ser. País da "montanha" e da "ilha verde" e país de uma geografia em transparência que Guénon descreve justamente no *Rei do Mundo*; país onde aparece o Príncipe dos Anjos, descrito como o Imã XII, sob os traços de uma "carne sutil", como um belo adolescente.

---

77. *Ibid.*, t. I, "Aspects du shî'isme duodécimain", p. 228.
78. *Ibid.*, t. IV, "Le douzième Imâm", p. 335.

Assim como acreditávamos ser possível estabelecer uma conexão entre Melquisedeque e o Imã XII, o Paracleto joânico, nós poderíamos, a propósito da geografia própria a essas teofanias, conceber um parentesco entre o retiro topográfico desses "intermediários" e o do famoso padre João, na ordem das realidades esotéricas, e isso define, para H. Corbin, que o retiro do padre João é construído no invisível, lá onde as versões diversas do acontecimento devem ser coordenadas segundo normas diferentes daquelas que seriam aplicadas aos *Comentários* de César. É o mesmo *acontecimento* essencial que é proferido.

> Em Sarras, após a morte de êxtase de Galaade, a mão celeste faz o Graal* entrar no invisível. Aqui, é Parsifal quem reconduz o Graal *na Índia*, quer dizer "aos confins do mundo", ao oriente-origem que não figura em nossas cartas geográficas. Aqui, portanto, podem interferir o personagem de Parsifal e aquele do padre João como se Parsifal-padre João fosse a partir daí o *pólo* de todos os *Joanitas*, daqueles que crêem em uma Igreja de João, na Igreja joânica como na Igreja do Graal invisível. Ora, nesse joanismo vibra a fé no Paracleto, esse Paracleto que alguns de nossos teósofos xiitas identificam, como vimos, com o Imã XII, o imã presentemente oculto.[79]

Em função dessas coordenadas espaço-temporais "fora da manifestação grosseira", para empregar uma linguagem que às vezes é utilizada por Guénon, é preciso compreender a chamada definição "polar" da residência do Imã ou de Melquisedeque. Esta será uma morada celeste no "eixo polar", que lembra a topografia taoísta.

> Neste aqui, a região da estrela polar está representada como a residência de um "anjo" da santidade; alcançar o cume da santidade é como chegar ao pólo norte celeste.[80]

Encontramos com toda evidência nessas descrições algumas orientações "místicas" — como o nordeste do céu —, dos lugares "místicos" — como a Montanha dos Profetas ou montanha polar, o monte Mêru —, ou ainda cidades "místicas" — como a misteriosa Salém de Melquisedeque, da qual a Jerusalém "física" é como o reflexo no plano da manifestação grosseira.

De resto, esse mundo de certa maneira paralelo ao mundo "corporal" grosseiro, comporta outra particularidade: o ser coincide com a "função" que ele representa, o *situs* espacial, o tempo específico... como o Ser divino é, ao mesmo tempo, "o estado paradisíaco" e a eternidade, o alfa e o ômega dos ciclos temporais humanos.

---

* N.E.: Sugerimos a leitura de *A Linhagem do Santo Graal*, de Laurence Gardner, Madras Editora.

79. *Ibid.*, t. II, "Sohrawardî et les Platoniciens de Perse", p. 186.

80. *Ibid.*, t. II, p. 76.

Assim, vimos o Imã oculto, "melquisedequiano", residir no Pólo, mas esse Pólo espiritual é justamente o próprio Imã, aquele cujos "segredos estão bem guardados", para retomar uma fórmula islâmica freqüentemente citada por R. Guénon.

> A idéia sufita do Pólo místico, o *Qoth*, não é outra que não a do Imã; assim também no sufismo xiita, o Imã permanece o *pólo dos pólos* como Selo da *walâyat*, enquanto no sufismo sunita a idéia do *Qoth* apenas substitui a do Imã professada pelo Xiísmo.[81]

Para levar em conta esses critérios "sutis", senão espirituais, Henry Corbin vai fazer intervir o *mundus imaginalis*, mundo

> onde existem todas as formas do mundo sensível, mundo das cidades místicas, onde se incorporam os espíritos e se espiritualizam os corpos, segundo a excelente definição de Mohsen Fayz, mundo onde penetram e de onde voltam alguns eleitos privilegiados sem distinção de origem social, bem entendido.[82]

Poderá, todavia, ser colocada a seguinte questão: se o "tempo de Melquisedeque", ou o "tempo do imã oculto" para o Islã iraniano, está fora da história "grosseira", aquela que relata fato ocorrido em um lugar preciso e em uma época não menos precisa, aquela que também põe em cena individualidades dotadas de uma ascendência e de uma descendência verificáveis e não "sem pai nem mãe" como acontece com Melquisedeque..., o que convém pensar de acontecimentos que, como a bênção dada a Abraão, parecem desde então "imaginários" ou "míticos"? São acontecimentos de uma *história* não material mas *sutil*, que o estudioso não deixa de citar com um ponto de exclamação entre parênteses, de tanto que é incapaz de compreender aquilo de que se trata.

Ora, é preciso aplicar a este conceito ocorrente os termos que Corbin utiliza para definir "temporalmente" o fenômeno do "Livro":

> A objeção previsível é de fato esta: se o verbo divino é eterno, se corolariamente os acontecimentos que ele revela são eternos, o que ocorre então com a noção de acontecimento? O nosso autor (anônimo) afasta a objeção lhe opondo precisamente a idéia de um acontecimento eterno, a propósito do qual o *antes* e o *depois* não se colocam em termos do tempo quantitativo irreversível da história cronológica. Se o fenômeno do Livro marca a irrupção do Verbo divino no tempo, sua hermenêutica espiritual (*ta'-wîl*) o conduz a um tempo que não é aquele da história. Vemos aqui na

81. *Ibid.*, t. I, "Aspects du shî'isme duodécimain", p. 92.
82. *Ibid.*, t. IV, "Le douzième Imâm", p. 329.

hermenêutica do Livro: foi ela que conduziu nossos pensadores a enfrentar e a dominar o problema do tempo histórico.[83]

A mesma interrogação se coloca a partir daí quanto à natureza da "corporização" do ser situado no "mundo imaginal", onde não intervêm mais as linhas genéticas que presidem os nascimentos e as mortes corporais, da mesma forma que não podem intervir por esse fato as cronologias temporais precisas e as localizações espaciais do mundo ordinário.

Ora, quando seguimos as indicações do Xiísmo, vemos que não teria existido "encarnação", no sentido que damos a esse termo na geração da espécie humana, mas "teofania" ou "angelofania". Henry Corbin reaproximará esse "aparecimento", ou manifestação sensível, da concepção docetista:

> Uma teofania (*tajallî*) não é uma encarnação (*holûl*); não poderíamos aproximar os dois conceitos, a não ser com a condição de conceber esta última como uma encarnação na *forma* do corpo humano, e nessa forma em sua beleza plástica perfeita, não na *matéria*, na "carne". Sem dúvida, é isso que dá seu sabor "docetista" a tantas declarações sufitas; mas esse docetista não é nada menos que um "irrealismo do espiritual".[84]

É bem aí que se descobre a divisão cuja existência havíamos evocado anteriormente, a princípio entre o *personagem sem geração humana*, originado por assim dizer "diretamente" do Homem protótipo, ou da Tradição Primordial, e o próprio *Filho do Homem* dotado da dupla natureza divina e humana e, por esse fato, necessariamente encarnado como todo homem originado da carne. Alguém poderia dizer: o "Filho do Homem" é *infinitamente* mais que Melquisedeque e que a Tradição Primordial como "Princípio divino", e *incomensuravelmente* menos que Melquisedeque e que a Tradição Primordial, porque inserido em uma geração carnal no nível, portanto, da manifestação corporal.

Apesar da encarnação, não há "deificação" do homem pela Ressurreição; apesar da morte e da Ressurreição, também não há mais a salvação por Cristo. Baseando-nos também na bênção melquisedequiana, podemos dizer que Cristo mantém de Melquisedeque uma função extratemporal: a do sacerdócio eterno, mas que ele obtém de seu nascimento, pela *generatio ad intra*, a natureza divina, e de seu nascimento humano, pela *generatio ad extra*, a natureza humana. *A contrario*, e porque ele é um princípio "fora de geração", Melquisedeque, fora das condições habituais do estado humano em que permanece, não é... nem homem nem Deus.

Em seguida, a mesma divisão se aplica à comparação entre o Imã e Cristo e permite captar no que o Islã não pode "compreender" a percepção

83. H. Corbin, *En Islam iranien*, t. III, p. XII.
84. *Ibid.*, t. III, "Soufisme et quiétude de l'âme", p. 19.

cristã da morte e da ressurreição de Cristo, como também da dupla natureza do Homem-Deus e de Cristo Jesus "verdadeiro Deus e verdadeiro homem". *Apesar, portanto, das semelhanças externas, em razão das projeções do Evangelho no* Alcorão, *existe fundamentalmente uma irredutibilidade total entre os dois conceitos religiosos, tomados ao pé da letra pelo menos.*

O Islã, com o personagem do Imã, e o judaico-Cristianismo, com o de Melquisedeque, evitam, sem dúvida, toda confusão de antropomorfose divina, na pessoa do Imã, com a materialização do divino na carne e na história. Corbin define, aliás:

> Como se trata de uma teofania, não de uma encarnação nem de uma união hipostática que opera a fusão das duas naturezas incomensuráveis, a visão que a consciência xiita se dá de seu Imã se apresenta sob os traços que correspondem àqueles de uma cristologia diferente da cristologia oficial; é aquela que, dos gnósticos valentinianos ao mestre Valentim Weigel, foi considerada blasfematória por considerá-lo outra coisa além de um *caro Christi spiritualis*. Alguém falará de docetismo...

Para o nosso sábio autor, o docetismo não abole a realidade do acontecimento; ele também não produz nem um mito nem um fantasma.

> (...) ele percebe isso em um plano de realidade espiritual onde a materialização e a secularização, quer dizer redução no plano das evidências empíricas, são radicalmente impossíveis. Como eles situam-se acima do plano da evidência comum, os traços de tal visão são bem paradoxais. Tais são precisamente os traços pelos quais a imamologia xiita desvenda sua inspiração gnóstica. Existiriam aí muitas comparações instrutivas a fazer. Nós nos limitaremos aqui a relacionar textos ainda pouco valorizados pela história geral das religiões.[85]

Poderíamos concluir este capítulo dizendo que, à luz do "melquisedequismo" xiita, Melquisedeque, confirmado em suas prerrogativas supra-humanas e funcionais, é a figura por excelência do mundo não "corporal grosseiro", colocado em distância indefinidamente mais elevada que o estado individual humano, quer dizer, sobre "o eixo polar" originado do centro primordial e edênico desse estado, daí o vocábulo "Tradição Primordial" para qualificar aquilo que deveria representar... mas que não é, no entanto, e de maneira alguma, a realidade total do Cristo Deus-Homem.

O primeiro pertence à hiero-história. O segundo é a eternidade.

---

85. *Ibid.*, t. IV, "Le douzième Imâm", pp. 317-318.

— XIII —

O Messias, rei de Salim?

As considerações anteriores sobre a natureza do Rei da Justiça e da Paz — *antropomorfose* de tipo angelical emprestando a roupagem da forma sutil segundo a classificação dos "estados múltiplos do ser" definidos por R. Guénon, e *Deus encarnado* como Cristo Jesus — são importantes.

No primeiro caso estamos lidando com uma teofania utilizada pelo Eterno para transmitir aos homens "alguma coisa" de ordem tradicional, além e acima de cada forma religiosa. Acontece assim para as diferentes manifestações angelicais e quando for necessário legitimar uma tradição nova pelo reconhecimento de um "princípio" existente desde o início, *from immemorial time*. Essa é, aliás, a missão reservada a Melquisedeque com relação a Abraão. Ora, uma questão vem ao espírito: essas teofanias, que não são de modo algum encarnações divinas e, portanto, distintas do nascimento do Verbo — e compreendemos que para esse título este só possa ser único na história, tanto como a eternidade é necessariamente uma em relação à multiplicidade do desenvolvimento temporal —, essas teofanias, dizemos, são, no entanto, manifestações divinas? São aparições de Deus em personagens com figura e forma humanas?

E é ainda o Xiísmo que nos vai dar resposta e justamente a propósito de Melquisedeque.

Lembremos, para começar, que a tradição islâmica em seu conjunto, *Alcorão*, *Hadit*, comentários do *Alcorão*, coletâneas de *qisas al-anbiyà*, etc., calam-se quanto à citação de Melquisedeque, enquanto em compensação essa tradição não ignora os relatos bíblicos e as lendas tecidas em torno das grandes figuras da História Santa pelos apócrifos dos dois Testamentos, a literatura cristã dos primeiros séculos e a *Aggadah*, conto popular judeu distinto da *Haggadah*, relato da saída do Egito.

Como constatava o professor Georges Vajda no estudo que dá motivo a esse desenvolvimento:[86]

> A figura de Melchisédec não deixou até os tempos islâmicos de perseguir as imaginações e de estimular a propensão especulativa ou fabuladora dos cristãos orientais.

Mas essa intervenção do Rei da Justiça quase só se situa, como já dissemos, nos textos ismaelitas do xiísmo, que alguns consideram como os escritos "místicos" do Islã.

Dois documentos, porém, chamam a atenção a esse respeito:

— um opúsculo conservado no ramo nizarita ismaelita e intitulado *Hafi Bab-i-Sayyidna* (*cf.* publicação de Vl. Ivanov in *Islamic Research Association*, nº 3, Bombaim, 1933);

— uma compilação do século XV, o *Kalam-i-Pir* (*cf.* publicação de Vl. Ivanov in *Islamic Research Association*, nº 4, Bombaim, 1934).

Veremos que, nesses textos, trata-se efetivamente do nosso personagem. Georges Vajda pensa que, apesar de todas as alterações "que resultam de uma longa transmissão no seio de uma comunidade da Ásia Central cuja decadência intelectual estava se acusando", esses textos remontam ao "ensinamento dado a Alamut por Hasan Sabbah e seus discípulos, portanto, no século XII e mesmo no fim do século XI". Também sabemos, como lembrou G. Vajda, que o escritor ismaeliano mais reputado, Ahmad ben 'Abdallah Hamid al-Din Kirmâni, que viveu na época do califa fatimida Hakim, tinha conhecimento profundo do texto hebreu do Antigo Testamento, do Novo Testamento em siríaco, e dos relatos pós-bíblicos. Além disso, para retomar a observação feita por Vajda, "o conhecimento direto do texto hebreu ou siríaco da *Bíblia* por um sábio muçulmano, sem ser um fenômeno comum, nada tem de excepcional".[87] Assim se explica o fato de se os escritos sagrados do Islã e seus comentários canônicos ficam em silêncio sobre o nome de Melquisedeque, em compensação o próprio personagem não é desconhecido de certas seitas muçulmanas, como as incluídas no Xiísmo. Veremos que esses textos ismaelianos recorrem à tripla utilização do nome de Melquisedeque com a designação de *rei de Salim*, o que é uma referência precisa ao texto de Gênesis,[88] enquanto um deles, o *Kalâm-i-Pir*,

---

86. *Melchisédec dans la mythologie ismaélienne*, Bibliothèque de l'Alliance israélite universelle, cota U 1376. Com um pouco de astúcia, aproximaremos essa observação de G. Vajda, da nota que conclui seu estudo: "Nós nos damos conta da importância da figura de Melchisédec pelas especulações esoterizadas ainda vivazes nos dias de hoje, lendo as páginas que René Guénon lhe dedicou em *Le Roi du Monde*, 9ª ed., Paris, 1939, pp. 62-74". Dos cristãos orientais a R. Guénon, não haveria então uma "história sutil", como para a gnose e desconhecida dos cartesianos?
87. *Cf.* P. Krauss, "*Hebraïsche und syrische Zitate in isma'ilitischen Schriften der Islam*", XIX, 1930 (pp. 243-263, citado por G. Vajda in *Melchisédec dans la mythologie ismaélienne*.
88. Gênesis, 14: 18.

relata o episódio do dízimo pago por Abraão a Melquisedeque — denominado, como veremos, *Maliku 's-salâm*, tradução exata em árabe do hebreu Melquisedeque —, outra referência ao relato bíblico.[89]

Voltemos agora ao estudo desses documentos ismaelianos. Em um e outro desses textos, existe a questão de um "nosso senhor" — *Maulânâ* — que se manifesta em cada grande período. Para os fins da nossa pesquisa, faremos o paralelo da análise de cada um desses documentos, tal como ela é feita por G. Vajda no estudo citado.[90]

Opúsculo nº 1

HAFI BAB-I-SAYYIDNA

1º *Época do profeta Adão*: este forma com seu povo a comunidade dos Sabeus[91] que dizem:

"*Malik Solem* virá na ressurreição; ele julgará e revelará os mistérios divinos que os profetas mantiveram secretos durante o período da lei religiosa (*sari'a*).

Na época e no período de Adão, chamamos *maulânâ: Malik Sôlêm*. Todos os incidentes causados por Iblis ocorreram no período desse personagem."

Opúsculo nº 2

KALAM-I-PIR

1º *Na época de Adão, o maulânâ Malik Solem* é identificado com o patriarca Seth.

89. Gênesis, 14: 20.

90. G. Vajda, *Melchisédec dans la mythologie ismaélienne*, extraído do *Journal asiatique*, anos de 1943-1945, Librairie orientaliste Paul Geuthmer, 1947 (*Cf.* nota *supra, 83*).

91. O *Corão* chama os tais de sabeus, os gnósticos da Baixa-Mesopotâmia. São os nossos "Mandeus"; o nome deles "será usurpado a partir do fim do século VIII pelos astrólatras de Harran que foram então forçados, para escapar à alternativa da conversão ou da morte, a se abrigar sob a designação de uma seita qualificada pelo *Corão* como possuidora de um livro revelado, e autorizada, conseqüentemente, a viver segundo sua fé religiosa sob a proteção do Islã" (comentário de G. Vajda). A identificação do *Malik Sôlêm* com Seth, no opúsculo nº 2, significa para Vajda que esses sabeus não poderiam ser confundidos com os Harranianos, "com a figura de Seth desempenhando um papel considerável na mitologia gnóstica e mandéia". Em alguns textos xiitas, Seth é considerado como o herdeiro legítimo de Adão, e para os ismaelianos, ele é assimilado ao vizir do profeta Adão. No sunismo, e contrariamente à tradição relatada por esses dois documentos que emanam do Islã xiita, os "sabeus" estão vinculados a Noé e não a Adão.

2º *Época de Noé,* cujo povo é constituído pelos Brâhmanes. "O nome abençoado de *Maulânâ* era *Malik Yazdâq*. Sob ele se produziu o dilúvio e foi a ele que Noé se dirigiu para fazer seu povo perecer pela água. Ele atendeu à prece de Noé e ordenou que o período da lei religiosa fosse promulgado a fim de que todos os homens se afogassem no sentido exterior da *sari'a.*[92] Aqueles que eram cegos (de verdade) se afogaram, exceto os que Deus quis salvar; as pessoas da Lei religiosa e da ressurreição (?) não ficaram com Noé em sua arca salvadora; hoje em dia o povo de Noé afirma que na ressurreição *Malik Yazdâq* voltará, presidirá o julgamento, e enviará respectivamente ao inferno e ao paraíso aqueles que o merecem".

2º Mesmas perspectivas com a chamada do *hadit* xiita: "Meus descendentes são semelhantes à arca de Noé graças à qual foram salvos aqueles que nela haviam embarcado, mas os que estavam fora se afogaram". (Segundo Vajda, o *Corão* atribui um povo a cada profeta, e com os *Sabeus* voltando a Adão e os Guebras a Abraão como veremos, então apelou aos Brâhmanes, "comunidade religiosa de antiga reputação", para a atribuição lendária a Noé.)

3º *Época de Abraão:* o *maulânâ* é chamado de *Maliku's-salâm.*" "Os incidentes bem conhecidos da vida de Abraão, especialmente como ele foi catapultado no meio do fogo, aconteceram sob *Maliku 's-salâm*".

3º Para essa época, é além disso definido que a comunidade popular de referência, chamada de "Guebras", crê na volta do *Maliku 's-salâm* cujo *Kalâm-i-Pir* indica que tal é também a crença da comunidade ismaeliana. Os "Guebras" eram os zoroastrianos, sendo Zoroastro da sua parte identificado a Nimrod. O texto do *Kalâm-i-Pir* garante que Zoroastro foi um dignitário (*Hujjat*) do Imã ou do *Maliku 's-salâm* e que ele apareceu no fim do período de Abraão. Essa afirmação mostra os vínculos existentes entre o xiísmo e a tradição iraniana antiga.

92. A *sari'a* é o exoterismo do Islã (corpo, exterior). O *bâtin*, ventre ou interior, se refere ao esoterismo; é o "*Batan*", *Bâtân*, em hebreu, as "*entranhas*" ("o fruto de tuas entranhas é abençoado").

4º *Época de Moisés*: o *maulânâ* se manifesta então sob o nome de *Du 'l Qarnain*, designação dada também a Alexandre, o Grande.

4º Acréscimo do *Kalâm-i-Pir*: A contemplação das estrelas, da lua e do sol por Abraão antes de seu conhecimento do verdadeiro Deus, segundo o *Corão* (VI, 76), é considerada como simbolizando os três dignitários da hierarquia ismaeliana subordinados ao Islã.

Ora, o que é preciso reter dessas duas versões é que o mesmo personagem carrega o nome de *Malik Sôlêm*, *Malik Yazdâq* e *Maliku 's-salâm* e que esse personagem é Melquisedeque.

Vajda define:

> Com toda evidência, os nomes de *Malik Sôlêm*, *Malik Yazdâq* e *Maliku 's-salâm* são apenas a transcrição ou transposição em árabe do nome e do título do misterioso Melquisedeque do capítulo 14 de Gênesis, do Salmo 110 e da *Epístola aos Hebreus*, e também de numerosas lendas judaicas e cristãs a respeito das quais nós teremos uma palavra a dizer em um instante. Com efeito, em Gênesis, 14: 18, o texto hebreu traz: MEM-LAMED-KAF-IOD-TSADE-DALETH-KOF, e o siríaco MEM-LAMED-KAF-IOD ZAIN-DALETH-KOF MEM-LAMED KAF SCHIN-LAMED-IOD-MEM. Fica claro que *Malik Sûlîm* é somente a transcrição de MEM-LAMED-KAF SCHIN-LAMED-MEN e *Malik Yazdâq* a MEM-LAMED-KAF-IOD TSADE-DALETH-KOF (ou talvez das formas siríacas); se o corte for diferente, isso pode ser explicado facilmente pela tendência de levar o nome estrangeiro para um tipo árabe, com o primeiro termo sendo considerado a palavra *Malik*, "rei", e o segundo, um nome próprio do tipo *Yaqtân*; talvez nem seja absurdo supor que a palavra persa *Yazda*, "Deus", igualmente exerceu uma influencia analógica. Quanto ao terceiro nome *Maliku's-salâm*, é um tipo de tradução de MEM-LAMED-KAF SCHIN-LAMED-MEM.[93]

Além do mais, o *Kalam-i-Pir* acrescenta, como vimos, que Abraão "não teve interrupção enquanto não viu nosso Senhor e quando o ouviu ele lhe rendeu homenagem", o que não deixa nenhuma dúvida sobre a identidade do "Senhor": Melquisedeque!

Aqui descobrimos a resposta do xiismo à questão colocada sobre a "natureza" do personagem misterioso: anjo? Deus? teofania na antropomorfose mas sem encarnação? O homem simplesmente?

93. *Op. cit.*

Nenhum homem vive durante *várias eras proféticas*. Deve então se tratar realmente de uma função que legitima a era "profética", a de Abraão, de Noé, de Moisés, etc.

Mas por que aquele que detém essa função seria chamado de "Senhor" ou "Meu senhor"?

Para Vajda, que dissecou os dois tratados anteriormente citados, os mesmos exprimem a doutrina de que Deus se manifesta sempre:

> neste mundo sob a forma pela qual ele distinguiu os homens, quer dizer que em cada período, marcado pela predicação de um profeta, a divindade aparece em um personagem sob a figura humana que é a mais nobre de todas as formas. Esse personagem, em quem se manifesta assim a divindade, leva o título de *Maulânâ*, "nosso Senhor", termo que, como o *Corão* atesta, é o "grande nome" (*ism-i-a'zem*) de Deus. O autor do tratado encaminha sem problema essa constatação para a órbita da teologia imamita, provando, por outros textos do *Corão*, que a palavra *imã* designa também a divindade.[94]

Ora, o Imã é com certeza teofania, mas não o próprio Deus. O Imã está no alto da hierarquia ângelo-plerômica; ele não é o "Único".

Porém — e sem parafrasear o axioma teillardiano, "tudo aquilo que sobe converge" —, podemos dizer que quanto mais subimos nesses céus espirituais, mais as diferenças parecem referir-se ao entendimento humano, e a fronteira entre teofania e encarnação se torna mais difusa:

> Pudemos notar também que a crença ligada em cada uma das três comunidades à manifestação respectiva de *Maulânâ* comportava um elemento escatológico: a volta da divindade encarnada outrora sob os nomes de *Malik Sôlêm*, *Malik Yazdâq* e *Maliku 's-salam* era alcançada no final dos tempos ou *Maulânâ* reapareceria como juiz soberano. Conviria verificar se existe aí alguma variante da crença escatológica relativa a Jesus, ou então alguma especulação messiânica de coloração iraniana (*Saosyant*).[95]

Compreendemos então que a assimilação de Melquisedeque com o Messias e com Cristo se tenha imposto entre alguns, mesmo se os cristãos não quiseram ver nessas duas figuras senão o símbolo de uma função sacerdotal: "*Tu es sacerdos secundum ordinem Melchisedec*", em virtude do Salmo de Gênesis a propósito do dízimo abraâmico e do Pão e do Vinho, e dos comentários da Epístola aos Hebreus relativos à ausência de geração carnal do Rei da Justiça e da Paz.

Já entre o judeus, encontrou-se um Moisés ha-Darshan no século XI para identificar Melquisedeque com o Messias.

---

94. G. Vajda, *op. cit.* O autor se refere ao tratado *Hafi Bâb-i-Sayyidnâ*.
95. *Ibid.*

Percebemos bem assim, e após todas essas definições, que de um lado a idéia do messianismo está subjacente à manifestação melquisedequiana e que, de outro lado, a inserção da vontade divina nos destinos humanos utiliza o veículo da "forma" humana, a "antropomorfose", sem que, no entanto, essa forma esteja condicionada às normas restritivas do estado individual humano: tempo, espaço, geração, e também sem que essa forma seja entendida como fruto da encarnação (a qual implica também a morte do corpo grosseiro) do próprio Deus.

Não podemos então afirmar que Melquisedeque era Cristo, o qual, no entanto, nasceu de Deus, para ressuscitar no corpo luminoso e retornar a Deus, passando, aos olhos do tempo, da natureza e da história dos homens, através do nascimento e da morte humana. Tal poderia ser a mais breve relação da economia de salvação.

Dentro desta óptica, Melquisedeque é "mais" que Jesus na estase "humana" e já que ele é "fora de geração humana", mas é infinitamente menos que o Verbo-Cristo quando este se reabsorve na natureza divina após sua geração *ad extra*, sendo entendido que esses termos "antes" ou "depois" não têm nenhum significado de cronologia; trata-se aqui da eternidade. Vemos melhor soltar-se assim outro aspecto da economia de salvação, definido como uma irrupção de Deus na história, "núpcias" da natureza divina e da natureza humana, uma irrupção da eternidade no tempo do homem; em resumo, tudo o que postula em favor da "deiformação" do homem por meio de Cristo, homem também, morto também, mas ressuscitado eternamente, e com ele todos aqueles que nele estão. É a tese de Paulo. Em compensação, é difícil admitir que o Islã xiita tenha "associado" o Imã (outro paredro de Melquisedeque) ao próprio Allah e feito do Rei da Justiça uma tricotomia *encarnada* da divindade.

Estas muitas observações eram necessárias para nos permitir abordar a presença de Melquisedeque no Cristianismo e seu significado em vários aspectos: autenticidade tradicional, continuação do sacerdócio, garantia das "transmissões" dos depósitos espirituais, criação de centros sagrados, universalismo do Cristianismo e reflexo da Tradição Primordial, persistência de uma "constante" esotérica porque "central" e "primitiva" e que testemunha conceitos iniciáticos, segundo a terminologia de René Guénon.

Elas desculparão a inversão cronológica de nossa análise, já que fizemos preceder o Cristianismo pelo Islã, pelas razões anteriormente expostas. De resto, como o aspecto esotérico de Melquisedeque se confunde afinal com a de El Khidr, ou Elias... pouco importam as cronologias externas..., elas que só se referem a gerações carnais e não ao princípio do "sem geração". Ora, "Elias, o profeta", é o Khidr, que reaparece em todas as reviravoltas da história do monoteísmo, pois ele é o instrumento do "pacto", aquele que confere a Barakah, o mesmo que abençoa Abraão, pai de Ismael, no alvorecer da linhagem de Maomé.

QUARTA PARTE

Melquisedeque e o Cristianismo

— XIV —

Os textos básicos cristãos — Bíblia e patrologia

A Bíblia

Da mesma forma que situamos Melquisedeque em relação ao Judaísmo, destacando a princípio o lugar que o Rei da Paz e da Justiça tem na Torá e nos Salmos, daremos agora a perspectiva cristã que sai do Novo Testamento e as definições da Epístola aos Hebreus.

Aliás, não é por acaso que o vínculo entre os dois Testamentos do monoteísmo (e pela descendência de Sem) se estabelece:

— a propósito de Melquisedeque, pois o que está dito na Epístola aos Hebreus se refere justamente a Gênesis, e porque o personagem aparece também como "extraconfessional" na linha direta de uma tradição "extra-histórica";

— pela Epístola sacerdotal que traz o nome da primeira tradição originada de Abraão: a hebraica ou dos "Hebreus";

— graças a um apóstolo que carrega o duplo caráter de ministro do culto hebraico e de discípulo de Cristo: Saulo de Tarso ou Paulo, o convertido de Damasco, israelita e discípulo de Jesus, judeu e romano.

Nosso estudo começará, portanto, por uma citação clássica da Epístola aos Hebreus, encontrada nas páginas a seguir, que, de certa maneira, institui o caráter sacerdotal do Cristianismo e o liga à Escritura judaica, enquanto se projeta além desta. É precisamente isso que permitirá identificar Melquisedeque no testemunho da Tradição Primordial e conceber o sacerdócio cristão, "que não sangra" nas "Espécies eucarísticas", e mesmo o *Cristianismo verdadeiro, original* (com sua "indistinção" do profano, do impuro, sua ausência de proibições alimentares, seu "controle" do *shabbat*, sua ausência de divisão entre não-judeu e judeu), como uma *remanifestação pura e simples da Tradição Primordial.*

Vejamos a seguir o texto fundamental segundo a nova edição da tradução de Louis Segond:

EPÍSTOLA AOS HEBREUS

V. De fato, todo soberano sacrificador saído do meio dos homens é estabelecido pelos homens no serviço de Deus, a fim de apresentar oferendas e sacrifícios para os pecados. Ele pode ser indulgente com os ignorantes e os perdidos, já que a fraqueza é também sua partilha. E é por causa dessa fraqueza que ele deve oferecer sacrifícios por seus próprios pecados, como para aqueles do povo (*cf.* Levítico, 4: 3, 13-14).

Ninguém se atribui essa dignidade, se não for chamado por Deus, como o foi Arão (*cf.* Êxodo, 28: 1). E Cristo também não se atribuiu a glória de se tornar soberano sacrificador, mas ele a obteve daquele que lhe disse: Tu és meu filho, e eu te gerei hoje (*cf.* Salmos 2: 7). *Como ele disse ainda em outra parte: Tu és sacrificador para sempre segundo a ordem de Melquisedeque* (*cf.* Salmos 110: 4). É ele que, nos dias de sua carne, tendo apresentado com grandes gritos e com lágrimas preces e súplicas àquele que podia salvá-lo da morte, e tendo sido atendido por causa de sua piedade, aprendeu, embora fosse Filho, a obediência pelas coisas que sofreu, e, após ter sido elevado à perfeição, se tornou para todos aqueles que lhe obedecem o autor de uma salvação eterna, *tendo Deus o declarado soberano sacrificador segundo a ordem de Melkisedek.* Temos muitas coisas a dizer a respeito e coisas difíceis de explicar, porque vós vos tornastes lentos para compreender. Vós, com efeito, há muito tempo deveríeis ser mestres, mas ainda necessitais que vos ensinem os primeiros rudimentos dos oráculos de Deus, vós viestes a precisar de leite e não de alimento sólido. Ora, aquele que está no leite não tem experiência da palavra de Justiça; porque é uma criança. Mas o alimento sólido é para os homens feitos, para aqueles cujo julgamento é exercido pelo uso em discernir o que está bem e o que está mal.

VI. 13 Quando Deus fez a promessa a Abraão, não podendo jurar a alguém maior que ele, ele jurou a si mesmo e disse: 14 Certamente, eu te bendirei e eu multiplicarei tua posteridade (*cf.* Gênesis, 22: 16-17). 15 E foi assim que Abraão, tendo perseverado, obteve o efeito da promessa. 16 Ora, os homens juram por aquele que é maior que eles, e o juramento é uma garantia que põe fim a todas as suas diferenças. 17 Por isso Deus, querendo mostrar com mais evidência aos herdeiros da promessa a imutabilidade de sua resolução, intervém por um juramento, 18 a fim de que, por duas coisas imutáveis, nas quais é impossível que Deus minta, nós encontremos um poderoso encorajamento; nós, cujo único refúgio foi pegar a esperança que nos foi proposta. 19 *Essa esperança, nós a possuímos como uma âncora da alma, segura e sólida; ela penetra além do velame, ali onde Jesus entrou para nós como precursor tendo sido feito soberano sacrificador para sempre segundo a ordem de Melquisedeque* (*cf.* Salmos 110: 4).

VII. Com efeito, esse Melquisedeque, rei de Salém, sacrificador do Deus Altíssimo — que foi diante de Abraão quando ele voltava da derrota dos reis, que abençoou, e a quem Abraão deu o dízimo de tudo — que é primeiro rei de Salém, quer dizer rei da Paz (*cf.* Gênesis 14: 18-20) — que é sem pai, sem mãe, sem genealogia, que não tem nem começo de dias nem fim de vida — mas que se tornou semelhante ao filho de Deus, esse Melquisedeque permanece sacrificador perpetuamente. Considerai o quão grande é aquele ao qual o patriarca Abraão deu o dízimo do butim. Aqueles dentre os filhos de Levi que exercem o sacerdócio têm, segundo a lei, a ordem de coletar o dízimo sobre o povo, quer dizer sobre seus irmãos, que, no entanto, foram originados dos rins de Abraão; e ele, que não tirou deles sua origem, recebeu o dízimo de Abraão, e abençoou aquele que tinha as promessas. Ora, é sem contradição o inferior que é abençoado pelo superior. E aqui, aqueles que percebem o dízimo são homens mortais; mas lá é aquele de quem foi atestado que está vivo. Além disso, Levi, que percebe o dízimo, o pagou, por assim dizer, por Abraão; pois ele estava nos rins de seu pai, quando Melquisedeque foi diante de Abraão.

Se, portanto, a perfeição havia sido possível pelo sacerdócio levítico, pois é sobre esse sacerdócio que repousa a lei dada ao povo — por que seria ainda necessário aparecer outro sacrificador segundo a ordem de Melquisedeque, e não conforme a ordem de Arão? Pois, o sacerdócio, tendo mudado, necessariamente também há modificação de lei. Com efeito, aquele de quem essas coisas são ditas pertence a outra tribo, da qual nenhum membro fez o serviço do altar: pois é notório que Nosso Senhor saiu de Judá (*cf.* Gênesis, 49: 10), tribo da qual Moisés nada disse no que se refere ao sacerdócio. Isso se torna mais evidente ainda quando aparece outro sacrificador semelhante a Melquisedeque, instituído, não segundo a lei de uma ordenança carnal, mas conforme o poder de uma via imperecível; pois esse testemunho lhe é prestado: Tu és sacrificador para sempre segundo a ordem de Melquisedeque (*cf.* Salmos 110: 4).

Alguns textos patrológicos

Como normalmente pensamos, a revelação paulina sobre o sacerdócio de Cristo em Melquisedeque confortaria, por todos os séculos futuros, a exegese cristã, a dos teólogos, a dos místicos, a dos "esoteristas" e a dos fundadores de seitas às vezes muito marginais...

Não por termos certamente a intenção de citar tudo! Preferimos ater-nos a alguns "casos" representativos de cada um dos conjuntos citados anteriormente. Encabeçando a lista, questionamos o enigmático *Pseudo-Denys, o Aeropagita* — quem quer que ele seja —, pois toda sua obra místico-teológica e contemplativa alimentará a patrologia medieval e mesmo pós-medieval, sua autoridade será colocada mais alto mesmo do que aquela de Agostinho no comentário que São Tomás consagrou aos "Nomes Divinos" da *Suma Teológica*, justificando assim, e para o ciclo cristão inteiro, a importância magistral do *Corpus dionysiacum*. Pois analisaremos os comentários melquisedequianos que figuram em correntes de pensamento cristãs tão diversas como as do böhmismo, do martinezismo judaico-maçônico-cristão, dos grandes visionários ou "auditivos" da mística germânica, com A. C. Emmerich e Lorber, as da gnose com o *Livro dos Segredos de Enoch*; veremos aparecer enfim as reticências cristãs com relação à interpretação guénoniana tirada precisamente do "princípio melquisedequiano": a Tradição Primordial perfeita, da qual derivam as tradições secundárias surgidas no tempo e de onde decorre a distante comunidade dos símbolos.

Mas voltemos ao Pseudo-Denys. A primeira menção do personagem sem genealogia aparece em seu tratado *A Hierarquia Celeste*, "dedicado pelo padre Denys ao padre Timóteo", no capítulo IX intitulado: "Dos principados, dos arcanjos e dos anjos e da última hierarquia que eles constituem".

Trata-se, portanto, dos arcanjos, dos anjos, de Miguel "o arconte do povo judeu" que faz o contemplativo questionar-se: "E se vierem nos dizer: por que apenas o povo judeu esteve nas iluminações teárquicas?" e responder, após ter destacado de passagem que se o povo hebreu às vezes venerou também os ídolos, as outras nações se afastaram no culto dos falsos deuses, apesar da retidão das funções angelicais, responder, dizemos, nesses termos:

> Assim mesmo entre as outras nações, essas nações de que também somos originados para nos elevar ao oceano indefinido e generoso dessa luz teárquica que espalha sem demora seus dons sobre todos os seres, não são deuses estrangeiros que reinam, mas sim o único Princípio universal e para este Princípio os anjos encarregados do cuidado sagrado de cada nação elevaram todos os que quiseram bem segui-los. *É preciso pensar em Melquisedeque*, que teve tão grande amor de Deus e que não foi o maior

sacerdote dos falsos deuses, mas do Deus Altíssimo e verdadeiro, pois os conhecedores da sabedoria divina não se contentaram em *chamar Melquisedeque* amigo *de Deus*, mas eles o chamaram de sacerdote para indicar claramente aos homens sensatos que seu papel não foi apenas converter-se pessoalmente ao culto do verdadeiro Deus, mas ainda, a título de grande sacerdote, de conduzir os outros na ascensão espiritual que conduz à única e verdadeira Tearquia.[96]

Denys voltará ao papel sacerdotal do rei da Paz quando, no tratado *A Hierarquia Eclesiástica* (396 C) dedicado pelo padre Denys ao padre Timóteo, e a propósito do mistério das consagrações episcopais, ele lembrar que:

> não é até o divino fundador de nossa própria hierarquia (pois é Jesus quem, por amor de nós, assume também essa função) que não recusou de se glorificar ele mesmo, como disse a Escritura, pois é outro que lhe anuncia: *Tu és sacerdote para todos sempre segundo a ordem de Melchisédec* (Salmos 110: 4). Da mesma forma, quando ele conferiu a ordenação sagrada a seus discípulos, e embora a título de Deus ele fosse hierarquicamente o princípio de todo sacramento, nós o vemos também levar hierarquicamente seu ato consagrador a seu Santíssimo Padre e ao Espírito teárquico, pois ele ensinou a seus discípulos segundo o testemunho da Escritura: Não vos distanciais de Jerusalém, etc. (Atos, 1: 4), (512 C).

Para concluir, não é em vão observar, como veremos posteriormente, que é esse mesmo "padre Denys" quem consagrará o capítulo VI da sua *Hierarquia Eclesiástica* às ordens que formam os iniciados e entre as quais a mais elevada é a santa legião dos monges.

Da patrologia grega à patrologia latina existe apenas um passo e nós o alcançaremos com a ajuda, de agora em diante, de *Santo Ambrósio*, que nos oferece seu pensamento sobre o papel ou a função de Melquisedeque no *De Sacramentis*. Ele se pergunta sobre a antiguidade e divindade dos mistérios e sacramentos cristãos comparados com seus homólogos judeus e ele observa que é em razão do nome de Judá, "neto de Abraão", que os judeus se chamam judeus e ele observa que, no tempo de "São Moisés", Deus fez

> chover maná do céu para os judeus que murmuravam, mas (...) a figura destes sacramentos veio antes, no tempo de Abraão, quando ele juntou 318 servidores, saiu em perseguição a seus inimigos, e arrancou seu sobrinho do cativeiro. Então ele voltou vitorioso, o

96. *Œuvres complètes du Pseudo-Denys l'Aréopagite*, tradução, prefácio e notas de Maurice de Gandillac, Aubier-Montaigne, 1943, cap. IX (260 C) — (261 B).

> grande sacerdote Melquisedeque veio ao seu encontro e ofereceu o pão e o vinho.[97]

Ambrósio levanta a questão: "Quem detinha o pão e o vinho?". Não Abraão, mas Melquisedeque. Existe, portanto, aí uma perspectiva que acentua curiosamente o caráter "reservado" das duas espécies que prefiguram a eucaristia cristã.

Assim, Santo Ambrósio continua seus questionamentos:

> Então é ele o autor dos sacramentos. Quem é Melquisedeque, que significa rei da justiça, rei da paz? Quem é esse rei da justiça? Será que um homem pode ser rei da justiça? Quem é então rei da justiça, senão a justiça de Deus? Quem é a paz de Deus, a sabedoria de Deus? Aquele que pôde dizer: "Eu vos dou a minha paz, eu vos deixo a minha paz".[98]

E ele vai desenvolver, a partir daí, a idéia da anterioridade dos sacramentos cristãos sobre os dos judeus. Para ele, o cristão começou antes do povo judeu; este detém o nome e os cristãos a "predestinação". Quem é então Melquisedeque? Ambrósio define isso nestes termos:

> Sem pai, nem mãe, é o que dizem. O Filho de Deus nasceu sem mãe pela geração celeste, pois era nascido de Deus Pai apenas. E, por outro lado, ele nasceu sem pai quando nasceu da Virgem, pois não foi gerado por uma semente viril, mas nasceu do Espírito Santo e da Virgem Maria, saído de um seio virginal. Em tudo semelhante ao Filho de Deus, Melquisedeque também era sacerdote, pois Cristo por sua vez é sacerdote, a quem foi dito: "Tu és sacerdote para sempre segundo a ordem de Melquisedeque".[99]

Ora, o autor dos sacramentos é exatamente o Senhor Jesus:

> Foi do céu que nos vieram esses sacramentos, pois o plano deles é totalmente do céu. É então um grande milagre divino que Deus tenha feito chover o maná do céu para o povo e que este o comesse sem trabalhar.[100]

E de evocar a transubstanciação do pão ordinário em carne de Cristo pela consagração.

Depois em *De mysteriis*, ele voltará novamente a essas questões da anterioridade a propósito do pão e do vinho e do maná dos israelitas e nos

97. *De sacramentis*, IV, 8-11.
98. *Ibid.*, IV, 11-14.
99. *Ibid.*
100. *De mysteriis*, 43-45.

confronta ainda uma vez com Melquisedeque e Abraão em relação a Moisés. Ele escreve então:

> A sinagoga, com efeito, nasceu da lei de Moisés. Ora, Abraão é bem anterior. Ele havia vencido os inimigos e encontrado seu sobrinho e desfrutava de sua vitória. Então Melquisedeque veio diante dele e ofereceu aquilo que Abraão recebeu com respeito. Não foi Abraão quem ofereceu, mas Melquisedeque, que é apresentado sem pai nem mãe, sem ter começo nem fim de seus dias, mas semelhante ao Filho de Deus, de quem Paulo disse aos hebreus que ele permanece sacerdote para sempre. Ele é chamado rei da justiça, rei da paz.[101]

O fim dessa demonstração, embora nos distanciando da nossa pesquisa — mas não talvez dos motivos da polêmica entre judeus e cristãos a propósito de Melquisedeque —, é relacionar tudo, pois ela pretende estabelecer firmemente a anterioridade e a superioridade dos sacramentos cristãos:

> Um homem pode ser rei da Justiça, apesar de ele mal ser justo? Pode ser rei da paz, quando ele mal pode ser pacífico? Ele é sem mãe por sua divindade, porque foi gerado por Deus o Pai, de uma mesma substância com o Pai. Sem pai por sua encarnação, porque nasceu de uma virgem. Ele não tem nem começo nem fim, porque ele mesmo é o começo e o fim de tudo, o primeiro e o último. O sacramento (de Cristo) não é, portanto, um dom do homem, mas de Deus, trazido por aquele que abençoou Abraão, o pai da fé, aquele que tu admiras a graça e os atos. Está, portanto, provado que os sacramentos da Igreja são mais antigos. No que então eles são superiores? Na verdade, é admirável que Deus tenha feito chover o maná para nossos pais e que eles tenham se saciado todos os dias com um alimento do céu. Assim está dito: "O homem comeu o pão dos anjos". No entanto, aqueles que comeram esse pão no deserto estão todos mortos. Este alimento, ao contrário (...), esse pão vivo que desceu do céu, fornece o sustento da vida eterna, e quem o comer não morrerá jamais, pois é o corpo de Cristo.

Eis para concluir o argumento de superioridade relativamente ao pão dos anjos e à carne de Cristo:

> que é com certeza o corpo que dá a vida. Aquele maná era do céu, este era acima do céu; aquele pertencia ao céu, este era do mestre do céu; aquele era sujeito à corrupção se fosse guardado até o dia

101. *De mysteriis*, 43-45.

> seguinte, este era estranho a toda corrupção: quem o provar com respeito não pode experimentar a corrupção. Para aqueles, a água corre da rocha; para ti, o sangue corre de Cristo. A água os sacia por um momento, o sangue te lava para sempre. O judeu bebe e tem sede. Tu, uma vez tendo bebido, não poderá mais ter sede. Aquilo se passava em figura, isto em verdade.[102]

Consultaremos o conjunto do tratado ambrosiano em sua publicação em latim e na tradução em francês das Éditions du Cerf (Coleção "Sources chrétiennes" ["Fontes Cristãs"]).[103]

Porém, e para não passar ainda a exegeses mais recentes na era cristã, consultemos o *Dicionário da Bíblia* no artigo "Melchisédech" [Melquisedeque].

O Dicionário da Bíblia

Apesar de, curiosamente, o *Dicionário de Teologia Católica* não conter nenhuma informação no artigo "Melquisedeque", o *Dicionário da Bíblia,*[104] por outro lado, é prolixo na matéria.

Em primeiro lugar, ele vai estender-se sobre o que era o personagem: "O nome de Melquisedeque, *malkitsédéq*, é hebreu e significa 'rei da justiça'. A cidade de Salém não era outra, segundo vários comentadores, que não Jerusalém". E eis agora nosso personagem retratado como segue:

> Melquisedeque era rei dessa cidade e do território que dela dependia. Além disso, ele era sacerdote de *El Elyon*, "o Deus Altíssimo", o verdadeiro Deus, o mesmo que Abraão servia. Do nome hebreu de Melquisedeque e de sua residência, podemos concluir que ele era cananeu, como esse amorreu de nome análogo, Adoni-Zedeque, que era rei de Jerusalém na época da conquista do país por Josué (10: 1). Apesar da maldição que havia atingido seu pai Canaã (Gênesis, 9: 25), nem todos os cananeus professavam necessariamente a idolatria no tempo de Abraão. O patriarca e seus filhos muitas vezes estão em relação com homens do país que não parecem merecer nenhuma repreensão em razão de sua conduta ou de sua religião. Então, não é o caso de fazer de Melquisedeque um semita estranho estabelecido no país de Canaã. O rei de Salém é ao mesmo tempo sacerdote, *kôhen*, nome que aparece pela primeira vez na Bíblia. Ele exerce essa função na qualidade de chefe de família. A Santa Escritura não diz mais nada sobre a origem e a condição de Melquisedeque (Gênesis 14: 18).

102. *Ibid.*, 45-49.
103. Nº 25 *bis*.
104. *Dictionnaire de la Bible*, t. IV, 1ª parte, artigo de H. de Lesetre, pp. 941-942.

Cabe ao dicionário comentar aqui o encontro com Abraão a propósito da oferenda do pão e do vinho na qual Paulo perceberá a prefiguração da ceia cristã e do sacerdócio de Jesus "segundo a ordem de Melquisedeque". Ele lembra que em hebreu o "hiphil"[105] *hôsi* tem o sentido de "fazer sair, colocar para fora, apresentar" (Gênesis, 24: 53; Êxodo, 4: 6-7; 12: 51, etc.) e que é bem traduzido por "ele trouxe", *proferens*, "apresentando". Então, por si mesma, a palavra não significa "oferecer a Deus", ou "oferecer em sacrifício". Melquisedeque se contenta em trazer o pão, *lehem*, que compreende talvez toda espécie de alimento, e vinho. Josèphe (*Ant. jud.*, I, X, 2), disse que Melquisedeque exercia a hospitalidade em relação aos soldados de Abraão e lhes deu em abundância as coisas necessárias à vida. Alguns comentadores pensam que Melquisedeque não mais quer reabastecer os homens que acompanhavam Abraão. Mas esse texto sagrado acrescenta a seguinte observação:

> "E era sacerdote do Deus Altíssimo". Se essa informação tinha apenas o objetivo de caracterizar a personalidade de Melquisedeque, ela estaria melhor em seu lugar após o título de "rei de Salém". Mas ela vem entre a menção do pão e do vinho trazidos por Melquisedeque, e da bênção pronunciada sobre Abraão. Não era necessário ser sacerdote para abençoar; quem tivesse autoridade paternal, civil ou religiosa podia fazê-lo. Ver Bênção, t. I. col. 1581. A qualidade de sacerdote, atribuída a Melquisedeque, deve, portanto, ser lembrada em razão do ato que precede, quer dizer, a oferenda do pão e do vinho. É o que supõe a *Vulgata* quando acrescenta a conjunção *enim*: "Pois ele era sacerdote do Deus Altíssimo".

É natural que Abraão, encontrando após sua vitória um sacerdote do verdadeiro Deus, tenha aproveitado dele para oferecer a Deus suas ações de graças. É igualmente presumível que Melquisedeque, antes de oferecer alimentos aos vencedores, tenha podido exercer uma função sacerdotal oferecendo a Deus uma parte dos alimentos trazidos. O texto não diz isso positivamente, mas também não fala o contrário; ele insinua a idéia da oferenda insistindo no sacerdócio de Melquisedeque.

> A Epístola aos Hebreus, 7: 1-47, que estabelece um paralelo detalhado entre Nosso Senhor e Melquisedeque, não faz alusão à oferenda deste último, sem dúvida porque existia nos ritos mosaicos um sacrifício ou oblação de farinha ou de pão e de vinho e não existia assim sobre este ponto diferença e símbolo especial a destacar entre Melquisedeque e o sacerdócio de Arão. Mas os padres supõem expressamente um sacrifício de pão e de vinho

105. Sobre o significado do "hiphil" em hebreu, ver nota anterior 35.

> apresentado a Deus pelo rei de Salém (São Cipriano, *Epístola LXIII, ad Coecil.*, 4, t. IV, col. 376; São Jerônimo *Epístola LXXIII, ad Evagr.*, 3, t. XXII, col. 673; *In Matth.*, IV, 26, t. XXVI, col. 195; Santo Agostinho, *De divers. quaestion.*, 61, t. XL, col. 49; *De civ. Dei.*, XVI, 22, t. XLI, col. 500).

A mesma idéia, nos ensina o *Dicionário da Bíblia*, é expressa por Clemente de Alexandria,

> São João Crisóstomo, Santo Isidoro de Peluse, São Cirilo de Alexandria, São Cesário de Arles, Arnóbio, etc. *Cf.* Pétau, *De incarn. Verbi*, XII, XII, 6-11. Ela é lembrada no cânone da Missa, *2a Orat. post consecr.*, e parece visada na primeira antífona de Vésperas do Santo Sacramento. Fora desse episódio de seu encontro com Abraão, os textos históricos não fazem mais menção a Melquisedeque.

Precisamente o termo "segundo a ordem de..." dará oportunidade para fornecer alguns comentários referentes à natureza da bênção dada a Abraão, tal como ela se destaca da perspectiva paulina:

"A expressão hebraica *'al-dibrati* quer dizer 'à maneira de, segundo o modo'". O dicionário lembra aqui a tradução literal em grego dos Setenta, e prossegue:

> A intenção do autor sagrado é, portanto, excluir qualquer outra espécie de sacerdócio, conseqüentemente o sacerdócio à maneira de Abraão. São Tomás (*Sum. Theol.*, IIIa, q. XXII, a. 6 ad 2um) observa que Melquisedeque é chamado aqui não como o chefe, mas como o tipo de um sacerdote particular. O autor da Epístola aos Hebreus explica o caráter figurativo de Melquisedeque. Ele tira uma primeira aplicação de seu nome próprio, "rei da Justiça", e do de sua cidade, "rei da Paz", Salém, referindo-se a *salom*, que quer dizer "paz". Melquisedeque é "sem pai, sem mãe, sem genealogia, não tendo nem começo nem fim de vida, mas semelhante ao Filho de Deus e permanecendo sacerdote para sempre" (Hebreus 7: 3). Essa descrição não vai fazer de Melquisedeque um ser à parte. Ela trata apenas do silêncio de Gênesis, que não diz nada sobre a origem nem a morte do personagem, "cuja geração não foi contada".

Agora vem a exegese do gesto da bênção e de seu significado na perspectiva de Paulo:

> Melquisedeque recebe o dízimo de Abraão e o abençoa. A Melquisedeque são, portanto, inferiores o próprio Abraão e todos os sacerdotes levíticos que um dia deviam nascer dele. Ora, a Santa

> Escritura diz que Jesus Cristo é sacerdote segundo a ordem de Melquisedeque; é, portanto, porque ele tem outro sacerdócio que não o de Arão, que seu sacerdócio é superior àquele deste último e que ele deve substituí-lo (Hebreus 7: 4-18). Como vemos, o raciocínio se baseia apenas na bênção dada e no dízimo recebido.

A natureza do sacrifício oferecido por Melquisedeque não importa de maneira nenhuma à tese do autor sagrado, que não faz menção a isso.

> Assim, nada podemos concluir sobre seu silêncio contra a interpretação dos Padres e do Concílio de Trento, que diz de Jesus Cristo, *Sess. XXII, de sacrif. Missae*, cap. I: "Declarando-se constituído para sempre sacerdote segundo a ordem de Melquisedeque, ofereceu seu corpo e seu sangue sob as espécies do pão e do vinho" (*cf.* Franzelin, *De SS. Eucharist.*, t. VIII, Roma, 1873, 332-333).

Finalmente, na quarta parte, a análise do dicionário tratará das diferentes opiniões e hipóteses a respeito do patriarca sem geração e nós aí encontramos um condensado interessante das idéias mencionadas no presente estudo, tais como:

Melquisedeque {
- Sem;
- Virtude e Poder divino superior a;
- Jesus Anjo, *Christos Angelos*;
- Enoch, Cham, Canaã, Mesraïm,
- Job, etc.

Reproduziremos então esta conclusão do *Dicionário da Bíblia*:[106]

> *Opiniões e hipóteses sobre Melquisedeque*: Os antigos judeus, a fim de explicar a superioridade do rei de Salém sobre Abraão, imaginaram que esse rei não era outro que não Sem, seu ancestral, filho de Noé que, segundo seus cálculos cronológicos, vivia ainda nessa época. Essa identificação se encontra no Targum de Jerusalém, onde lemos: "Melquisedeque, rei de Jerusalém, é Sem (filho de Noé, acrescenta o Targum de Jonas), que era grande sacerdote do Altíssimo" (...). São Jerônimo diz que essa era a opinião geral dos judeus de seu tempo (...). Segundo Santo Epifânio (...), ela era comum entre os samaritanos. Lutero e Melanchton a aceitaram no século XVI. Santo Epifânio refuta esse erro apoiando-se na cronologia dos Setenta (...).

106. *Ibid.*, t. IV, 1ª parte, p. 942.

O dicionário nos ensina também que os hereges, combatidos por Epifânio e por "outros doutores da Igreja", sustentaram nos séculos IV e V que Melquisedeque:

> era uma "força ou virtude de Deus" superior ao próprio Jesus Cristo (...). Eles eram chamados melquisedequianos (...). Outros, ao contrário, ensinaram que o rei de Salém era o Filho de Deus (...). Para outros, era o Espírito Santo (Santo Epifânio, *Haer., LXVII*, 3, t. XLIII, col. 176; São Jerônimo, *Épist. LXXII*, 1, t. XXII, col. 676). Segundo este último padre (...), para Orígenes e Dídimo, era um anjo.

É verdade que alguns viram nele Enoch, Cham, Canaã, Mesraïm, Job, etc. Ora, a maioria dos antigos Padres jamais admitiu essas suposições ou hipóteses:

> "Eu consultei Hipólito, Irineu, Eucébio de Cesaréia e de Êmeso, Apolinário também e nosso Eustato, chamado São Jerônimo (*Épis. LXXII*, 2, col. 677) e constatei que todos, por argumentos diferentes e de caminhos diversos, chegaram ao mesmo ponto, a saber que Melquisedeque era um cananeu, rei da cidade de Jerusalém, que era chamada a princípio Salém" (...). Atualmente, os assiriólogos procuram alguns traços de semelhança entre Melquisedeque e o rei de Jerusalém Ebed-tob ou Abdikhiba, de quem foram encontradas algumas cartas na correspondência de Tell El-Amarna, mas esses traços são muito vagos para que se possa tirar alguma conclusão positiva a respeito. Ver Sayce, em Hastings, *Dictionary of the Bible*, t. III, 1900, p. 335.

O colaborador do dicionário pensa, todavia, que esses elementos podem confirmar as reservas de São Jerônimo formuladas contra aqueles que pretendiam insolentemente que Melquisedeque fosse, na verdade, do tipo "grande sacerdote judeu do século IV antes da nossa era" (*cf.* H. Guthe, *Bibelwörterbuch*, p. 426), como se o papel que se quer fazê-lo desempenhar não estivesse em total contradição com as idéias que os judeus faziam de seu Patriarca.[107]

---

107. *Cf.* segundo o *Dictionnaire de la Bible*: L. Borger, *Historia critica Melchisedeci*, in-8º, Berna, 1706; Henderson, Melchisedek, Londres, 1809; C. A. Auberlen, *Melchisedeck's ewiger Leben und Priesterthum*, in *Theologische Studien und Kritiken*, t. II, 1857, pp. 453-504; G. Rösch, *Die Begegnung Abraham mit Melchisedek*, na mesma revista, 1885, pp. 321-366; Fritz Hommel, *Geschichte Babyloniens und Assyriens*, in-8º, Berlim, 1885, p. 162; *id.*, *Die altisraelitische Ueberlieferung in inschriftlicher Beleuchtung*, in-12, Munique, 1897, pp. 150-160; R. Kittel, *Geschichte der* Hebräer, 2 in-8º, Gotha, 1888-1892, t. I, p. 162. Encontramos nas obras de Santo Atanásio, t. XXVIII col. 525-530, uma vida fabulosa de Melquisedeque (*Historia de Melchisedec*).

Destacaremos a ausência de informações sobre Melquisedeque no *Dicionário de Teologia Católica*; é o momento de assinalar que esta obra fornece, em compensação, uma valiosa documentação relativa às seitas "melquisedequianas" que nos esclarece sobre aquilo que os cristãos dos cinco primeiros séculos descobriram por intermédio do misterioso personagem, e as conseqüências que alguns tiraram a respeito, e que os levaram à heresia.

A propósito dos "melquisedequianos"

Vimos que a importância do personagem levou à criação de seitas como, aliás, lembrou o padre Daniélou em suas várias obras. A "heresia" melquisedequiana foi descrita por que Epifânio (*Haeres*, LV), que vincula esses "melquisedequianos", para empregar o termo consagrado pelo *Dicionário de Teologia Católica*, a Teódoto, o Curtidor. Para eles, o Patriarca é dotado de um poder fora do comum:

> ... eles o fazem viver em lugares inefáveis, e declaram, segundo o Salmos 109, que ele é superior ao Cristo. Eles acrescentam, segundo a Epístola aos Hebreus, que ele era sem pai, nem mãe, nem genealogia (*Haeres*, LV, 1). Epifânio acrescenta que conhece alguns eruditos que sabem os nomes dos parentes de Melquisedeque: seu pai, dizem, chamava-se Héraclas e sua mãe, Astarth ou Astoriane (*ibid.*, 2, p. 325). Esses eruditos devem ter conseguido suas informações de tradições judias. O heresiólogo não nos diz se eles faziam parte da seita.[108]

Epifânio dá mais detalhes dos costumes dos melquisedequianos, e tudo o que ele diz é comentado por outros, como São João Crisóstomo (*Hom. de Melchis.*, 3, P.G., t. LVI, col. 260), Teodoreto (*Haeret. fab. comp.*, II, 6, P.G., t. LXXXIII, col. 392 D), Santo Agostinho (*De haeres.*, 34, *P.L.*; t. XLII, col. 31), o *Praedestinatus* (*Haeres.*, 34, *P.L.*, t. LIII, col. 598), Santo Isidoro de Sevilha (*De haeres.*, 17, *P.L.*, t. LXXXII, col. 299) ou Honorius d'Autun (*Haeres.*, 32, t. CLXXII, col. 237), e a lista não acaba com Honorius d'Autun! Voltemos às opiniões atribuídas aos melquisedequianos por Epifânio:

> Hiéracas ensina que Melquisedeque é o Espírito Santo (*ibid.*, 5, p. 330); os samaritanos acreditam que ele não é outro senão Sem, filho de Noé (*ibid.*, 6, p. 331); alguns judeus sustentam que ele era um homem justo e bom, do qual os livros santos não dão a genealogia, porque ele era filho de uma prostituta (*ibid.*, 7, p. 333); alguns, na Igreja Católica, pensam que Melquisedeque era em natureza o Filho de Deus, que aparecia a Abraão sob a forma

108. *Dictionnaire de Théologie Catholique*, X. 17, p. 514.

de homem (*ibid.*, 7, 3, pp. 333-334); outros, pelo que Epifânio ouviu dizer, acreditavam que ele não é outro senão o Pai de Nosso Senhor Jesus Cristo (*ibid.*, 9, 11, p. 336).

A heresia aqui mencionada assegura que convém apresentar as oferendas em nome de Melquisedeque, "o interlocutor" junto a Deus, príncipe da Justiça e "estabelecido por isso mesmo por Deus no céu, sendo espiritual e constituído para o sacerdócio de Deus".

As pessoas se perguntaram sobre o bom fundamento do amálgama feito de elementos enfim diversos e confusos, e operado pelo heresiólogo sob o nome de "melquisedequianos".

É certo, porém, que o personagem sem geração já havia inspirado Teódoto, o Banqueiro, discípulo de Teódoto, o Curtidor, que viveu no começo do século III. Somos informados a seu respeito por Santo Hipólito, *Philosoph.*, VII, 36 (edit. Wendland, Leipzig, 1916, p. 222):

> Diferentes pesquisas sendo feitas entre eles, qualquer um que se chamasse também Teódoto e fosse banqueiro de seu estado, diria que Melquisedeque era um poder muito grande, e que ele era maior que Cristo. Eles dizem que Cristo é a sua imagem; e eles também, como os teodotianos mencionados, acreditam que Jesus seja um homem, e, da mesma forma, que Cristo desceu nele.

O *Dicionário de Teologia Católica* define a esse respeito que, antes de ter redigido os *Philosophoumena*, Hipólito já havia falado de Teódoto no *Syntagma*, de onde provêm as notícias do Pseudo-Tertuliano e o começo daquela de Santo Epifânio:

> O Pseudo-Tertuliano nos faz conhecer os argumentos escriturais de Teódoto, que reproduz igualmente Santo Epifânio, a saber Salmos 109: 4 e Hebreus 7: 1-6.

Aprendemos assim que Melquisedeque era, segundo "o banqueiro", o grande poder de Deus e que ele intercedia pelos anjos e pelas virtudes celestes, da mesma forma que Cristo intercedia pelos homens.

> Não parece que a escola teodotiana tenha sobrevivido muito tempo a seus fundadores. O tratado *Contre Artémom*, citado por Eusébio (H.E., V, 28, edit. Schwartz, Leipzig, 1903, p. 500 sq.) assinala as divisões da seita e a conversão de seu bispo Natalis, já Novaciano, no *De Trinitate*, não faz mais nenhuma alusão a Teódoto e a seus devaneios a respeito de Melquisedeque.[109]

109. *Ibid.*, p. 514 sq.

É por volta do começo do século IV que encontramos cristãos convencidos da assimilação do Santo Espírito a Melquisedeque, assim Hiéracas,

> que nos fez conhecer a notícia de Santo Epifânio (*Haeres.*, LV, 5), e sobre o qual o bispo de Salamina retorna longamente (*Haeres.*, LXVII). Para sustentar sua opinião, Hiéracas se apóia principalmente em Hebreus 7: 3: a partir do momento em que Melquisedeque é assimilado ao Filho de Deus, não pode ser confundido com ele; é preciso então crer que ele é o Espírito Santo (*Haeres.*, LXVII, *P.G.*, t. XLII, col. 76). Ele também apelava para a *Ascensão de Isaías* e outros apócrifos. Não conhecemos nenhum discípulo de Hiéracas e não parece que suas opiniões estranhas tenham dado nascimento a alguma seita. O próprio Santo Epifânio, quando assinala Hiéracas entre os melquisedequianos, não chega a pretender isso.[110]

Essa é a tese que adotam, em compensação, alguns exegetas romanos dessa época como o Pseudo-Agostinho. Este a desenvolve durante a centésima nona das *Quaestiones Veteris et Novi Ttestamenti* (edit. Souter, Viena e Leipzig, 1908, pp. 257-268):

> Essa tese, quando foi conhecida por São Jerônimo, alguns anos mais tarde, foi da sua parte objeto de uma refutação vigorosa (*Épist.*, LXXIII, *Ad Evangelum*, edit. Hilberg, t. II, pp. 14-22). Ela também foi refutada pelo autor desconhecido de um sermão conservado sob o nome de Orígenes, e que pode provir de algum monastério palestino do fim do século IV (edit. Baehrens, *Ueberlieferung und Textgeschichte der lateinisch erhaltenen Homilien des Origenes*, Leipzig, 1916, pp. 243-252)[111].

Ela ganha outros países, entre os quais o Egito, no começo do século V.[112] Depois, por volta de 420, a noção de Melquisedeque "Filho de Deus" se espalha pela Galácia, na região de Ancyra, onde é combatida por Marco, o eremita (*cf. De Melchisedech, P.G.*, t. LXV, col. 1117-1140). Desta vez trata-se de hereges oficialmente excomungados pelo episcopado, e o *Dicionário de Teologia Católica* avalia que não é impossível concluir algum vínculo entre esses sectários e aqueles repertoriados por Epifânio sob o nome de "melquisedequianos" (*cf. Haeres.*, LV, 7, edit. Holl., t. II, p. 333; *cf.* J. Kunze, *Marcus Eremita, Ein Zeuze für das altkirchliche Taufbekenntnis*, Leipzig, 1895, pp. 82, 83).

---

110. *Ibid.*

111. *Ibid.*

112. *Cf.* Cirilo de Alexandria, *Glaphyra in Genes.*, *P.G.*, t. LXIX, col. 84 sq; outros, entre os monges, diziam que ele era o Filho de Deus, *Apophtegm. Patr.*, *De abbate Daniele*, 8, *P.G.*, t. LXV, col. 160. São Cirilo combateu uns e outros.

Mencionemos ainda a heresia de Frígia, no século VI, sempre referida a Melquisedeque e que Timóteo de Constantinopla comenta em *De recep. haeret.* (*P.G.*, t. LXXXVI a, col. 33). Citamos para concluir o que relata a respeito a nota final do cônego G. Bardy, autor do artigo sobre os "melquisedequianos" no *Dicionário de Teologia Católica*. Lembremos antes de tudo as referências bibliográficas dadas por G. Bardy no fim de sua contribuição sobre as seitas "melquisedequianas"; elas podem servir aos pesquisadores:

> L. Borgesius, *Historia critica Melchisédech*, Berne, 1706; Dom Calmet, "Dissertation sur Melchisédech", no *Commentaire littéral de tous les livres de l'A. et du N.T.*, Paris, 1726, t. VIII, pp. 636-642; M. Friedländer, "La secte de Melchisédech et l'Épêtre aux Hébreux", na *Revue des Études juives*, 1882, t. V, pp. 1-26, 188-198; 1883, t. VI, pp. 187-199; A. Harnack, *Lehrbuch der Dogmengeschichte*, t. I, 4ª ed., Leipzig, 1909, pp. 713, 745; J. Tixeront, *La Théologie anténicéenne*, 9ª ed. pp. 351-352; G. Bardy, "Melchisédech dans la tradition patristique", em *Revue biblique*, 1926, pp. 496-509; 1927, pp. 25-45.

O cônego G. Bardy retoma de fato a passagem de Timóteo de Constantinopla à qual fizemos alusão anteriormente no repertório da *Patrologia Grega*:

> Existem melquisedequianos, atualmente chamados de atinganos. Eles se gloriam de Melquisedeque, de quem tiraram o nome. Habitam a Frígia; não são nem hebreus nem pagãos, pois parecem guardar o sabá, mas sem circundar sua carne. Não permitem a nenhum homem tocá-los...

e acrescenta que:

> ... algumas informações complementares sobre esses hereges são fornecidas por um texto anônimo, *De Melchisedeciani et Theodotianis et Atthinganii*, contido nas mss. *Paris. Graec. 364*, fol. 43, e *Coislin. 39*, fol. 270, da Biblioteca Nacional de Paris. Segundo esse texto, os hereges em questão pretendem que Melquisedeque seja um grande poder superior a Cristo, alguns o identificam mesmo ao Deus Pai. Todos observam o sabá, praticam a adivinhação e a magia e invocam os demônios. Infelizmente, não temos nenhum dado histórico que nos permita seguir as vicissitudes da seita.[113]

113. *Dictionnaire de théologie catholique* (sobre os "melchisédechiens" [melquisedequianos]).

— XV —

Melquisedeque entre os teósofos cristãos

Dos cabalistas cristãos aos teósofos...

Poderíamos evocar aqui o papel ocupado por Melquisedeque nas reflexões eruditas dos cabalistas cristãos do Renascimento, pois, apesar da margem de alguns séculos, essa poderia ser uma introdução a este capítulo reservado aos teósofos cristãos. Aconselharemos antes a consulta dos trabalhos que a eles se referem mais especialmente e que são obra de especialistas eminentes e sérios.[114] Consultaremos então os estudos publicados por François Secret, para deles extrair aquilo que trata eventualmente do rei de Salém ou da noção de tradição abraâmica comum ao Judaísmo e ao Cristianismo. Da mesma forma, não deixaremos de nos referir às obras, teses e monografias ou conferências de Antoine Faivre, professor da Universidade de Bordeaux, mas também sucessor de François Secret como diretor de estudos de história do esoterismo cristão na Escola Prática de Altos Estudos (seção V, Ciências Religiosas), na Sorbonne, para aí encontrar as referências que interessam à nossa pesquisa.

No entanto, não poderíamos deixar passar sob silêncio o lugar que o nosso personagem ocupa em uma obra do meio do século XVI conhecida de todos os cabalistas do Renascimento. Trata-se, como se pode supor, da *Harmonia do Mundo, dividida em três cânticos*, obra dedicada em 1527 ao papa Clemente VII.[115] A obra se deve à pena de um franciscano, padre e cabalista, François Georges, chamado Georges de Venise, que consagra àquele que ele chama de "Melquisedeque maior que Abraão" — vemos

114. *Cf. Cahiers de l'Hermetisme*, "Kabbalistes chrétiens", Éd. Albin Michel, 1979.

115. François Georges de Venise, *L'Harmonie du monde divisée em trois cantiques*, traduzido por Guy Le Fèvre de la Boderie, 1568, editado em Paris, em Jean Macé, no monte Saint-Hilaire, em Escu de Bretaigne. *Cf.* também, a respeito de Georges de Venise, "La Kabbale chrétienne en Italie au XVIe siècle", por Jacques Tabry, in *Cahiers de l'Hermétisme: Kabbalistes chrétiens.*

que é sempre o tema paulino que inspira o veneziano — as páginas 288, 412, 413 e 509 desse livro volumoso. Tivemos a sorte de consultar tal obra na reimpressão atual[116], graças a Frédérick Tristan, escritor contemporâneo, no "espírito", dessa época "cabalizante". De fato, Georges de Venise retoma certas questões que enumeramos em nosso estudo, ou melhor, a elas responde por antecipação no sentido tradicional da exegese cristã evocada anteriormente; mas nós não nos demoraremos nisso.

Precisaremos então percorrer alguns personagens protótipos da teosofia cristã demarcada por Boehme, Martinez de Pasqually, Louis-Claude de Saint-Martin, Joseph de Maistre, Eckartshausen,[117] mas começando por este último que, por uma reversão cronológica, mas não ilógica, abrirá a série dos personagens questionados.

Sobre a definição de Eckartshausen

O significado de Melquisedeque é, às vezes, interpretado pelos místicos cristãos de maneira muito particular.

Assim, em *La Nuée sur le sanctuaire* [A Nuvem sobre o santuário], Eckartshausen[118] vê nele "o Instrutor na verdadeira substância de vida e na separação dessa substância de vida do invólucro destrutível que o encerra".

Essa definição havia sido destacada por Frédérick Tristan no estudo dedicado às *Allégories et symboles dans l'*Horus deliciarum *de Herrade de Landsberg* [Alegorias e símbolos no *Horus deliciarum* de Herrade de Landsberg], e o comentador acrescentava segundo a glosa clássica de Melquisedeque,

> figura muito discreta da Bíblia, era ao mesmo tempo pontífice e rei, títulos ordinariamente reservados a Jesus. Seu nome é citado no cânon da Missa. Ele está representado em Amiens, Chartres e Reims. Ele é sem pai, sem mãe, sem genealogia, não tem começo nem fim de sua vida, mas é feito também semelhante ao Filho de Deus". Ele "permanece sacerdote perpetuamente" (Hebreus, 7: 1-3). Ele abençoou Abraão e as três religiões monoteístas das quais ele é a raiz.[119]

---

116. Reimpressão de Tapié de Celeyran. Arma Artis, 1978, tiragem limitada a 100 exemplares.
117. A respeito de todos esses teósofos e muitos outros de sua época e da Alemanha romântica e mística, da Rússia, etc., *cf.* a obra chave: *Eckartshausen et la théosophie chrétienne*, de Antoine Faivre, Klincksieck, Paris, 1969 (tese de doutorado de Estado) e, do mesmo autor, *Kirchlerger et l'illuminnisme au XVIIIe siècle* (Haia, N. Nyhoff, 1966, tese de doutorado do 3º ciclo), *L'ésoterisme au XVIIIe siècle en France et en Allemagne* (Paris, Seghers-Laffont, 1979), *Mystiques, théosophes et illuminés au siècle des lumières* (Hildesheim, R.F.A., G. Olms, 1973).
118. Éd. Madaran, Paris, 1819.
119. In *Renaissance traditionnelle*, nº 28, outubro-dezembro de 1976.

Nada com certeza que já não conhecíamos nessa síntese lapidar; mas, três pontos ficam evidentes com rara presciência do que é essencial:

— *Rei, sacerdote e pontífice*, por assimilação a Cristo;

— *Vida* sem começo nem fim, portanto "perpétua", o que não significa "eterna";

— *Raiz* dos três monoteísmos.

Por essa "raiz" à qual faz alusão nosso autor, talvez seja preciso aprofundar-se — ou elevar-se, pois a árvore espiritual tem, simbolicamente, a folhagem na terra e as raízes no céu! — até essa Tradição Primordial da qual correriam todas as tradições ou doutrinas tradicionais do Oriente e do Ocidente. Como estamos percorrendo os escritos cristãos sobre Melquisedeque, não poderíamos deixar de citar aqui o pensamento de Simone Weil — judia com certeza, mas tão pouco... ou de maneira tão desgarrada que afinal ela era quase anti-semita. Simone Weil escreve ao padre Couturier:

> As passagens da Escritura (Gênesis, Salmos, São Paulo) a respeito de Melquisedeque provam que desde a alvorada de Israel existia fora de Israel um serviço de Deus, um conhecimento de Deus, situados no mesmo plano do Cristianismo, e infinitamente superiores a tudo aquilo que foi possuído por Israel.
>
> Nada impede a suposição de um laço entre Melquisedeque e os mistérios antigos. Existe afinidade entre o pão e Deméter, o vinho e Dionísio...
>
> A passagem de São Paulo sobre Melquisedeque, comparada com a palavra de Cristo: "Abraão viu o meu dia", poderia até indicar que Melquisedeque seria uma encarnação de Cristo.[120]

É verdade que Cristo é "*Filho do Altíssimo*" por seu nome angelical de Emanuel segundo a Anunciação... e que Melquisedeque é "*Sacerdote do Altíssimo*", mas João Hircano, também, teve atribuído a si o título de *Sacerdote do Altíssimo* por Josephus* nas *Antiquités judaïques* [Antiguidades Judaicas].[121] Mas não é a respeito desse assunto que convém estabelecer a originalidade, a estranheza ou a primordialidade do testemunho.

Jacob Boehme

Vejamos agora Boehme, esse sapateiro místico que dizem ter sido iniciado de maneira particular e "extra-orgânica" e que vai, de fato, presidir com os românticos alemães toda uma corrente teosófica tanto "crística" como maçônica, ou maçônico-cristã: a L.-Cl. de Saint-Martin, dos defenso-

---

120. S. Weil, *Lettre à un religieux*.

* N.E.: Sugerimos a leitura de *Seleções de Flavius Josephus*, Madras Editora.

121. XVI, 6, 2.

res do martinismo e de uma certa fração da Franco-Maçonaria chamada "retificada", especialmente no mundo russo dos séculos XVIII e XIX, etc.

Eis então o que ensina Boehme a respeito de Melquisedeque no *Mysterium Magnum*:

> E aqui, bastante curiosamente, o espírito que está em Moisés fala e diz que Abraão havia voltado da batalha e que o rei de Sodoma teria então ido ao seu encontro; e que Melquisedeque, rei de Salém, levara pão e vinho e esse Melquisedeque era um sacerdote do Deus Altíssimo que possui o céu e a Terra e que ele havia abençoado Abraão e que Abraão lhe havia pagado o dízimo; no entanto, quase nada encontramos na Escritura, que não tenha existido verdadeiramente se não em alegoria de Cristo: por isso o espírito diz em outra passagem a propósito de Cristo que ele é um grande sacerdote segundo a ordem de Melquisedeque.

Para Boehme, o sacerdote do Altíssimo é uma figura de Cristo:

> Assim com grande mistério o Espírito de Deus representa a figura de Cristo junto a Abraão e ele o chama de sacerdote de Deus o Altíssimo, sacerdote da salvação e da unção da mesma forma que o seu nome quer dizer o mesmo na língua sensorial, isto é que Cristo abençoou Abraão e lhe apresentou o pão e o vinho, quer dizer seu sangue e seu corpo e que ele é o grande sacerdote perante Deus, que reconciliou com o eterno Abraão e seus filhos.
>
> De fato, Abraão havia erguido a espada da cólera de Deus contra os pagãos. Ora, Melquisedeque vinha agora abençoar novamente Abraão (de modo que a espada da perturbação não se apoderasse dele). Ele lhe apresentou o pão e o vinho, quer dizer, o ser celeste que ele queria introduzir na semente de Abraão e transformar em carne e em sangue e então ele apaziguou a cólera de seu Pai na Aliança, tudo isso em prefiguração.

O místico alemão nos dá então sua definição do sacerdote exemplificado em Cristo:

> Pois esse sacerdote junto de Abraão deve ser, na verdade, interpretado segundo o Espírito: de fato, embora Abraão possa ter visto na realidade e externamente um sacerdote semelhante, sob a alegoria de Cristo, Moisés diz, todavia, que ele era um sacerdote de Deus e que ele havia dito a Abraão: "Sois abençoado, Abraão, aos olhos do Altíssimo que possui o céu e a terra e que prendeu teus inimigos em tuas mãos". Não se pode entender por aí ninguém que não Cristo que apareceu muitas vezes em figura a Abraão e que o abençoou todas as vezes, pois o Espírito que é Moisés também o chama de rei de Salém, quer dizer ninguém mais que o rei da salvação.

O alquimista da "tintura" luminosa agora acerta o passo com o fiel da Igreja reformada:

> E a Escritura diz que Abraão lhe pagou o dízimo. Com certeza pode ter existido naquela época uma ordem sacerdotal à qual ele devia pagar o dízimo, que quer dizer a décima parte das propriedades humanas, aquela da língua ígnea da alma; e o sacerdote aí coloca seu pão e seu vinho, sua bênção, quer dizer, o fogo do amor para que Abraão nesse pão e nesse vinho recebesse de novo na "tintura" ígnea da alma, a "tintura" da luz, e recuperasse inteiramente a imagem de Deus, a qual se havia separado em Adão com a mulher: assim Cristo, como "tintura" da mulher, o torna ser da luz, a fim de que as propriedades masculina e feminina se tornem novamente Uma. É isso o que indica aqui o espírito que está em Moisés sob o símbolo do rei de Salém.

E vai concluir com uma visão espiritual de Abraão:

> Com efeito, Esra, quando ditou a seus escribas a Bíblia perdida no conhecimento de Deus, certamente viu isso e é por isso que o Santo Espírito o fez assim redigir; e vemos aí precisamente como Esra na visão do Espírito descreveu as histórias de Abraão, pois toda a história de Abraão é uma prefiguração da pessoa de Cristo e ele é um símbolo de Cristo.
>
> Abraão viu em espírito esse sacerdote de Salém; quando Abraão imolava, esse sacerdote se mantinha em seu sacrifício e consagrava a Deus, pois ele devia reconciliar o mundo com uma vítima única e é porque ele era um sacerdote de Deus.

Uma passagem, ainda, parece anunciar "o homem de desejo" de L.-Cl. de Saint-Martin:

> Ele introduziu a vontade de sacrifício de Abraão, quer dizer, sua oração e seu desejo,[122] na fé e no ser santo de Deus; e neste ser, na divina sabedoria, foram apresentados à alma de Abraão o pão e o vinho celestes, para que ela pudesse comer na mesa do Senhor, até que esse sacerdote se tornasse Abraão, quer dizer, que se manifestasse em Abraão com a corporalidade celeste, com o alimento da alma, em um verdadeiro pão e vinho.[123]

---

122. Sublinhado por nós.
123. *Mysterium Magnum*, Édit. Aubier, 1955, 38º capítulo.

Martinez de Pasqually

Em Martinez de Pasqually, o estranho personagem que vai instituir no século XVIII uma espécie de Maçonaria teosófica cristã ou cabalístico-cristã, Melquisedeque, é citado, de passagem, no *Tratado da Reintegração*, a propósito dos sábios descendentes de Noé e sob a seguinte forma:[124]

TRATADO DA REINTEGRAÇÃO DOS SERES CRIADOS
edição de 1899

... Eles figuravam ainda os justos do passado e do futuro, como Enoch que a Escritura tanto reverencia, Melquisedeque, Elias e Cristo, dos quais dois foram retirados do centro da terra pelo fogo espiritual, e os dois outros o foram em seu próprio corpo de glória espiritual divina, assim como Cristo o prova claramente pela sua ressurreição de homem divino.

TRATADO DA REINTEGRAÇÃO DOS SERES CRIADOS
versão original

... Eles figuravam ainda o tipo do passado e do futuro, como Enoch que a Escritura tanto reverencia, Melquisedeque, Elias e Cristo, dos quais dois foram retirados do centro da terra pelo fogo espiritual, e os outros o foram em seu próprio corpo de glória espiritual divina, como o prova Cristo pela sua ressurreição de homem divino.

O que podemos reter dessa citação é a *assimilação pura e simples de Melquisedeque a Cristo*. Em uma "instrução" inserida no correr das "*Conferências dos Eleitos cohens*", a alusão ao personagem que nos ocupa é sempre muito breve e figura na "instrução de segunda-feira, 17 de janeiro de 1774". Damos a seguir o parágrafo, pelo qual começa, aliás, essa "instrução", e na ordem do manuscrito de Lion, com numeração das partes desse documento, tal como foi estabelecida por Antoine Faivre para servir de referência a seus comentários:

4ª Instrução da segunda-feira, 17 de janeiro de 1774

(17) Todos os seres provindos do Criador são templo; é preciso distinguir os diferentes tipos de Templo. Templo material: é o menor átomo de matéria, pois ele tem um veículo que o anima. Templo espiritual dos seres que acionam e dirigem a Criação tem-

124. Martinez de Pasqually, *Le Traité de la Réintégration des Êtres créés dans leurs primitives propriétés, vertus et puissances spirituelles divines*, versão original, editada pela primeira vez em relação à versão publicada em 1899 acompanhada do quadro universal, precedida de uma introdução e de documentos inéditos por Robert Amadou, Édit. Robert Dumas, 1974, col. "Esoterica".

> poral sem estar submetidos ao tempo como estava Adão em seu primeiro princípio. Templos espirituais temporais elevados visivelmente sobre esta superfície durante o prazo dos tempos para a reconciliação. Os sete principais são o de Adão, de Enoch, de Melquisedeque, de Moisés, de Salomão, de Zorobabel e de Cristo, tipos de liberação e de reconciliação. Os outros, como Noé, Abraão, etc. são tipos diferentes. O corpo do homem é uma loja ou um templo que é a repetição do templo geral, particular e universal. A Maçonaria consiste em erguer edifícios sobre sua base: somos, portanto, maçons espirituais.

A instrução não deixa de ser interessante em sua concisão. Ela confirma a visão templo-cêntrica e, portanto, "contemplativa", no sentido etimológico dessa palavra, de Martinez, esse grenoblês, de origem marrana pelo que dizem (ainda que isso tenha sido contestado) e que vai dar nascimento à corrente espiritual maçônica dos séculos XVIII e XIX.

Com certeza, a instrução permanece lacônica quanto à particularidade "melquisedequiana". É verdade que de um certo ponto de vista — e contrariamente aos escritos de seus descendentes, Willermoz em seus rituais ou L.-Cl. de Saint-Martin em sua obra — a "gesta judaico-cristã" de Martinez banaliza em seu relato a tipologia crística, portanto "melquisedequiana". Temos uma prova a respeito no *Traité de la Réintégration* [Tratado da Reintegração][125] quando aparece igualmente a questão de Melquisedeque, mas de maneira acessória poderíamos dizer:

> Mas não é apenas pelo advento de Enoch, de que comecei a explicar o tipo, que encontramos provas da presença de Cristo entre os filhos de Deus. Abel que havia sido o tipo dos menores prepostos para a manifestação da justiça divina, também fazia o tipo do verdadeiro Messias. Reconhecemos essa verdade pelas operações de todos os menores eleitos que exerceram seus poderes e suas virtudes espirituais entre os homens dos séculos passados, e que operam entre os de hoje. Esses menores eleitos desde *Abel* e *Enoch* são *Noé*, *Melquisedeque*, *José*, *Moisés*, *Davi*, *Salomão*, *Zorobabel* e o *Messias*. Todos esses sujeitos prepostos pela manifestação da glória divina formam o número completo do denário espiritual divino, como explicarei na seqüência quando falarei dos tipos e das épocas sobrevindas ao corpo geral e particular, da mesma forma como dos menores que acabei de mencionar.

---

125. *Op. cit.*, versão 1899, parte [110], p. 248 e p. 249 (v. o.). Palavras sublinhadas por nós para destacar as concordâncias e divergências. Também releremos a Introdução e os documentos inéditos de R. Amadou que precedem o *Traité* propriamente dito.

Na versão original, o texto é diferente com algumas nuanças apenas, mas o sentido é o mesmo:

> Abel foi o primeiro tipo na posteridade de Seth, e ele é não apenas o tipo futuro dos menores prepostos pelo Eterno para a manifestação de sua justiça e de sua glória, mas ainda ele é aquele de Cristo, como eu provo fisicamente pelos nomes dos tais menores deputados pelo Eterno, assim como eles empregaram para este objeto suas virtudes e poder entre os homens passados, e que eles operam ainda entre os do presente. Eu voltarei após as operações de Enoch, na posteridade de *Seth*, naquelas de *Noé*, *Melquisedeque*, *José*, *Moisés*, *Davi*, *Salomão*, *Zorobabel* e o *Messias*. Esses sujeitos, desde *Abel* e *Enoch* até o *Messias*, formam o número completo do denário espiritual divino, ao qual toda coisa criada, tanto espiritual como material, é promovida. Eu mostrarei isso na explicação dos tipos e das épocas sobrevindas ao corpo geral e particular, da mesma forma como a esses menores...

Louis-Claude de Saint-Martin

Discípulo do começo de Martinez e situado na mesma dependência gnóstico-cristã, Louis-Claude de Saint-Martin faz nitidamente a alusão à existência de uma Tradição Primordial, notadamente no capítulo X do *Tableau naturel des Rapports qui existent entre Dieu, l'Homme et l'Univers* [Quadro Natural das Relações que Existem entre Deus, o Homem e o Universo], a propósito da "sublime origem do homem" e dos relatos "históricos, alegóricos e fabulosos" encerrados nas tradições dos povos do Universo. Ele escreve:

> Quanto à antiguidade dos tempos quando as manifestações dessas *virtudes* superiores começaram a operar entre os homens, as tradições da maioria dos povos antigos nos oferecem ainda os indícios mais seguros. A origem desses Povos é quase sempre envolvida por um véu maravilhoso e sagrado. Eles se dizem quase todos protegidos e mesmo descendentes de alguma divindade que presidiu ao seu nascimento, que fundou seu estabelecimento e que os sustenta por um poder invisível.

Ou melhor, relativamente aos "emblemas dos trabalhos campestres" e ídolos "sinais dos tempos", ou "mitologia" tipificada nas constelações celestes e suas "influências sobre os corpos terem mestres relativamente à vegetação", ele prossegue assim:

> Isso deve bastar para abrir os olhos daqueles que, só percebendo um objeto isolado nas tradições fabulosas, crêem que toda a Mitologia dos antigos só deve sua origem à Agricultura e à Astronomia. O erro vem do fato que, posteriormente, confundiu alguns símbolos dessas duas ciências com alguns símbolos primitivos. Assim, os homens ficaram ainda mais distanciados das verdades simples e importantes que eram objeto dessas tradições...[126]

Robert Amadou nos mostrou outras referências à tradição primeira em Saint-Martin, em particular em *De l'Esprit des choses* [Do Espírito das Coisas].[127] Ele nos confiou uma anedota relativa à explicação que a marquesa de La Croix dava do quaternário de Saint-Martin — herdado do ensinamento de Martinez de Pasqually — figurando aí o "número da essência divina" de que o homem era a imagem. Ela via nesse quaternário o Pai gerando o Filho, o Filho gerando o Santo Espírito, e o Santo Espírito gerando... Melquisedeque! A afirmação pode talvez repercutir algumas velhas doutrinas gnósticas...

Porém, para voltar ao *Quadro Natural*, parece mesmo que o filósofo desconhecido admitiu, como Martinez e Joseph de Maistre, a existência de uma Tradição Primordial, mesmo que não associe por essa noção à função de Melquisedeque. Uma passagem do capítulo XXII do *Quadro* citado anteriormente é significativa a esse respeito; nós citamos:

> Enfim, é aqui que aparecem as primeiras explicações do verdadeiro sentido da palavra *iniciar* que, em sua etimologia latina, quer dizer *aproximar, unir no princípio*; a palavra *initium* significa tanto *princípio* como *começo*. E a partir daí nada mais conforme a todas as verdades expostas, anteriormente, do que o uso das iniciações em todos os povos; nada mais análogo à situação e à esperança do homem *que a fonte de onde descem essas iniciações e que o objeto a que elas se propuseram em toda a parte, que é anular a distância existente entre a luz e o homem, ou de aproximá-lo de seu Princípio restabelecendo-o no mesmo esplendor em que ele estava no começo.* [128]

JOSEPH DE MAISTRE

Outro descendente do mesmo grupo teosófico-maçônico, Joseph de Maistre, repercutirá a existência de uma Tradição Primordial, mas mais em razão dos ensinamentos dos Pais da Igreja do que pelo alinhamento intelectual sobre as construções martinezianas absconsas.

---

126. Éditions du Griffon d'Or, Lion, 1946.
127. T. II, p. 144 sq.
128. Sublinhado por nós.

Maistre faz alusão a ela citando uma passagem famosa de Santo Agostinho:

> A realidade, que chamamos agora religião cristã, já existia entre os antigos e jamais falhou desde a origem do gênero humano até a vinda de Cristo na carne, momento a partir do qual a verdadeira religião, que já existia, começou a chamar-se cristã (I *Retrac.*, 12-3).

E:

> Desde a origem Adão e Eva eram dádivas de todo o gênero humano e não apenas dos judeus; e tudo o que estava prefigurado de Cristo em Adão pertencia a todas as nações, cuja salvação está em Cristo (*P.L.*, 43, 176).

Em Santo Agostinho, existe então equivalência entre Tradição Primordial e estado paradisíaco, e corolário religioso do *religare* entre Deus e a criação.

Essa é a idéia que vai reflorescer sob a pena de Joseph de Maistre quando o *Eques a Floribus* escrito em sua *Mémoire au Duc de Brunswick* em 1782 diz:

> Provemos que não somos homens novos. Mas façamos uma genealogia clara e digna de nós. Atemo-nos ao Evangelho e larguemos as loucuras de Memphis. Retornemos aos primeiros séculos da Lei Santa. Escavemos a antiguidade eclesiástica. Questionemos os Padres. Reunamos, confrontemos as passagens. Provemos que somos cristãos. Vamos mesmo mais longe: a verdadeira religião tem muito mais de 18 séculos. *Ela nasceu no dia em que nasceram os dias.*
>
> Voltemos à origem das coisas e mostremos por uma filiação incontestável que nosso sistema reuniu no depósito primitivo os novos dons do Grande Reparador...
>
> É preciso então questionar essa venerável antiguidade e lhe perguntar como ela entendia as alegorias sagradas.

Foi por isso que o conde de Maistre atribuiu uma tarefa especial à terceira classe dos maçons, além dos estudos de erudição, das contemplações metafísicas, etc.: a escuta daquilo que liga a Tradição Divina das origens aos "iniciados" de seu tempo: o Espírito Santo. "Que outras pessoas enfim, escreve — e agrada a Deus que existam muitos —, nos digam o que aprenderam desse espírito que sopra onde quer, como quer e quando quer".

Ele admitia então — ele, o católico tradicionalista por excelência—, que "*Tudo é mistério nos dois Testamentos e os eleitos de uma e de outra lei não passam de verdadeiros iniciados*".[129] Além disso, ele acreditava não na "barbárie primitiva do gênero humano", como observava Émile Dermenghem, mas inversamente em uma "idade de ouro" que é uma lembrança indelével, uma ciência indestrutiva e sagrada das origens "superior à nossa porque começava mais alto"[130] e que degenerou; foi corrompida para desaparecer nos dilúvios e cataclismas. Se ele nota que "o povo judeu é uma nação de iniciados e o povo eleito por excelência, cuja ciência foi recolhida pelos primeiros cristãos", não afirma que tudo o que subsistia dos antigos mistérios veiculados pelas tradições anteriores à Bíblia, e toda a iniciação antiga, por isso mesmo, desaparece perante "a verdadeira cabala judaico-cristã"?

Em seu espírito, a liberdade trazida por Cristo *é no fundo uma remanifestação da Tradição Primordial, com sua indistinção confessional, racial, e sua denudação de todos os segredos.*

Curiosamente, talvez esta se torne a lição menos bem compreendida pela Maçonaria escocesa retificada que, no entanto, descende de Martinez, de Maistre e Willermoz. Uma certa idolatria dos discursos exegéticos, pronunciados no início do século XIX e que se tornaram "palavra do Evangelho" ou foram substituídos por este na veneração e na "inalterabilidade", poderia impedir o entendimento da interpretação espiritual dinâmica da Igreja; uma interpretação não "congelada" nos comentários do século XIX, pois movida pelo sopro vivificante do Espírito Santo. Mas isso é outra história, e, para compreendê-la, somente uma vida eclesial, sacramental, plena e fecunda, uma riqueza do coração e do intelecto pode levar à "ruminação" da Escritura eterna.

Porém, entre a Idade Média e a época moderna, um esoterismo não deixa de se referir a essas noções: Melquisedeque e Tradição Primordial. É também a idéia de Tradição Primordial que inspira Nicolas de Cues nas reflexões inseridas no *De pace fidei*: "Existe então uma só religião e um só culto para todos os seres dotados de entendimento", e podemos perguntar-nos se a fórmula de Guénon "*a Unidade não é a Uniformidade*" não fica subjacente em todas essas expressões religiosas que fazem decorrer a diversidade tradicional de uma Unidade primeira ou que revelam, a exemplo de Marsile Ficin, um "ornamento do Universo" na diversidade das religiões.

Outra idéia "melquisedequiana" de uma tradição protótipo e "sem geração" em todo caso penetrou em todos os círculos do pensamento esotérico no decorrer das épocas, e alguns viam isso talvez como uma sobrevivência do tema gnóstico.[131]

---

129. Mélanges B (inéditos). Citado por E. Dermenghem in *Joseph de Maistre mystique*, Éd. La Colombe, 1946. Sublinhado por nós.
130. *Ibid.*
131. Ver Henri-Charles Puech, *En quête de la Gnose*, I: La Gnose et le temps, Gallimard, NRF, "Bibliothèque des sciences humaines", 1978.

Assim mesmo, o escritor maçom Paul Naudon, de quem sabemos a que ponto ele diverge de Guénon e de quem conhecemos a crítica das afirmações guénonianas, não hesita em retomar por conta própria um tema que acreditávamos estritamente "guénoniano"; principalmente em razão da terminologia utilizada pelo autor de *La Tradition et la Connaissance primordiale dans la spiritualité de l'Occident.*[132]

Além disso, a recorrência temática do empréstimo feito a Guénon se verifica facilmente quando o escritor maçom, na página 179 de sua obra e a propósito do "Uno", situado além da fé manifesta e das formas externas dos cultos, refere esta doutrina àquilo que Boccaccio entendia no *Decameron* quando fazia Melquisedeque afirmar que entre o Judaísmo, o Cristianismo e o Islamismo, "ninguém sabe qual é a verdadeira fé"; teremos, aliás, oportunidade de rever essa citação, mas observamos que a aproximação em questão foi evidenciada em várias ocasiões na obra de Guénon.

No momento, destacaremos apenas as seguintes passagens da obra de Paul Naudon citada anteriormente, que nos parecem particularmente significativas dos empréstimos feitos ao pensamento de Guénon e da aceitação da concepção de uma Tradição Primordial:

PÁGINA 28:

> Somos forçados a admitir, para explicar e justificar essa constante, uma causa primeira, aquela que permitiu no homem pela primeira vez a preocupação metafísica do conhecimento e a possibilidade de aí encontrar uma resposta satisfatória. Essa causa primeira, ligada ao absolutismo e à verdade, só pertence, no conjunto da lógica, à ordem divina. A *revelação primordial* deve ser compreendida fora de toda contingência histórica, já que ela se situa na própria origem do homem. Aí está certamente o sentido simbólico do Paraíso Terrestre, onde o primeiro homem tinha o conhecimento imediato e espiritual de Deus, antes que a ele renunciasse no orgulho vão de sua razão. Esse conceito do centro primordial se destaca na maioria das religiões, da mesma forma que a noção de reintegração desse lugar privilegiado que a luz divina ilumina com seus raios...

PÁGINAS 28 E 29: Aqui Paul Naudon traça o paralelo entre Tradição e Revelação:

> A noção de *Tradição*, da forma como a analisamos, não estaria em oposição com aquela da *revelação* entendida pelas religiões monoteístas e expressa em suas santas escrituras? Achamos que

---

132. Dervy-Livres, 1973 [A Tradição e o Conhecimento Primordial na Espiritualidade do Ocidente].

> não. Por outro lado, a Tradição, revelação primordial, não contraria de modo algum as revelações e tradições particulares. Muito pelo contrário, ela as explica e as fortalece ao transcendê-las e ao reunir todas na unidade do Divino. Por outro lado, a Tradição, como valor absoluto, é para o espírito, para a inteligência e para a própria fé uma necessidade metafísica. Sem ela, as diversas tradições religiosas, limitadas à revelação que lhes serve de base, se fechariam em seu particularismo ou se excluiriam reciprocamente. A verdade não se dissipa. É forçoso admitir que só podem tratar-se de formulações circunstanciais e históricas, feitas para a melhor compreensão daqueles aos quais ela se dirige. Mas se o absoluto está nelas — o que é a sua marca de autenticidade —, ele só pode estar naquilo que transcende, pelo Único e Permanente, esses fatores temporais e humanos.

PÁGINA 177: O autor faz intervir a noção de "centro", precisa e "eminentemente" central a todo o esoterismo do Oriente e do Ocidente:

> Para o homem, o Conhecimento é a ascensão à Unidade transcendental. Ele pode a isso chegar por uma concentração progressivamente em direção ao *ponto central e infinito*, permanente e estável, em uma superação das formas condicionadas e de seu próprio invólucro corporal, e não por uma dispersão na multiplicidade dos objetos que compõem a *circunferência indefinida* em perpétua mudança.

Voltaremos posteriormente, todavia, à época que viveu o aparecimento da corrente boehmista e martinista ou martineziana. Louis-Claude de Saint-Martin é sua figura de proa e citaremos novamente Paul Naudon:

> Notemos o quanto essa noção de Deus é ao mesmo tempo vasta e precisa. Ela ultrapassa a metafísica clássica herdada de Aristóteles e que se define como sendo o conhecimento do *Ser*, ou em outras palavras, a *ontologia*. O Ser que ela entende, além disso, nada mais é que o princípio da manifestação. Rabelais, com a *Tradição*, vai muito mais longe. Deus para ele é exatamente o *Infinito*, o *Absoluto*, quer dizer, não apenas todas as possibilidades de manifestação, mas também todas aquelas de não manifestação, o Princípio que contém ao mesmo tempo o Ser e o Não Ser, para quem "nada acontece, nada passa, nada se desperdiça" (*op. cit.*, p. 177).

Aqui, o autor especifica sua fonte sem, no entanto, querer mostrar-se devedor demais dela, por meio de uma nota assim redigida:

René Guénon, em *États multiples de l'Être* [Estados Múltiplos do Ser], chamou a atenção para essas idéias tradicionais, mas vemos que seria errôneo pensar com ele que elas estão ausentes da metafísica ocidental.

— XVI —

Melquisedeque entre os místicos cristãos de língua alemã no século XIX e em Saint-Yves D'Alveydre

Apresentação dos místicos

Definimos, nos capítulos anteriores e de maneira sumária, por "amostragem", o papel desempenhado pelo rei de Salém pela noção de Tradição Primeira nas obras dos teósofos, maçons ou não, dos séculos XVII, XVIII e XIX.

Ora, as criações doutrinárias dos aspectos citados anteriormente são mais diversificadas do que se poderia supor. Elas vão das preocupações dos clérigos, como o cardeal de Cues, aos visionários católicos, trilhando, aliás, e desde a Idade Média, sendas variadas: descendência templária em Boccaccio, correntes esotéricas e judaico-cristãs como acontece com Boehme, Martinez, etc., correntes místicas da Franco-Maçonaria especulativa...

Mas para nos atermos ao período que se estende de Jacob Boehme ao fim do século XIX, parece-nos importante agora evidenciar os escritos de dois "místicos católicos", cujos propósitos se completam bem quando a questão se refere a Melquisedeque.

Trata-se de *Anne Catherine Emmerich,* que "via" até nos detalhes a vida de Cristo e o desenvolvimento da Bíblia, e de *Jacob Lorber*, bem menos conhecido, quase mesmo ignorado no momento em que escrevemos esta tese, em 1977, por nossos contemporâneos franceses. Lorber não "via"; ele "ouvia" Cristo.

Antes de fazer as citações escriturais relativas à nossa pesquisa, precisamos "situar" nossos dois místicos germânicos (uma alemã, o outro austríaco) para apresentá-los, embora o próprio Guénon às vezes tenha feito alusão às visões de A. C. Emmerich, principalmente nos comentários sobre o "Monte dos Profetas", ou Mêru.

Anne Catherine Emmerich

Nascida na Westfália en 1774, A. C. Emmerich foi desde tenra idade gratificada por "comunicações celestes". Seduzida pela vida de mortificações e de oração, logo estigmatizada — seu primeiro sofrimento estigmatizante aconteceu com a idade de 24 anos, na capela dos jesuítas de Coësfeld situada perto do lugarejo em que nasceu, Flamske —, ela recebeu o véu no convento das agostinianas de Dulmen.

Aí começam verdadeiramente as visões do Antigo e do Novo Testamentos. Com a supressão do convento em 1811, ela viveu só, doente, até novembro de 1813, e experimentou então, fisicamente, todas as dores da paixão de Cristo.

> Nos dias em que ela contemplava essas cenas sangrentas, era vista chorando e gemendo como uma criança entregue aos carrascos; ela tremia e se contorcia em sua cama; seu rosto lembrava o de um supliciado e muitas vezes um suor de sangue escorria sobre seus ombros e sobre seu peito. As chagas das mãos, dos pés e das costas vertiam sangue; seu corpo estava coberto de pisaduras, como se ela tivesse sido flagelada...

Todos os fatos relatados foram consignados por eclesiásticos. Clemens Brentano, da sua parte, registrou por escrito todos os relatos da visionária. Ela teria morrido em 1823. O original alemão das notas de Clemens Brentano foi traduzido por Charles d'Ebeling.

Nós nos servimos, nas passagens a seguir, dessa tradução da maneira como ela foi publicada sob o título de: *Visions d'Anne Catherine Emmerich sur la vie de Notre-Seigner Jésus-Christ et de la Très Sainte Vierge, la douloureuse Passion et l'établissement de l'Église par les Apôtres, coordonnées en un seul tout, selon l'ordre des faits* [Visões de Anne Catherine Emmerich sobre a Vida de Nosso Senhor Jesus Cristo e da Santíssima Virgem, a dolorosa Paixão e o Estabelecimento da Igreja pelos Apóstolos, coordenadas em um único todo, conforme a ordem dos fatos], pelo R. P. Fr. Joseph Alvare Duley, dos irmãos pregadores.[133]

---

133. 3ª edição, 1951, Téqui editor, Paris, 3 tomos. Para a vida de A. C. Emmerich, consultaremos a *Vie d'Anne Catherine Emmerich*, do R. P. Schmoger, Téqui editor e *Catherine Emmerich, la visionnaire stigmatisée de Dulmen et Clément Brentano, son secrétaire*. Étude sur l'authenticité des visions, de Dirrheimer, Téqui editor.

Eis então os extratos dessas relações:
— A propósito da habitação de João Batista:

> O Precursor morava lá em Ainon, em uma cabana situada sobre os escombros de um castelo desmoronado, que havia pertencido a Melquisedeque e onde o mato crescia no meio das ruínas. Eu vi várias cenas que aconteceram aí, em uma época muito antiga; a única coisa que eu me lembro é de uma visão que Abraão teve nesse mesmo local, e em seguida à qual ele aí erigiu duas pedras comemorativas: uma era como um altar, e a outra formava uma espécie de degrau sobre o qual ele se ajoelhava. Sua visão me foi mostrada: era a cidade de Deus, a Jerusalém Celeste, de onde desciam as correntes de água e de luz que se espalhavam por todos os lados. Assim foi a ele recomendado que fosse pelo advento da Cidade Santa. Esta visão ocorreu cerca de cinco anos antes que Melquisedeque erguesse aqui seu castelo. Era na verdade uma grande tenda, com galerias e escadas, erguida sobre fundações em pedra de grande solidez.

A visionária já pressente o papel muito especial reservado a Melquisedeque:

> Era como uma hospedaria gratuita e magnífica à beira dessas belas águas, e onde paravam muitos passantes e estranhos. Talvez Melquisedeque, que eu vi sempre servir de conselheiro e de guia dos povos e das tribos nômades de então, tivesse construído esse castelo para aí ensinar ou para aí oferecer hospitalidade; mas havia desde então alguma coisa que se relacionava ao batismo. Esse lugar era também um ponto central de onde Melquisedeque se encaminhava, ou para junto de Abraão, ou para Jerusalém, ou a outra parte: ele aí reunia famílias às quais atribuía novas residências.

Uma precisão nos é trazida sobre esse papel particular que se refere também à arte dos construtores e que sublinhamos:

> Melquisedeque me parecia um homem jovem de cerca de 25 anos. Ele apareceu a mim em várias épocas, mas nunca mais velho. Seu exterior tinha menos do homem que o de Jesus. Sua cabeça estava constantemente descoberta, e seus grandes cabelos loiros desciam atrás de suas orelhas. Quando ele estava ausente, eu o supunha no paraíso, entre os anjos. Eu jamais vi perto dele nem parentes nem sacerdotes. *Em todos os seus atos, ele parecia colocar a pedra fundamental de uma graça futura, chamar a atenção para um lugar consagrado, começar uma obra de alta importância.*

> Jacó também havia permanecido por muito tempo perto de Ainon, com seus rebanhos. A cisterna da fonte batismal já existia nesse tempo, e eu vi Jacó ocupado em repará-la. Aqui, Elias dividiu as águas do rio com seu manto, e o atravessou. Eliseu, que o acompanhava então, renovou nesse local o mesmo milagre. Ainda aqui, os filhos de Israel atravessaram o rio (t. I, 3ª parte: *Vie publique de N.S.*, 1º ano, pp. 254-255).

A visionária confirma aqui a ausência de parentesco e de laços "sociais" de Melquisedeque; ela destaca um aspecto de sua "função" tradicional: *a colocação da pedra fundamental* testemunhando uma graça futura, *a determinação de um lugar consagrado*, o lançamento de uma obra importante. Todos esses traços poderiam então estar entre aqueles que imaginamos devam caracterizar um representante de uma "Revelação das Origens" ou Tradição Primordial.

Citemos essa "olhadela" sobre o sacrifício de Melquisedeque:

> No momento em que o Senhor tomou o cálice para instituir a Santa Eucaristia, eu tive ainda uma visão relativa ao Antigo Testamento. Eu vi Abraão ajoelhado diante de um altar e, à distância, homens armados que chegavam com camelos e animais de carga. Um homem majestoso se aproximou de Abraão e colocou diante dele, sobre o altar, o mesmo cálice que Jesus tinha na mão. Esse homem tinha algo como *asas nos ombros*; ele não as tinha realmente; mas era um sinal para me indicar que um anjo estava diante dos meus olhos. Foi a primeira vez que eu vi asas em um anjo. Esse personagem era Melquisedeque. Atrás do altar de Abraão, subiam três nuvens de fumaça; a do meio subia bastante alto; as outras estavam mais baixas.
>
> Eu vi em seguida duas fileiras de figuras que terminavam em Jesus.

A irmã situa tal cena, e essa "ceia" mística, em uma elevação do vale de Josafá que, assinalemos de passagem, é assimilada pelas antigas instruções da Franco-Maçonaria ao "mais baixo dos vales", onde ficava a "loja de São João" (da mesma forma como ela fica sobre a mais alta das montanhas). É, biblicamente, o vale do Juízo das nações:

> O sacrifício de Melquisedeque ocorreu no vale de Josafá, sobre uma elevação. Melquisedeque já tinha o cálice. Abraão devia estar informado de sua chegada e de seu sacrifício, pois ele havia montado um altar magnífico, mais sólido que todos aqueles jamais vistos, e por cima do qual era como uma tenda de folhagem. Aí se via também uma espécie de tabernáculo onde Melquisedeque colocou o cálice. As taças em que as pessoas bebiam pareciam

> ser de pedras preciosas, Abraão havia levado um rebanho soberbo. Quando esse patriarca recebeu o mistério da promessa, foi-lhe revelado que o sacerdote do Altíssimo celebraria perante ele o sacrifício que devia ser instituído pelo Messias para durar até a consumação dos séculos. Ele estava então em uma espera respeitosa, quando Melquisedeque lhe anunciou sua chegada por dois mensageiros rápidos de que se servia sempre.
>
> Vi que Abraão colocava sobre o altar, como sempre fazia quando sacrificava, alguns ossos de Adão que Noé havia conservado na Arca. Um e outro rogaram a Deus para que se cumprisse a promessa que ele havia feito a esses ossos, e que não era outra senão a vinda do Messias,[134] Abraão desejava vivamente a bênção de Melquisedeque.

Agora, eis Jerusalém e o anúncio da missa durante a visão:

> A planície estava coberta de homens, de animais de carga e de bagagens. O rei de Sodoma estava com Abraão sob a tenda. Ao redor reinava um silêncio solene. *Melquisedeque vinha do lugar onde mais tarde se deveria erguer Jerusalém*; ele trazia um animal de carga que carregava um grande vaso cheio de vinho e uma caixa contendo pratos rasos e diferentes vasos. Abraão foi ao encontro de Melquisedeque. Eu vi o mesmo, desde que ele entrou na tenda, colocar-se diante do altar, oferecer o pão e o vinho erguendo-os em suas mãos, abençoá-los e distribuí-los; havia nessa cerimônia algo da santa missa. Abraão recebeu um pão mais branco que os demais, e o bebeu no cálice que serviu após a ceia. Os mais distintos dentre os assistentes distribuíram em seguida ao povo vinho e pedaços de pão.

Enfim, a atribuição das palavras do salmista (Salmos, 110) ao nosso personagem não deixa aqui nenhuma dúvida:

> Não houve consagração do pão e do vinho, pois os anjos não saberiam consagrar, mas as espécies foram abençoadas, e eu as vi resplandecentes. Todos aqueles que delas comeram, saíram fortificados e de preferência unidos a Deus. Abraão foi também abençoado por Melquisedeque, e eu vi que essa bênção era figurativa: Melquisedeque parecia consagrado sacerdote; pois Abraão já havia recebido a promessa misteriosa que o Messias sairia de sua carne e de seu sangue. A mim foi ensinado que Melquisedeque lhe havia feito reconhecer essas palavras proféticas, a res-

134. Ainda hoje o altar guarda ossadas de mártires, que são testemunhos da promessa cumprida (nota do transcritor da visionária).

> peito do Messias e seu sacrifício: "Assentai-vos à minha direita[135], até que eu reduza os vossos inimigos a serem o descanso de vossos pés. O Senhor jurou, e ele não se arrependerá: vós sois sacerdote para a eternidade, segundo a ordem de Melquisedeque". Eu também vi que Davi, quando escreveu estas palavras, teve uma visão da bênção dada por Melquisedeque a Abraão. Este, tendo recebido o pão e o vinho, falou e profetizou sobre Moisés e sobre aquilo que os levitas deviam receber (t. III, 3ª parte, *Vie publique de N.S.*, 3º ano, cap. LXIX, p. 131 sq.).

Catherine Emmerich vê em seguida Abraão dar a Melquisedeque o dízimo de seus rebanhos e de seus tesouros. Melquisedeque não lhe parece velho, mas grande, esbelto e cheio de uma doce majestade, trajando uma vestimenta longa de uma brancura resplandecente.

> Na hora do sacrifício ele colocou um cinto onde estavam moldados diferentes caracteres, e um chapéu branco parecido com o que mais tarde os sacerdotes usariam. Sua longa cabeleira era de um loiro claro e brilhante como a seda; ele tinha uma barba branca, curta e pontuda; seu rosto estava resplandecente. Ele inspirava o mais profundo respeito, e *todos em sua presença ficavam sérios e silenciosos. A mim foi revelado que era um anjo sacerdotal e um mensageiro de Deus. Ele foi enviado para fundar instituições santas*: ele conduzia, distribuía as raças e construía cidades. Eu o vi em vários locais bem antes do tempo de Abraão; mais tarde eu não o revi.[136]

A bênção do pão e do vinho prefigurando o sacrifício eucarístico da ceia é também nitidamente evocada, mas ela se desenvolve *sem consagração e dentro da ordem angelical.*

---

135. A propósito dessas palavras: "assentai-vos à minha direita", C. Brentano nos diz que a freira se exprimia assim: "O lado direito tem um grande e misterioso significado. A geração eterna do Filho no seio da Trindade algumas vezes me foi mostrada em figuras que a linguagem não poderia mostrar, e então eu vejo o Filho ao lado direito do Pai: em seguida eu vejo a figura que Moisés viu na sarça ardente; ela aparece para mim dentro de um triângulo luminoso, no vértice do qual está o Santo Espírito. Eva foi tirada do lado direito de Adão, e sem a queda, os homens seriam tirados pela direita do seio de suas mães. Eu vi os patriarcas trazerem no lado direito a bênção da promessa; à direita deles, eles colocavam as crianças que iriam abençoar. O lado direito de Jesus foi aberto pela lança do soldado. Em minhas visões, eu vejo a Igreja sair dessa ferida: é pelo lado direito do Salvador que entramos na Igreja e que chegamos ao Pai". É da direita, com efeito, aquela das duas mãos de que no servimos mais à vontade para dar, que é o símbolo da misericórdia pela qual os dons de Deus se transmitem de geração em geração.

136. *Ibid.* Assim, ele era como todos os grandes personagens do Antigo Testamento, uma figura e uma preparação de Jesus Cristo fundando o Reino de Deus (nota do transcritor da visionária).

Trata-se aí, conseqüentemente, de uma tipologia da consagração pela via sacerdotal e que depende daquilo que Henry Corbin chamava de "hiero-história". Um fato arquetipal, protótipo e por isso "consignado" em uma zona dos "estados do ser" na qual o desenvolvimento e o desaparecimento do tempo não existem. Essa "bênção figurativa", para retomar os termos da visionária, situa-se então nesse mundo "imaginal", a terra de "Hurqalia" nas descrições do esoterismo xiita relacionadas por Henry Corbin. *Daí a vestimenta de um branco resplandecente de Melquisedeque*. Ora, é justamente dentro dessa zona pré-celestial que se conservam, com a Tradição Primordial, os "mistérios do Pólo" e é o lugar da Montanha dos Profetas pressentida por A. C. Emmerich. Compreendemos o interesse que Guénon atribuía a essa descrição, mas também releremos aquilo que Corbin escreveu sobre essa noção do Pólo e da montanha sagrada nas pinturas do reino do Anjo, tais como elas surgem da mística e do esoterismo islâmico-persas.

Além disso, a última constatação da visionária é significativa.

Quem é Melquisedeque à luz dessa visão? Vamos resumir as descrições citadas anteriormente, para responder a essa questão:

— um *anjo sacerdotal*: portanto, um "personagem" relacionado com a função da "casta sacerdotal" mas resultante da "manifestação informal" para empregar a linguagem de Guénon, não submetida às condições da manifestação formal e individual;

— um *enviado de Deus*: raio do sol espiritual;

— um *fundador de instituições sagradas*, como são, por exemplo, as três tradições monoteístas com suas cidades santas;

— um *"ser" independente de prazos, tempos e lugares*;

— um *edificador de " cidades"*, portanto, de centros espirituais, como será, por exemplo, Jerusalém; um patrão dos "construtores" de templos...

Será que isso não basta para sua identificação: um *testemunho da Tradição imperecível*?

Jakob Lorber

Nesse século XIX místico, porém, Catherine Emmerich não estava sozinha para se beneficiar de uma revelação divina que lhe permitia situar Melquisedeque.

Houve, com efeito, na Áustria, e quase na mesma época, outro favorecido das graças celestes: Jakob Lorber. Quase desconhecido do público católico francês, Lorber era um pequeno músico de Graz, a quem ocorreu em 15 de março de 1840 uma aventura excepcional. Ele foi testemunha de um fenômeno que o deixou perplexo, e não era para menos! Naquela manhã, bem cedo, ele escutou uma voz "na região de seu coração" que lhe dizia: "Pegue a sua pena e escreva!".

Esse apelo vai transformar sua existência. Exatamente nesse mesmo dia, ele deveria responder à oferta que lhe fazia a ópera de Trieste para ser segundo chefe de coro. Ele, aliás, iria aceitar, firmemente decidido a se dedicar a isso pelo resto de seus dias. Ora, após ter registrado no papel aquilo que lhe foi ditado nesse dia memorável, ele compreendeu que uma missão "sobrenatural" lhe havia sido confiada e que ela era incompatível com o cargo no teatro de Trieste. Lorber recusou então a oferta na qual havia até então depositado todas as suas esperanças; ele renunciou a se casar e a partir de então sua vida inteira passou-se em um pequeno quarto onde dava ainda lições de piano a alguns poucos alunos para subsistir materialmente.

Viveu aí, portanto, desconhecido, na obscuridade, e diariamente a "voz" lhe ditava sem interrupção, várias horas durante as quais ele escrevia. Isso durou sem interrupção até a sua morte, em 1864.

Assim, ele deixou... 18 mil páginas impressas! Tudo foi escrito por ele ou ditado a seus amigos quando no fim de sua vida, doente, continuava a "ouvir", mas sem poder escrever.

Os ditados de Lorber foram publicados com muita dificuldade na Áustria, e somente após a Segunda Guerra Mundial eles foram integralmente difundidos na Alemanha.

Esses elementos biográficos eram necessários, pois o homem e sua mensagem permaneceram praticamente na obscuridade até hoje na França e nos países latinos, apesar de a mensagem em questão conter precisões as quais vamos retomar.

O que J. Lorber colocou no papel em 24 anos (como dissemos, ele escreveu cotidianamente várias horas sem parar, com poucas interrupções, durante um quarto de século, e sem corrigir uma única linha) também diz respeito tanto às ciências naturais, que ele ignorava totalmente, como às questões religiosas. Essas revelações também tratam em muitas páginas dos dois Testamentos.

Como explicam os comentadores de sua obra ou os biógrafos do místico, Lorber jamais manifestou qualquer sinal de "convulsão extática", a exemplo de outros místicos cristãos. Ele não foi, de forma nenhuma, um médium cuja mão teria sido "guiada por algum espírito". Não, em estado de vigília e em perfeita consciência, Lorber ouve a voz e coloca imediatamente no papel aquilo que escutou.

A esse respeito citaremos um julgamento — o de Swedenborg, outro "visionário" — sobre os fenômenos "psíquicos" que acompanham às vezes as "graças" recebidas por seres transmissores de revelações diversas. Apesar do que possamos pensar a respeito da origem e da qualidade dessas comunicações, o denominador comum é seguramente o caráter excepcional. Swedenborg, então, na *Adversia III* 6865-6966, indicava que as pessoas não se deviam chocar com os fenômenos secundários que acompanham as revelações das obras de alta espiritualidade. E ele escrevia:

> Quando um anjo sopra a um ser humano a palavra do Senhor pelas palavras de sua inspiração que ele deve pronunciar ou escrever, chega ao seu espírito um pensamento normalmente sem forma de expressão humana. Essas expressões são aquelas que ele tem o hábito de utilizar. Elas o influenciaram, portanto. Elas estão conforme os seus hábitos de pensar, e à sua maneira particular de viver.

Aliás, Swedenborg fez uma profecia que se referia precisamente a Lorber. Em sua carta ao pastor Oetinger, de 11 de novembro de 1766, ele indica que, depois dele, um homem receberia uma iluminação verbal. Ele precisa que esse homem receberia essa voz no interior de si mesmo, a saber na região do coração. Swedenborg mesmo havia sido capaz de escrever suas visões do mundo espiritual com suas próprias palavras a partir de sua memória.[137]

No momento da morte de Lorber, a obra não estava acabada. Alguns anos mais tarde, em Trieste, Gottfried Wayerhof (1807-1877), oficial alemão, também recebeu essa "palavra do interior", e escreveu ainda algumas obras complementares.

A obra completa de Lorber e Wayerhof foi chamada em seguida de *Nova Revelação*, a fim de indicar claramente o conteúdo.

A pessoa que lê toda essa obra, especialmente as declarações de Lorber sobre o cosmos e que conhece o átomo e suas partículas elementares, não pode tomar essas declarações, confirmadas depois pela ciência, como o produto de uma fantasia exagerada, mas, ao contrário, é rapidamente convencida de que se trata mesmo de alguma coisa "não inventada".[138]

O que nos interessa dos ditados de Lorber é que se A. C. Emmerich teve visões e Lorber, audições — mais seguras e mais precisas, por isso, que as visões —, os dois se misturam e se completam.

Ora, nós mencionamos aquilo que C. Emmerich recebeu a respeito de Melquisedeque e da tradição das origens ou da função terrestre. Analisamos agora os dados paralelos tais como foram expressos por Jakob Lorber na série de "audições" que formam o *Livro da Infância de Jesus*.

Livro da Infância de Jesus, 169: 11-16

> O rei de Salém foi o próprio Senhor; mas exceto Abraão, ninguém devia saber isso. Assim Abraão se prosternava a seus pés diante dele e lhe entregava livremente o dízimo de todos os seus bens... E eu sou o mesmo Melquisedeque... um rei de Salém.

---

137. Emprestaremos essas informações dos trabalhos publicados pelo dr. Walter Lutz e pela sociedade Lorber de Bietigheim, que tem por objetivo a publicação dos escritos de J. Lorber sob o nome de *La Nouvelle Révélation* [A Nova Revelação].

138. Existem em Lorber comunicações de fatos confirmadas pelas mais recentes descobertas da astronomia, da física nuclear e da paleoantropologia, o que é muito estranho.

Vol. I, 4, 7

Após o Dilúvio, Deus se manifestou aos homens em terra, na pessoa de Melquisedeque; mas eles não demoraram a recomeçar a brigar e foi preciso submetê-los a novas leis.

Vol. II, 12, 2

Jaïrus diz: "Está escrito que, quando o Grande Sacrificador da Ordem de Melquisedeque vier da eternidade sobre a terra, o tempo dos outros sacerdotes terá completamente terminado, e o novo Melquisedeque reinará eternamente com seus anjos sobre todas as gerações (raças) da terra".

Vol. II, 66, 6

À questão de Cirene perguntando por que o Senhor não se havia manifestado no passado, o Senhor respondeu: "Os primeiros homens não tratavam diretamente comigo? Quem então de Noé a Moisés foi o Grande Sacrificador de Salém? Chamado Melquisedeque e que reinava igualmente enquanto justo Rei dos reis de Salém? Quem foi em seguida o espírito da Arca da Aliança? E como o espírito da Arca da Aliança passou em mim, pergunto: Quem sou eu então?".

Vol. VI, 221, 3-4

Jesus disse aos escribas: "Muitas vezes Deus habitava pessoalmente entre os homens e lhes ensinava a via justa do Senhor. Por que, homens, haveis então rejeitado a tudo isso, e colocado a vossa sabedoria humana no lugar da revelação divina? Quem era Melquisedeque, o único grande sacrificador, o rei de Salém? O que se tornaram seus ensinamentos e suas leis de Sabedoria e de Amor dadas para todos os homens? Como vedes, vossos pais os destruíram!".

Vol. X, 57, 2

Um ancião disse que os pagãos se uniram ao povo dos pré-abraâmitas sob o grande rei e grande sacrificador Melquisedeque de Salém.

Vol. X, 59

O Senhor visita a cidadela de Melquisedeque em Abila. Após tê-la restaurado, ele mostra aos habitantes a caverna que havia ficado escondida até então, a qual ainda continha vinho do tempo de Melquisedeque, proveniente dos dízimos e contribuições pagas pelos outros reis. Esse vinho devia ser conservado "até que eu, o próprio rei, beba desse mesmo vinho. Pois somente eu sou o verdadeiro rei de Salém, o grande sacrificador, Melquisedeque para a eternidade". Essa fortaleza subsistirá ainda 300 anos, depois será destruída. Mas isso não quer dizer nada. "Pois eu construo para mim agora uma nova cidadela nos corações que, uma vez assim construída, jamais poderá ser aniquilada".

Vol. X, 60, 3-4

Jesus: "Quanto ao rei de Salém, *ele estava lá de toda a eternidade, antes de todas as criaturas e muito antes de Noé.* Mas quanto à época terrestre em que ele visitou os homens sob a forma e *sob a figura de um anjo* falando a eles a seu respeito e da sorte deles, foi de tempos em tempos a Noé que ele apareceu e a quem ele falou. Mas foi somente depois de algumas centenas de anos terrestres após Noé deixar a Arca que havia construído, que ele se manifestou de fato, como rei e grande sacrificador, enquanto o próprio Noé e seus três filhos ainda viviam. Nessa época, a terra já estava grandemente repovoada e os patriarcas, ancestrais dessas inúmeras tribos, se faziam chamar de rei. Eles levavam todo ano seu sacrifício a Salém onde recebiam o ensinamento do grande rei.

Mas como essas tribos se multiplicavam de preferência sobre o vasto mundo, elas esqueceram o Rei dos reis e acabaram separando-se dele; e aqueles que habitavam sua vizinhança não mais se dirigiam a Salém.

Então o rei abandonou igualmente sua fortaleza e visitou os raros patriarcas que lhe restaram fiéis como Abraão, Isaac e Jacó. Da mesma forma em seguida os grandes e os pequenos profetas e vós *também atualmente em carne e em sangue*".

Vol. X, 60, 7 e 61, 1-3

O Senhor promete continuar nas cidadelas, quer dizer, nos corações daqueles que o servem fielmente. Mas se ele tiver de abandonar essas cidadelas, a discórdia e a inveja aí se precipitarão.

Vol. X, 199, 7

Jesus disse a um fariseu: "Eu digo a vós que venho retirar-vos da antiga Aliança e do Velho Testamento e fundar um novo Testamento tanto para os judeus como para todos os povos da terra, segundo a ordem de Melquisedeque, que foi um Rei dos reis, o grande sacrificador dos grandes sacrificadores; é por isso que todos os reis e patriarcas da terra deviam lhe dar o dízimo, até mesmo Abraão".

Vol. VI, 8

E esse Melquisedeque que existiu desde o tempo de Noé até Abraão, com quem foi feita a Aliança e por quem foi feita a grande Promessa, era eu, *e sou eu que estou aqui de novo, o mesmo*. Não para consolidar e fechar a antiga Aliança, mas para estabelecer com todos os homens uma nova Aliança e eu continuarei eternamente rei, senhor e sacrificador, na mais perfeita ordem de Melquisedeque.

Vol. X, 179, 15

Então apareceu no céu um escrito de luz: "Melquisedeque, o verdadeiro Rei dos reis e grande sacrificador dos grandes sacrificadores é o único pai verdadeiro de seus filhos no céu e na terra!".

Vol. X, 217, 2-49

O Senhor diz que Abraão era bom para com os pobres e alimentava os famintos. "É porque Abraão era meu preferido que eu tenho abençoado abundantemente toda sua casa". Então é possível concluir desse fato que Abraão era um dos primeiros e um dos maiores amigos do Rei dos reis, o grande sacrificador dos grandes sacrificadores, que se chamava Melquisedeque. Aquele que não tem começo nem fim, aquele, portanto, a quem ele remetia pessoalmente seu dízimo, e que era o único entre os muitos reis de então a ter o direito e a felicidade de se aproximar de sua morada; esse Melquisedeque veio ele próprio acompanhado de dois anjos lhe anunciar que sua velha esposa Sara colocaria no mundo um filho, no que Abraão acreditou firmemente!

Melquisedeque revela igualmente que as cidades de Sodoma e de Gomorra desapareceriam e mais tarde ele lhe predisse que finalmente, de seu próprio tronco, sairia um corpo de homem, de carne e de sangue, para a salvação de todos os seres.

> Mas vamos deixar Abraão e Melquisedeque, pois este último permanece no meio de vós em minha pessoa, e o velho patriarca Abraão em espírito não se afastou de vós.

Nós já resumimos os traços do personagem "sem geração" como eles saem da visão de A. C. Emmerich: anjo sacerdotal, enviado de Deus, criador de centros espirituais, enfim, testemunha dessa Tradição do início que Guénon chama de Tradição Primordial. Nos "ditados" de Lorber, o leitor encontra descrições análogas. É, porém, mais nítida ainda do que na freira, a identificação das duas entidades: Melquisedeque e Jesus.

Melquisedeque aparece, além disso, como sendo o *espírito angelical mais elevado* que tomou *forma humana sem, no entanto, ser encarnado*. Ele vive e viveu sobre a terra como um homem, "*wie ein Mensch*". Deus, porém, vivia nele e de tal maneira que falava e agia nele. Tais são também as deduções feitas por um sacerdote belga, o padre Ernst, que estudou a fundo as revelações de Lorber, e fez o favor de nos comunicar.[139]

Poderíamos então deduzir que não se tratava de uma encarnação de Deus, mas de uma presença divina e considerar que o *Christos-Angelos*, caro a Henry Corbin, correspondeu bem exatamente a essa descrição de testemunha das origens...

Vamos abrir aqui um longo incidente. Constataremos que jamais nos relatos dos dois místicos o rei de Salém foi dado como o "Filho de Deus". Quando o sacrificador é chamado "Senhor", é como "veste", ou "função", já que o Senhor se manifesta nele: "Eu sou o próprio Melquisedeque...".

Ora, nos dias de hoje a questão da "filiação divina" por Melquisedeque não deixa de intrigar os "pesquisadores de Deus". Apresentamos como provas algumas reflexões inseridas por Étienne Perrot em sua obra: Coran *teint*: *Le Livre Rouge suivi de Mémoires d'un chemineau et d'un choix de Poésies chymiques* [*Corão* Corado: O Livro Vermelho Seguido de Memórias de um Andarilho e Seleção de Poesias Químicas].[140] De fato, o autor nota injustamente, em uma análise da Epístola aos Hebreus, que *Jesus, o Homem-Deus*, aparece como o único mediador entre Deus e o homem:

---

139. Devemos ao padre Ernst a comunicação em língua alemã dos trechos extraídos de A. C. Emmerich e das audições de J. Lorber referindo-se a Melquisedeque, e emprestamos de Valdo Secretan a tradução em francês das passagens citadas aqui de J. Lorber. Aproveitamos esta nota para agradecer a contribuição dele. Valdo Secretan é, além disso, o tradutor da obra de Kurt Eggenstein: *Le Sens caché des Évangiles et l'avenir de l'humanité* (*révélation du Christ à Jakob Lorber en 1840*) [O Sentido Oculto dos Evangelhos e o Futuro da Humanidade (Revelação de Cristo a Jakob Lorber em 1840)], publicada por Edition Dervy-Livres em 1981, e da qual ainda não tínhamos conhecimento no momento desta tese.

140. Éd. La Fontaine de Pierre, 1979.

> "Ele torna inúteis as hierarquias angelicais nas quais alguns querem ver os degraus da escada que sobe para a divindade. Por quê? Por sua natureza, porque ele é divino, Filho de Deus, o próprio Deus". Tradução: o rei é a divindade que se tornou consciente no ser humano. Quando essa consciência nasce, ela coloca o ser em seu centro divino, abolindo os intermediários. Ela faz dele um Filho de Deus, portador da essência divina e ele pode ser o testemunho e o propagador da mesma junto a seus irmãos.[141]

O sacerdócio segundo a ordem de Melquisedeque lhe parece então que deve ser interpretado em função, não de um "argumento de autoridade, tirado da Escritura e relativo ao caráter não eterno do sacerdócio de Arão, mas em relação à figura "arquétipa muito mais que histórica" e ao aspecto transpessoal de Arão. Para Perrot, autor de obras sobre a alquimia e discípulo de Jung, fica evidente que "Melchisédec é uma imagem primordial do mediador ou pontífice, e essa imagem tem alguma coisa a dizer àqueles que, como nós, vivem a mutação do sacerdócio e o reaparecimento, sob uma forma correspondente às exigências atuais, do pontificado conferido pelo Espírito divino".

Sua conclusão supera a nossa quando ele escreve: "Ele é Filho de Deus", ou pelo menos nos parece que ela deveria ser expressa de outra maneira. Com certeza, é bem verdade que Paulo soube tirar do episódio abraâmico uma demonstração de "superioridade" do Cristianismo, e Perrot insiste na divisão que separa os dois sacerdócios, o de Arão e o de Melquisedeque:

> Esse sacerdócio eterno transmitido pela figura arquetípica de Jesus Cristo, ela mesma ligada à de Melquisedeque, escapa à corrupção do tempo, porque emana diretamente de Deus, ao contrário daquela do Judaísmo que era hereditária segundo a linhagem humana.[142]

No entanto, é preciso não esquecer que somente Paulo refere o sacerdócio de Cristo ao de Melquisedeque. E Jesus não evoca um personagem em particular naquilo que toca sua missão, mas Deus apenas, o Pai. E é somente a Cristo que a Voz Celeste diz: "Este é o meu Filho amado, em que me comprazo" (Mateus 3: 17).

Resta que as reflexões de Perrot são próximas das nossas, embora não possamos segui-lo quando ele escreve, no capítulo do qual são extraídas as passagens citadas anteriormente, e citando Jung — a quem ele atribui de resto o parentesco dessa afirmação: "Da mesma forma que a Santa Escritura é, segundo um padre da Igreja, o corpo de recepção da divindade,

141. *Ibid.*, p. 231.
142. *Ibid.*, p. 232.

assim a psicologia das profundezas desempenha atualmente esse papel."[143] Para nós, o corpo de "recepção da divindade" é a Escritura Santa para o Verbo e a Virgem Maria para Cristo... Mas isso é uma outra história... a história santa, realmente!

Para voltarmos aos nossos místicos germânicos, fica evidente que os relatos de A. C. Emmerich e de Jakob Lorber, que acabamos de repertoriar, dão um caráter feérico ao personagem de Melquisedeque. Alguns verão aí o fruto de uma imaginação excessiva. No entanto, já na alvorada daquilo que será a tradição cristã, o comentário de Paulo, na Epístola aos Hebreus, não tem o ritmo de uma lenda, no sentido ordinário da palavra? Não é, portanto, surpreendente que toda a literatura mística do Cristianismo, tanto a da grande Igreja como a da Gnose, tenha discutido muito o rei de Salém, em uma superabundância do maravilhoso. Sobre esse ponto, aliás, os judeus estarão próximos dos cristãos quanto ao adorno feérico do rei de Salém. Faremos, no capítulo seguinte, um retorno cronológico para tratar dessa questão.

Antes de fechar este capítulo, falta ainda examinar a obra de outro autor do século XIX, desta vez francês: Saint-Yves d'Alveydre.

Os achados de Saint-Yves d' Alveydre

Com Saint-Yves d' Alveydre, saltamos para o fim do século XIX. O homem e sua obra estão sendo cada vez mais bem conhecidos em nossa época graças às citações de alguns autores exatamente como René Guénon (in *Le Roi du Monde*), às reedições das obras de Saint-Yves empreendidas pelos "Amigos de Saint-Yves", e também às *Clefs de l'Orient* [Chaves do Oriente],[144] enfim, aos trabalhos de Jean Saunier sobre as obras e as idéias de Saint-Yves e sobre o próprio homem.[145] Em todo caso, não surpreende que o apóstolo da sinarquia, o visionário da *Théogonie des Patriarches* [Teogonia dos Patriarcas], da *Mission des Ouvriers* [Missão dos Operários], da *Mission de l'Inde* [Missão da Índia], do *Archéomètre* [Arqueômetro*] e da *Mission des Juifs* [Missão dos Judeus], tenha pressentido o papel especial alcançado por Melquisedeque no judeo-Cristianismo. É exatamente na *Missão dos Judeus*[146] que ele vai explicar-se em termos que só podem surpreender se esquecemos o contexto imaginativo grandioso do

143. *Ibid.*, p. 234.
144. Esta obra já foi objeto de três reproduções, duas na edição de 1910, em Éditions Rouyat de Ventabren e em Éditions de l'Ascex em Saint-Clément-des-Levées em 1978, e a última, conforme a edição original de 1877, com introdução do especialista de Saint-Yves que é Jean Saunier, em Éditions Bélisane, Nice, 1980.
145. *Cf.* os artigos de Jean Saunier na revista *L'Initiation*, e também, do mesmo autor, a obra capital, *Saint-Yves d'Alveydre* (Dervy-Livres, 1980).
*N.E.: Sugerimos a leitura de *Missão da Índia na Europa* e *O Arqueômetro*, de Saint Yves D'Alveydre, ambos da Madras Editora.
146. *Mission des Juifs*, dois tomos, Dorbon Aîné.

autor e o desdobramento racial e religioso que nos descreve assim o padre da ordem sinárquica. Sua visão sinárquica não engloba em um mesmo quadro a organização ritual, social, política ou governante de preferência real e sacerdotal? Não é ela comandada pela fé no reino do princípio tão impessoal quanto o rei da Justiça e da Paz? A sinarquia que ele recomenda não é um estado "onde reinam os princípios impessoais"? Veremos onde a visão acaba.

Na epopéia do *Ciclo de Ram*, Saint-Yves define sua sinarquia trinitária como originada de Ram, o qual jamais teria instituído castas "impermeáveis à ascensão dos valores individuais de onde quer que eles venham" e também lhe parece "extremamente problemático" que tenha existido uma hereditariedade das funções monárquicas naquilo que ele chama de "Ordem do Carneiro e do Cordeiro". Temos aí um estado que lembraria o da "indistinção primordial", que precede o aparecimento das castas tradicionais e é curioso ver que Saint-Yves menciona Melquisedeque nessa ocasião:

> Moisés (...), como os abrâmidas, teve por objetivo a restituição dessa ordem de coisas; ele não instituiu rei e deixou reinar somente os três conselhos[147].

Saint-Yves lembra que foi a "Ordem dos abrâmidas e seus 300 iniciados" que se inclinaram "perante Melquisedeque, último representante da antiga tradição na Palestina", um Melquisedeque "sem antepassados", e precisa: "Ele certamente não o faria, se essa realeza sacerdotal de justiça fosse hereditária e não coroa do mérito pessoal"[148].

Ele também não destaca Melquisedeque de Salém, de Jerusalém, portanto. Assim, quando descreve o entusiasmo religioso que inspirava as "tropas de Rani" e nota a queda das "praças fortes do Norte e do Sul" diante delas, ele menciona o nome de Salém nestes termos:

> "Aquela que resistiu da maneira mais terrível pertencia a um povo de mulheres célticas (*sic*) militarmente instalado há algum tempo em um reino tendo por capital Salém, que se tornará um dia Jerusalém".

Após a queda de Salém, Saint-Yves nos descreve Ram sagrando um de seus tenentes, e aí é preciso ficar atento às precisões que ele vai dar, pois elas nos fazem pensar em certas páginas do *Rei do Mundo* de René Guénon:

> "Ram sagrou um de seus tenentes rei de Justiça do Deus Supremo Wodh-Iswara-Elioun, com o título de Melech-Shadaî-Ka, que

147. *Cycle de Ram. Empire universel du Bélier. Théocratie universelle de l'Agneau. Synarchie trinitaire*, t. I, cap. VI, p. 239.
148. *Ibid.*, p. 240.

reencontraremos mais tarde na famosa Ordem de Melquisedeque, rei de Salém".[149]

Depois temos ainda novas descrições que aproximaremos das idéias expressas por Guénon sobre a Tradição Primordial e no *Rei do Mundo*. Primeiro, a comunhão dada por Melquisedeque a Abraão. Para Saint-Yves, as "espécies não sangrentas" são reservadas "à mais alta iniciação e ao mais alto sacerdócio da religião do Cordeiro em todos os santuários do Império do Carneiro", e a comunhão dada a Abraão provoca como conseqüência "ritual e universitária (*sic*) uma iniciação última, uma instrução superior de Abraão pelo Pontífice-Rei de Salém e uma transmissão testamentária da antiga sinarquia científica e social".[150] Passemos por esses detalhes que só fariam vibrar de prazer os ocultistas e "intrigantes" das sociedades secretas do tipo "Cagula". Em compensação, temos outras revelações mais interessantes:

> "Esse rei da Justiça não tem antepassados. Sua tiara e sua coroa procedem da antiga lei de iniciação e do exame, consagrados pelo Pontífice Supremo, o Grande Lama refugiado então no Himalaia".[151]
>
> Aqui vemos despontar esse reino de Agartha descrito como um centro iniciático secreto na obra *Missão da Índia* por Saint-Yves em 1910 e à qual René Guénon se refere desde as primeiras linhas do *Rei do Mundo*.

Saint-Yves faz claramente alusão à noção de "Centro Supremo" e de "centros secundários" da transmissão tradicional, e isso exatamente a propósito de Melquisedeque. Assim ele nota que Abraão remonta

> ao Colégio dos Deuses e também ao Conselho de Deus do Sacerdócio Caldeu designado por Moisés sob o hierograma de Arpha-Chesad. Ele paga a Melquisedeque, ao rei da Justiça", o dízimo de tudo, o dízimo do círculo. É que o *Pontífice da cidade da Paz era ainda o representante da integralidade da antiga Lei*. Ao contrário os dois primeiros conselheiros da Caldéia *não estavam mais diretamente em relação com o Soberano Pontífice*.[152]

Portanto, nenhuma dúvida: no espírito de Saint-Yves, *Melquisedeque é a garantia da Iniciação e o representante da Tradição primitiva*:

---

149. *Ibid.*, pp. 181 e 182.
150. *Op. cit.*, t. I, cap. X: "Le césarisme assyrien, les ortodoxes abramides ou néo-ramides", p. 350.
151. *Ibid.*, t. I, p. 350.
152. *Ibid.* Passagens sublinhadas por nós.

> Nós vimos com que respeito por esse antigo tipo internacional a Ordem dos Abrâmidas se havia inclinado perante Melquisedeque, rei da Justiça, como um iniciado perante um Iniciador.[153]

Ele está em relação com "El Elyon" e Saint-Yves estabelece uma relação de identidade entre o Adônis fenício e o Adonai bíblico da mesma forma que ele vê uma identidade entre as "palavras de Melquisedeque e os escritos de Sankoniathon a respeito de El-Iôn".[154]

Saint-Yves aproxima assim a tradição egípcia daquela do rei de Salém:

> ... o faraó era sempre, em sua essência, um rei da Justiça, um Melquisedeque (cap. XI, p. 400).

Ora, esse rei de justiça, função mais do que personagem, seria com certeza o testemunho de uma tradição anterior a todas as outras, de onde as mesmas tirariam no fundo seu princípio, no espírito de Saint-Yves d'Alveydre. Ele verá aí a característica essencial do sacerdócio de Cristo; sem expressar com nitidez como podemos fazê-lo nos dias de hoje, devemos supor que ele via na tradição cristã referida à "Ordem de Melquisedeque" por seu sacerdócio, uma reatualização da Tradição Primordial "fora de casta".

De nossa parte, poderíamos acrescentar daí:

— a indistinção exaltada por Paulo: "Não temos aqui nem judeus, nem gregos, nem homens, nem mulheres, nem escravos, nem homens livres, etc.";

— o sacerdócio de todo o povo, em Pedro: "Nação santa, sacerdócio real, etc.";

— o caráter de inadequação do Cristianismo ao mundo que dura, e que se deve ao fato de que a Tradição Primordial só se realiza autenticamente no início do ciclo e em seu final, quando recomeça o novo ciclo e quando ou "Filho" se torna o "Pai" do século que virá;

— o aspecto "revolucionário", destruidor das "tradições dos homens" e das "ordens estabelecidas", de uma tradição cristã que não é "de seu tempo" e da qual finalmente "a hora ainda não chegou", como nas núpcias de Caná, quando as seis urnas dos séculos não contiverem mais nada... a não ser água;

— o papel da Virgem na tradição cristã, particularmente no fim das seis urnas temporais...

Saint-Yves adivinha, aliás, admiravelmente, esse caráter "especial" do Cristianismo e escreve: "Jesus e o movimento cristão vão referir-se 22 séculos mais tarde *a essa luminosa Tradição, a essa autoridade anterior*

153. *Ibid.*, t. II, cap. XV: "Prise de Jérusalem. Suite de la monarchie politique. Séparation des tribus. L'ancien droit publique et le césarisme assyrien", p. 515.
154. *Ibid.*, p. 534.

e superior ao Judaísmo degenerado de seu programa cíclico e caído no sectarismo e no particularismo de um culto nacional ou político".[155]

No mesmo ritmo, é verdade que Saint-Yves vai interpretar à sua maneira o encontro de Abraão e do patriarca sem geração. Ele insistirá sobre a identidade funcional entre o Patriarca e o Iniciador, mais do que à equação Melquisedeque = Tradição Primordial; mas, será que estamos tão distantes da tese guenoniana exposta no *Rei do Mundo* e em outras partes e que dá aos ritos iniciáticos a virtude de transferir o ser a um estado "primordial"? Nós citamos:

> Eis o texto, ou melhor, a versão ordinária do texto, exceto duas palavras das quais eu darei o sentido: "No vale real, o Rei da Justiça de Salém faz trazer o pão e o vinho, pois ele era Pontífice, diz El Hélion. Ele os abençoou e disse: 'Bendito seja o neo-Ramismo por El Hélion, por Deus Supremo Gerador Másculo que move (Kouneh) os céus e a terra! E bendito seja o Deus Supremo Gerador Másculo, que colocou as dificuldades em vosso poder'. E a Ordem dos Abrâmidas dá ao Rei da Justiça o dízimo de tudo". A posição do chefe da Ordem dos Dorianos da Caldéia perante Melquisedeque, Rei da Justiça segundo a antiga sinarquia, é a de um iniciado perante um iniciador, de um discípulo perante um mestre, de um membro do Conselho dos Deuses perante um representante do Conselho Supremo de Deus.[156]

Com certeza, a visão de Saint-Yves não consegue livrar-se das considerações sociopolíticas, de forma que a Tradição Primordial e Melquisedeque figuram mais ordem sociopolítica e seu princípio reitor que na ordem ritual e simbólica que visa à transmissão daquilo que era "no início", na luz espiritual de uma "realização divina do ser".

Aí, avaliamos bem o desvio entre o pensamento de Saint-Yves e a doutrina tradicional exposta por Guénon. Sem falar das esquisitices destacadas por Saint-Yves a propósito das atribuições de justiça real que lhe farão admitir equivalências entre as dinastias egípcias, especialmente a dos Ramsés, "que eram nazarenos, iniciados leigos vindos dos templos da Etrúria"[157] e que o farão descobrir a presença de Melquisedeque em outras tradições além daquela do judaico-Cristianismo como entre esses iniciados egípcios: "No próprio Egito, os historiadores gregos relatam que eles usavam o nome de Larthes, quer dizer, em língua etrusca, o equivalente da palavra Melquisedeque ou Rei da Justiça".

Mais ainda, ele toca naquilo que poderíamos chamar de característica "melquisedequiana" de César — e não de Deus, notemos — em sua

---

155. *Ibid.* Sublinhado por nós.

156. *Op. cit.*, t. I, cap. X, "Le césarisme assyrien, les ortodoxes abramides ou néo-famides", p. 345.

157. *Ibid.*, t. I, cap. XII, "Moïse. Orphèe. L'Exode", p. 436.

interpretação da famosa resposta de Jesus: "Dai a Deus o que é de Deus e a César o que é de César". Encontramos aí a divisão conceitual entre Guénon e Saint-Yves, a propósito da Tradição e do rei de Salém. No primeiro, trata-se de perspectivas metafísicas com seus reflexos simbólicos na ordem desse mundo; no segundo, há sempre uma redução exegética ao domínio temporal, à justiça do poder temporal. Assim, para "César" a quem o autor das *Chaves do Oriente* atribui o "governo da humanidade" — o que ninguém contesta — mas com a "verdadeira coroa": a de Melquisedeque e de todos os antigos reis de Justiça do ciclo de Ram"...[158] "os antigos reis até Melquisedeque eram reis de Justiça e não reis de Força".[159]

Sentimos um pouco a vontade de acrescentar: "O que ele sabe a respeito?". Basta ver inscrito a palavra "justiça" para inferir alguma representação melquisedequiana. Então é preciso relacionar esse princípio igualmente aos Essênios de Qumran*, com o "Mestre de Justiça", a todos os justos, com certeza, da tradição de Israel, os *Tsadikim*, mas também a todos os tribunais do mundo. Há sempre, portanto, o risco de "derrapagem" no pensamento, por imprecisão, quanto à realidade metafísica do *Dharma*, e da ficção que traduz sua realização neste mundo, e, no princípio, *sub specie aeternitatis*.

É ainda a confusão político-social que decorre dessa *imprecisão de ordem doutrinal*, e que explica por que aqueles que, muito mais tarde, se referirão à sinarquia[160] e a Saint-Yves, não sairão mais das estruturas políticas, ... aquelas que obedecem ao "Príncipe deste mundo" e não ao Rei do Mundo, iludidos que serão por sua própria inteligência governante e organizadora. Tal é, aliás, o deslize para o gosto do "poder". Como esse apelo já havia repercutido no Éden, adivinhamos quem foi seu inspirador e beneficiário... Por aí, compreendemos que uma realidade como a idéia de "tradição" ou de "reino de justiça" concebida em uma de suas aplicações mais contingentes possa, por esquecimento do essencial, chegar a não representar senão o inverso daquilo que deveria significar efetiva e inicialmente. Guénon teria a esse respeito lembrado as duas "faces de Metraton", Mikael e Samael, como justamente ele colocou em evidência na obra tão freqüentemente citada durante nossa pesquisa, e a mais "melquisedequiana" de todas: *O Rei do Mundo*.

Saint-Yves transporá o mesmo "programa", se podemos dizer, ao ensinamento de Cristo:

---

158. *Ibid*., t. I, cap. XIII, "Constitution synarchique d'Israël. Conseil de Dieu. Conseil des Dieux. Conseil des Anciens. Science de Moïse", p. 478.

159. *Ibid*., p. 459.

*N. E.: Sugerimos a leitura de *O Mistério do Pergaminho de Cobre de Qumran — O Registro dos Essênios do Tesouro de Akhenaton*, de Robert Feather, Madras Editora.

160. *Cf*. Jean Saunier, La Synarchie, Grasset, coleção "Histoire des personnages mystérieux et des sociétés secrètes", 1973.

> ... Assim Jesus pregará nas sinagogas o antigo Evangelho de Realeza e Reino de Deus, o programa social trinitário de Melquisedeque, dos abraâmidas, de Moisés[161].

O trinitário em questão não diz respeito à "trindade" em um só Deus, mas bem evidentemente a esse triplo conselho que evocamos antes: o *Conselho de Deus* mantido pelo corpo sacerdotal "guardião da síntese esotérica das ciências" (t. I, cap. VI, 205, *op. cit.*), o *Conselho dos Deuses* formado pelos iniciados leigos, e do qual fazem parte "os soberanos, vice-reis, reis e imperadores" (*ibid.*, p. 206) que exercem a justiça arbitral, e finalmente o *Conselho Social e Familiar* dos pais e mães de família (p. 206).

Ora, é significativo que Saint-Yves afete o segundo concerto, chamado de justiça arbitral Melquisedeque, e não no corpo sacerdotal:

> O último representante dessa antiga ordem arbitral do Carneiro e do Cordeiro, dessa antiga soberania sacerdotal de Justiça, estará em Salém, Melquisedeque (p. 206).

De qualquer maneira, é preciso reconhecer ao autor de tantos ensaios extensos sobre um registro surpreendente — desde a tragédia, a tradição cabalística, até os estados gerais do sufrágio universal, passando pela missão dos operários, a missão da Índia, os Soberanos, o Arqueômetra... ou a utilidade das algas marinhas!, etc. — a consciência de uma Tradição das origens representadas, ao menos em uma parte, pelo rei de Salém e veiculadas pelo sacerdócio real. Como notava Jean Saunier em sua introdução a *Chaves do Oriente*:[162]

> O certo é que as convergências doutrinais que Saint-Yves quer ilustrar procedem de um método que não deixa de prefigurar o de René Guénon, em *Oriente e Ocidente*... E o encontro merece ser sublinhado, tanto que encontraremos outro comparável a propósito da *Missão da Índia* e do *Rei do Mundo*.

Da nossa parte, poderíamos acrescentar ainda que o mesmo ocorre para o conceito da Tradição Primordial na obra de René Guénon, exatamente no *Rei do Mundo*, a propósito de Melquisedeque e não obstante as reservas indicadas anteriormente e com referência ao aspecto sociopolítico ou ao fluxo doutrinal da função do rei de Justiça e de Paz.

Raciocínio, portanto, que se inscreve dentro da linha da nossa pesquisa para aí contribuir com a sinceridade de um homem "visionário", missionado segundo ele e sem que se possa separar o que depende do onirismo daquilo que necessita de um ensinamento do qual ignoramos as fontes; Jean Saunier, sozinho, descobriu sua origem. Raciocínio, com certeza, que escreverá para justificar sua *Missão dos Judeus*:

---

161. *Mission des Juifs*, t. II, cap. XV, "Prise de Jérusalem. Suite de la monarchie politique. Séparation des Tribus...", p. 322.
162. P. 25.

> Na *Missão dos Judeus*, eu me dirijo aos sábios talmudistas, aos cabalistas, aos essênios, aos názires, não como um estranho, mas também como um deles, *possuindo a ciência oral deixada pelo próprio Moisés*.
>
> Ajo assim porque lhes demonstro, apoiado na história do mundo e na deles, que a sinarquia, *o governo arbitral, trinitário, tirado das profundezas da iniciação* de Moisés e de Jesus, é a própria Promessa dos israelitas, como a nossa, e o triunfo mesmo de Israel pela cristandade.
>
> ... *Essa verdade, eu não a dou a nenhum centro de iniciação atualmente existente, mas apenas a um morto que possua a Tradição*.
>
> ... Entre os cristãos como entre os israelitas, entre os muçulmanos como entre os hindus brahmanistas, entre os tibetanos, entre os parsis, entre os chineses, alguns Sábios conhecem ainda *fragmentos da total Verdade*, da qual eu falo, sem querer levantar o véu mais do que o necessário. Jamais a cadeia da Tradição foi rompida senão pelo vulgar e por ele...[163]

Essa exegese que seria preciso ler atentamente, e por inteiro, talvez responda às questões que ainda poderiam ser levantadas quanto à "transmissão" de uma ciência tradicional; com relação à Tradição Primordial e a Melquisedeque, ela não deixa de ter uma analogia evidente com aquilo que René Guénon diz.

Para nós, existe outra coisa a tirar de Saint-Yves: saber que sua *Missão dos Judeus*, por mais interessante que seja para consulta no âmbito de nosso estudo, não deixa de ser o receptáculo de outras percepções "futuras" sobre Israel e o Cristianismo, sobre o papel secreto de uma simbiose judaico-cristã, escatológica com certeza, mas cuja iminência pressentimos atualmente, simbiose inclusa, aliás, na manifestação última da tradição melquisedequiana sob sua forma última, o ápice de nosso ciclo, de "Jerusalém Celeste".

163. *Mission des Juifs*, prefácio, pp. 3, 4 e 5.

— XVII —

Uma volta ao passado: os livros enoquianos

Destacamos o lado feérico e lendário da história "melquisedequiana" entre os místicos católicos germânicos, relacionando com os primeiros relatos judaico-cristãos e os das veias gnósticas, ou das transmissões siríacas... Existe aí muita coisa para desconcertar o leitor. Tanto a permanência do mito se mostra tenaz, a ponto de não podermos deixar de concluir outra coisa que não seja como uma ficção, mas é realmente um mistério murmurado de geração em geração. Porém, não gostaríamos de deixar este inventário das glosas sem fazer um teste na literatura apócrifa dos primeiros séculos que se dedicou a formular revelações sobre o rei de Salém e a quem talvez devamos essas persistências lendárias no decorrer dos tempos.

Temos um exemplo no *Livro dos Segredos de Enoch*, prolongamento do *Livro de Enoch* judeu e que, próximo pelo conteúdo e pela inspiração da *Visão de Isaías*, é um livro apócrifo importante nas origens. O texto grego foi perdido, mas existe uma tradução em velho eslavo dos séculos X e XI, da qual nos serviremos graças à recente tradução feita em francês por A. Vaillant.[164]

Não nos demoraremos em apresentar o manuscrito longa e sabiamente comentado na introdução que Vaillant lhe dedica e à qual nos referimos.

Sabemos que a reunião dos materiais relativos a esse livro, por Matvey Sokolov, prosseguiu por 24 anos até 1906, e que esse Enoch judaico-cristão era a continuação e a contrapartida cristã do Enoch judeu anterior, com o qual tem estreitas relações. Vamos ainda precisar que esse Enoch judeu foi conservado por inteiro em sua tradução etíope e em parte em fragmentos gregos bastante extensos e em um curto fragmento latino; da mesma forma,

164. *Le livre des secrets d'Hénoch*, texto eslavo e tradução francesa por A. Vaillant, professor honorário do Colégio de França, diretor de estudos da Escola Prática de Altos Estudos, editado pelo Instituto de Estudos Eslavos, 1976.

existe ainda um *Livro de Enoch* ou *Livro dos Segredos de Enoch* em hebreu, mas "posterior ao Enoch cristão e que nele se inspirou".

Para dizer a verdade, se o Enoch cristão prolonga o Enoch judeu mas cita outro apócrifo judeu: o *Livro de Adão e de Seth*, ele se afasta daí em vários pontos, referentes à misericórdia a respeito das faltas dos "Guardiões" do livro de Daniel (4: 13, 17, 23); em todo caso, o assento tipicamente cristão explica sua preferência em Orígenes, que o cita ao lado do Pastor de Hermas.[165]

Ora, é justamente a propósito de Melquisedeque que o Enoch judeu vai "plagiar" Cristo nesse *Noé-Melquisedeque* que, de alguma maneira, esvazia o caráter "único" do nascimento de Cristo e levanta um problema, aquele mesmo que repercutirá nas reticências cristãs com relação a Guénon, como veremos posteriormente. Citamos:

> O Enoch judeu, após a condenação impiedosa dos crimes dos Guardiões, responsáveis pelo dilúvio, termina com o relato do nascimento de Noé, o "consolador" que salvará a humanidade (CVI-CVII); mas Noé, criança maravilhosa, continua filho de Lamech: no fim do segundo Enoch, o mesmo nascimento milagroso (cap. XXIII), mas aqui a criança é enviada por Deus e não é filha de nenhum homem: é Melquisedeque, o *sacerdos in aeternum* do Salmos, 100: 4, o Melquisedeque da Epístola aos Hebreus 5: 6, etc., a prefiguração de Cristo, nascido de uma mulher, sem pai carnal, como Cristo, "que não foi feito segundo a lei de uma ordenança carnal" (Hebreus, 7: 16); e a imitação do nascimento de Cristo é tão flagrante que é seguramente a razão pela qual o segundo revisor eslavo, ocupado em transcrever o apócrifo em eslavônio correto, parou bruscamente, temendo o sacrilégio.[166]

De fato, o revisor parou seu trabalho diante da lenda do nascimento milagroso de Melquisedeque (cap. 23 do Enoch judeu), o que torna os relatos de Nir (cap. XXII) e de Matusalém (cap. XXI e XXII) desprovidos de sentido.

Na versão cristã, existe um empréstimo inegável das versões anteriores e, por causa disso, levando em conta o assunto, da terminologia própria ao Antigo Testamento, os empréstimos ao Evangelho parecem ser objeto de uma transposição:

"Um conhecimento direto do hebreu está indicado pelos nomes próprios". Mas principalmente (e assim vamos diretamente ao nosso assunto) o livro

> conta com sabedoria e uma preocupação visível com a arte uma história maravilhosa que é tradicional desde o Enoch judeu, e do

165. A. Puech, *Histoire de la littérature grecque chrétienne*, t. II, p. 89 sq.
166. Introdução de Vaillant à tradução do *Livro dos Segredos de Enoch* (*op. cit.*, p. XI).

> qual ele sente e sabe fazer sentir toda sua grandeza: o arrebatamento de Enoch, a revelação que lhe foi feita dos segredos dos céus, sua entrevista com Deus, sua missão junto aos homens, seu papel de escriba no céu. *Ele inventa uma outra história, a de Melquisedeque de um simbolismo transparente marcando a continuidade da Igreja em seus sacrificadores, daqueles da Lei Antiga até o Sacrificador por excelência, o novo Melquisedeque da Epístola aos Hebreus.*[167] Ele só será criticado por sua abundância na pregação moralizadora: os discursos de Enoch a seus filhos e ao povo são longos (cap. XIII-XVII), com repetições e despedidas reiteradas antes de deixar a terra parecendo mais prolixas que comoventes.

Vamos citar agora as passagens que interessam mais especialmente ao nosso estudo lembrando, porém, que, na história a seguir, Nir é o segundo filho de Lamech, aquele que Matusalém ao morrer designa ao povo nestes termos: "Este é Nir, ele será em face de vós, a partir de hoje, o guia dos príncipes".

> E eis que a mulher de Nir, Sofonin, estéril, e que não havia dado filhos a Nir, e Sofonin estava no tempo da velhice e no dia da morte, e ela concebeu de seu ventre; ora, Nir o sacerdote não havia dormido com ela desde o dia em que o Senhor o havia colocado perante o povo. Sofonin teve vergonha e se escondeu todos os dias, e ninguém do povo sabia disso. E ela estava no dia do parto, e Nir se lembrou de sua mulher e a chamou para ele em sua casa para conversar com ela. E Sofonin foi junto de seu marido (Nir), e eis que ela estava grávida no tempo do parto. E, ao vê-la, Nir teve vergonha dela grandemente, e lhe disse: "Por que fizeste isso, mulher, e me desonrou diante da face de todo o povo? E agora vá para longe de mim, vá para onde concebeste a vergonha de teu ventre, para eu não sujar minhas mãos sobre ti e não peque perante o Senhor". E Sofonin respondeu a seu marido dizendo: "Veja, meu senhor, o tempo da minha velhice, e não houve em minha juventude (fuga) e eu não sei como foi concebida a indecência de meu ventre". (E) Nir não acreditou nela, e Nir lhe disse uma segunda vez: "Vá para longe de mim com medo de que eu bata em ti e que eu não peque perante o Senhor".

Ouvindo as reprimendas de seu marido, Sofonin caiu morta aos seus lados. Aflito, Nir se precipitou para a casa de Noé, seu irmão, a quem relatou tudo o que acabara de acontecer. Noé, por sua vez, apressou se e foi à casa de seu irmão.

---

167. Sublinhado por nós.

> O aspecto da mulher de seu irmão (era) de morte, e suas entranhas, em tempos de parto. E Noé disse a Nir: "Não te desole, meu irmão Nir, pois o Senhor cobriu hoje nossa vergonha, pois que ninguém do povo sabe disso; e apressemo-nos, (e) vamos enterrá-la, e o Senhor cobrirá nossa indecência". E eles colocaram Sofonin em uma cama, (e) a vestiram com vestes negras, fecharam a porta, e cavaram tumbas secretamente.

O romance "sombrio" ainda não acabou: a criança saiu do cadáver de Sofonin, a qual os irmãos se apressavam para sepultar. Foi então que eles descobriram a criança.

> Noé e Nir ficaram muito assustados: pois a criança era acabada de corpo, falava por sua boca e bendizia o Senhor. Noé e Nir a examinaram (bastante), dizendo: "Isto é do Senhor, meu irmão". E eis que o selo do sacerdócio (estava) sobre seu peito e glorioso de aspecto. E Noé disse a Nir: "Irmão, eis que o Senhor renova a morada de santificação depois de nós". Nir e Noé se apressaram, e eles lavaram a (pequena) criança, e a vestiram com vestes de sacerdote. E ele lhe deu os pães da bênção, e ela comeu. E eles a chamaram pelo nome de Melquisedeque. E Noé e Nir pegaram o corpo de Sofonin e a despiram das vestes negras (e) lavaram seu corpo e a vestiram com vestes brilhantes (e) que escolheram. E construíram para ela um novo túmulo, e Noé, Nir e Melquisedeque foram e a sepultaram (com honra) publicamente. E Noé disse a seu irmão: "Guarda a criança escondida até o momento (favorável), porque o povo se tornou mesquinho sobre toda a terra, e de qualquer maneira, vendo-a, eles a farão morrer". E Noé voltou ao seu lugar (de habitação).

Foi a vez de Nir se lamentar em razão das iniqüidades de sua época e de invocar o Senhor para saber o que fazer com a criança em tais circunstâncias e levando em conta a proximidade do julgamento.

Ele se dirigiu então a Deus em oração nestes termos:

> "O que farei com ela, para que não fique retida como nós nesta destruição?". O Senhor ouviu Nir, e lhe apareceu em uma visão noturna, e lhe disse: "Eis que já, Nir, uma grande perdição ocorreu sobre a terra: eu não sofrerei mais e não a suportarei mais. Eis que eu penso que fazer cair logo uma grande destruição sobre a terra; mas para a pequena criança não se preocupe, Nir, porque eu, em pouco tempo, enviarei meu arquiestrategista Miguel, e ele pegará a criança e a colocará no paraíso do Éden. (E) ele não perecerá com aqueles que devem perecer, e eu lhe mostrei que será meu sacerdote dos sacerdotes, Melquisedeque para sempre,

> e que o santificarei, e o transformarei em um grande povo que me santificará".

Nir se "levantou de seu sono" e bendisse o Senhor com essas palavras, anunciando Melquisedeque:

> "Bendito o Senhor, o Deus de nossos pais, que não repreendeu meu sacerdócio no sacerdócio de meus pais, porque tua palavra criou um grande sacerdote na matriz de Sofonin, minha mulher. Pois eu não tinha descendência, e esta criança me deu lugar de descendência e se tornará como meu filho, que tu o contarás no número de teus servidores, de *Sonfi* e *Onoch* e *Rusi* e *Milan* e *Séruch* e *Arisan*, *Nail* e Enoch e Matusalém e teu servidor Nir e Melquisedeque será a cabeça dos sacerdotes em uma outra raça. Sei de fato que essa raça acabará na confusão e que todos perecerão, e Noé, meu irmão, será conservado nesse dia para as procriações, e de sua raça se levantará um povo numeroso, e Melquisedeque se tornará a cabeça dos sacerdotes em um povo de monarquia que te serve, Senhor".

A criança continuou 40 dias na morada de Nir; a partir de então, o Senhor se dirige a Miguel e lhe diz:

> "Desça sobre a terra junto de Nir, o sacerdote, e pegue a criança Melquisedeque que está com ele e coloque-a no paraíso do Éden em guarda. Pois já o tempo se aproxima, e eu despejarei todas as águas sobre a terra, e tudo aquilo que está sobre a terra perecerá, e eu o reerguerei em uma outra raça, e *Melquisedeque estará à frente dos sacerdotes nessa raça*". E Miguel se apressou e desceu voando à noite. E Nir dormia em sua cama à noite. Miguel lhe apareceu e lhe disse: "Assim fala o Senhor a Nir: Devolva-me a criança que confiei a ti". E Nir não reconheceu aquele que lhe falava e seu coração estava perturbado: "Será que, disse ele, o povo informado da criança a tomará e a matará? Pois o coração do povo se tornou perverso diante da face do Senhor". E ele respondeu a Miguel e disse: "Não existe criança comigo e eu não conheço aquele que fala comigo".

Miguel vai tranqüilizar Nir:

> Não tenha medo, Nir, eu sou o arquiestrategista do Senhor, o Senhor me enviou, e eis que eu tomarei teu filho hoje e irei com ele e eu o colocarei no paraíso do Éden". E Nir não lembrou do primeiro sonho e acreditou, e respondeu a Miguel: "Bendito (é) o Senhor que te enviou hoje a mim, e agora abençoa teu servidor Nir, e toma a criança e faz dela tudo aquilo que te foi dito". E Miguel colocou a criança (Melquisedeque) e, nessa noite sobre

> suas asas, ele a levou no paraíso do Éden. E Nir se levantou de manhã, e foi pela casa, não encontrou a criança. E houve alegria e tristeza para Nir grandemente, porque ele tinha a criança no lugar de um filho...[168]

Assinalemos enfim que o tradutor do texto eslavo do qual reproduzimos um longo trecho relativo ao "milagre de Melquisedeque" faz seguir a tradução de um anexo que trata das *audições do revisor*. Eis então as passagens relativas ao capítulo XXIII do livro e conseqüentemente sobre Melquisedeque:

> ... e ele o colocará no paraíso do Éden, *no paraíso (terrestre), onde Adão havia morado antes durante sete anos, ele que tinha os céus abertos sempre até o seu pecado.* E *essa criança* não perecerá com aqueles que perecem *nessa geração*, porque eu mostrei *que ele* seria o sacerdote dos sacerdotes *santificados, em todos os casos Melquisedeque*, e eu o estabelecerei *para que ele seja a cabeça dos sacerdotes que existiram anteriormente.*[169]

Outra particularidade é revelada no texto:

> ...e *esse* Melquisedeque será *a cabeça dos 13 sacerdotes anteriores. E em seguida, na última raça, haverá um outro Melquisedeque.*

Tal é, portanto, nesse livro, o termo dos treze sacerdotes.

> E depois haverá a cabeça de todos, o grande sacerdote do supremo, verbo de Deus e poder para fazer grandes milagres mais gloriosos que todos aqueles que já aconteceram. Esse *Melquisedeque será sacerdote e rei no lugar de Achouzan, quer dizer no centro da terra, onde foi criado Adão*, e lá onde futuramente será seu túmulo. E sobre esse grande sacerdote está escrito por antecipação que ele será também sepultado nesse lugar que está no centro da terra; da mesma forma que Adão sepultou aí seu filho Abel, que seu irmão Caim matou, pois ele ficou três anos sem ser sepultado, até que ele viu como o pássaro chamado corvo enterrou seu pequeno. Eu sei que uma grande confusão veio, e que essa raça acabará na confusão e tudo perecerá, exceto Noé meu irmão que será conservado, e, em seguida, de sua raça haverá procriação, e haverá um outro povo, e haverá um outro Melquisedeque, cabeça dos sacerdotes no povo, sendo rei e servindo o Senhor.

168. *Livre des secrets d'Hénoch*, cap. XXVIII.
169. Passagens sublinhadas por nós.

Finalmente, é dada a nós uma última precisão sobre Melquisedeque:

> "... *e eu o colocarei no paraíso do Éden, e lá ele permanecerá para sempre*. E quanto for a décima segunda geração, e ele tiver 1.070 anos, um homem justo nascerá nessa geração. E o Senhor lhe pedirá para subir sobre essa montanha, onde ficará a arca de Noé, teu irmão. E aí ele encontrará um outro Melquisedeque, tendo vivido aí sete anos escondendo-se do povo idólatra, para que eles não o fizessem perecer. Ele o levará, e ele será primeiro sacerdote e rei na cidade de Salém, origem de sacerdotes à imagem desse mesmo Melquisedeque. Esse tempo se cumprirá até 3.432 anos depois do início e a criação de Adão, e desse Melquisedeque mesmo haverá sacerdotes em número de 12 até o grande abade, quer dizer guia, que produziu todas as coisas visíveis e invisíveis". E Nir se lembrou do primeiro sonho...[170]

Vemos por essa abundante citação que o *Livro Secreto sobre o Arrebatamento de Enoch o Justo* é de uma importância capital para compreender o papel reservado ao rei de Paz e de Justiça entre os judaico-cristãos, e a natureza de sua "função", transmissível de geração em geração desde o paraíso — a Tradição Primordial — mas única na denominação de Melquisedeque.

Vamos reter do texto que acabamos de citar um certo número de "chaves" que serão utilizadas por Guénon quando ele tratar de Melquisedeque e da Tradição Primordial: criação adâmica, paraíso, centro da Terra, arca, instituição sacerdotal duodecimal, enfim Salém e Melquisedeque.

---

170. *Op. cit.* Passagens sublinhadas por nós.

— XVIII —

Crítica contemporânea da tese guenoniana

Críticas católicas

Saltaremos agora e a propósito do tempo dos Apócrifos para a época moderna, para acusar os contrastes conceituais. Assim, o escritor católico e maçônico Allec Mellor acertará o passo com o cardeal Daniélou — ao qual logo vamos nos referir — quando ele resumir brevemente, em seu *Dictionnaire de la Franco-Maçonnarie et des Franco-Maçons* [Dicionário da Franco-Maçonaria e dos Franco-Maçons],[171] a biografia de René Guénon. Ele escreverá com efeito:

> Sua hipótese de uma *pretensa Tradição Primordial* nada tem de original, *apesar do pedantismo com o qual certos guenonianos a apresentaram*. É a idade de ouro das cosmogonias antigas. Do ponto de vista filosófico, *ela é uma pura visão do espírito. Do ponto de vista histórico, a hipótese permanece não demonstrada e mesmo contradita pela ciência do homem. Do ponto de vista religioso, é um contra-senso sobre a revelação primeira e a Queda...*[172]

É veredicto sem nuanças, nem apelação.

Porém, desde 1953, o cardeal Daniélou, então padre Daniélou, havia desenvolvido com mais detalhes sua crítica da idéia guenoniana relativa à Tradição Primordial. Com efeito, lembraremos que Guénon via nessa Tradição original a perfeição tradicional de alguma maneira, ou a *Verdade*, e que as tradições posteriores lhe pareciam:

— por um lado, tirar da filiação com a Tradição Primordial sua "regularidade" e, desse fato, sua autenticidade e sua legitimidade;

171. Édit. Pierre Belfond, "Sciences secrètes", 1971.
172. Sublinhado por nós.

— por outro lado, e mesmo sob a reserva precedente, não poder alegar senão um grau secundário de integridade ou de capacidade para levar seus representantes ao objetivo fixado: a origem e o "homem integral" ou mesmo o "homem universal".[173]

Essa perspectiva postula com certeza em favor das adaptações providenciais no decorrer do tempo, mas ao mesmo tempo implica enfraquecimento cada vez mais "acentuado" durante o ciclo. É com uma *curva descendente e regressiva* que vamos lidar em Guénon.

O padre Daniélou, ao contrário, amplificando a revelação cristã e seu caráter único, vê na sucessão das alianças uma *progressão*. Assim, as alianças de Deus com os homens que precederam Abraão e Jesus,

> representam uma forma autêntica de religião, a manifestação de Deus através da regularidade dos ciclos cósmicos, que corresponde à aliança noáquica. Mas esta primeira aliança fica daí em diante desvalorizada quando uma nova e melhor aliança ocorre.[174]

Quem não vê, portanto, o perigo dessa tese para o Cristianismo? Se a aliança concluída com Cristo é superior àquela feita com Moisés, e esta é superior àquela acontecida com Abraão, pois a de Abraão por sua vez é superior à aliança noaquita, sem dúvida não podemos mais falar de uma primazia da Tradição Primordial como Guénon o fez... Mas, em compensação e logicamente, é *preciso admitir também, como assinalamos de passagem e seguindo o mesmo raciocínio, a mesma linha ascensional das revelações sucessivas durante os tempos, que o Islã é superior ao Cristianismo e a todas as tradições precedentes*... Esse é verdadeiramente o pensamento dos muçulmanos, mas duvidamos que ele possa ter acolhido a simpatia do padre Daniélou![175] Daí a afirmação de certos muçulmanos xiitas: "O Cristianismo é o e Judaísmo em marcha, e o Islã é o Cristianismo em marcha".

O padre Daniélou contestará também o argumento avançado por Guénon para justificar uma origem comum para as diferentes tradições, a saber os parentescos simbólicos. Citamos:

---

173. Ver na obra de R. Guénon as definições desses dois termos.

174. *Essai sur le Mystère de l'Histoire*, Paris, Seuil, 1952, cap. VIII, p. 116. Reproduzimos as passagens a seguir, ou algumas delas, em *Propos sur René Guénon* (Dervy-Livres, 1973), e elas foram citadas por outros autores que tratam de Guénon, de seu pensamento ou de sua Obra (*cf.* Bibliografia).

175. Sem fazer intervir esse curioso reflexo de "promoção" das revelações que traduz uma mentalidade afinal informada pelo tabu do "progresso" e da ciência, o padre teria podido observar que existe... apenas uma aliança bíblica com uma realização, ou melhor, apenas um testamento contínuo, no qual a Nova Aliança é a realização, ou ainda, guardando sua representação geométrica linear ascensional, ele poderia extrair daí o Cristianismo, como um revelador da... Tradição Primordial.

— sobre as tradições que dispõem de símbolos parecidos:

> Isso nos leva a uma observação importante: as diferentes tradições nos apresentam os mesmos símbolos ou símbolos parecidos. A que atribuir essa permanência? A concepção de uma transmissão positiva a partir de uma origem comum é pouco aceitável. Talvez Guénon — e esse é um dos pontos contestáveis de sua concepção — pareça às vezes sustentá-lo.

— sobre o Cristianismo e a Tradição Primordial:

> Dentro dessa simbologia tradicional, Guénon coloca a simbologia cristã. Ele aproxima a simbologia da Cruz na Índia e no Cristianismo. Ele observa que os doze apóstolos atestam a importância dada a este número, que aparece por outro lado na doutrina dos signos do zodíaco. A roupa branca do papa atesta o valor da cor branca que encontramos em todas as religiões. Com certeza, existem analogias. Elas levam Guénon a ver no Cristianismo uma das formas da Tradição Primordial e a se interessar no Cristianismo por aquilo que é comum às outras tradições. É aí que nós começamos a não mais poder segui-lo. O Cristianismo reconhece perfeitamente a existência de uma simbologia natural, que se liga à religião cósmica, quer dizer, a essa revelação de Deus através do mundo visível que é acessível a todos os homens, de que falamos anteriormente.

Para o religioso católico, o Cristianismo é algo bem diferente disso. É a irrupção de Deus na história; um evento radicalmente novo, escreve ele.

Aqui se produz uma dicotomia relativa ao "sentido" da Cruz, uma divergência quase absoluta quanto ao significado da Cruz:

> ... Se a cruz tem tal importância para ele, não é, para começar, por causa de seu valor simbólico e sim porque sobre um lenho composto de dois pedaços de madeira Cristo foi colocado à morte. É esse o dado histórico primeiro. Como esse madeiro tinha vagamente a forma de uma cruz, a liturgia se encarregou posteriormente de todo o simbolismo natural da cruz, como significando as quatro dimensões ou o eixo do mundo. Por isso, ficou marcado que a cruz de Jesus Cristo tinha valor de redenção universal. Mas esses simbolismos vêm em segundo lugar em relação aos fatos históricos. *É essa importância do Cristianismo como novidade absoluta que Guénon desconhece totalmente.*[176]

Continuemos esta citação de alguns extratos do capítulo X "Simbolismo e história", da mesma obra do padre Daniélou:

---

176. *Op. cit.*, pp. 122 e 123.

> E podemos dizer que é precisamente a incerteza que reina a esse respeito que explica o descrédito que grassa o conhecimento simbólico. Ele aparece como não sendo suscetível de um vigor suficiente para que lhe possamos dar crédito.
>
> É preciso reconhecer que de fato os símbolos apresentam sempre certa polivalência. Assim, a noite é tão bem suscetível de significar o mundo da morte e do mal como o da transcendência. As águas são ao mesmo tempo a figura do poder criador e do poder destruidor. Isso explica por que encontramos significados diferentes em meios diversos. E essa polivalência tem a vantagem de impedir que o simbolismo seja reduzido a uma álgebra simplista.

Finalmente, chegamos à refutação de uma tradição primitiva ou primordial:

> Outra interpretação consistia em ver nessa comunidade de representação os vestígios de uma tradição comum primitiva mais ou menos degradada. Assim, os vários relatos do Dilúvio seriam os resíduos de uma tradição a respeito de um evento histórico anterior à separação das diversas raças.
>
> Todas essas explicações são insuficientes. É preciso chegar à conclusão de que a comunidade dos símbolos nas diversas religiões é a expressão de etapas paralelas e que conseqüentemente ela está ligada ao conteúdo objetivo dos próprios símbolos.[177]

É verdade que o autor não nega a retomada dos símbolos próprios às tradições anteriores e essa será para ele a ocasião, desta vez, não mais de integrar o Cristianismo na curva ascensional das tradições, mas de lhe dar um caráter único incomparável, que não faz dela mais uma longínqua descendência da Tradição Primordial, mas a Tradição perfeita e divina. Assim:

> ... ao ultrapassar a religião cósmica, a religião mosaica e crística não a destrói, mas a assume. E isso é importante para nós, pois explica a retomada pela religião bíblica dos símbolos da religião cósmica para torná-los signos de suas próprias realidades. Já observamos isso nos relatos de Gênesis.
>
> Essa retomada dos símbolos da religião cósmica foi praticada pelo próprio Cristianismo em relação às religiões helenísticas. A fé cristã é a fé no acontecimento histórico de Cristo morto e ressuscitado, que nada tem a ver com o tema dos deuses mortos e ressuscitados das religiões de mistério, expressões do ritmo bioló-

177. *Ibid.*, pp. 129 e 130.

gico da alternância das estações. Mas é verdade que o Cristianismo retomou alguns temas dessas religiões para carregá-los com seu significado original. O nascimento de Cristo é um evento histórico único e irreversível.[178]

Este é, portanto, bem o fundo do pensamento do teólogo: as perspectivas de Guénon que lhe parecem radicalmente incompatíveis com o Cristianismo pelo fato de esvaziarem "com efeito aquilo que está em seu próprio conteúdo — a afirmação do caráter absolutamente privilegiado da ressurreição de Jesus Cristo".[179]

Vamos encontrar essas "reticências cristãs" expostas mais firmemente ainda pelo cardeal Daniélou em sua entrevista ao jornalista da revista *Planète*, no número dedicado a René Guénon, em 1970. Eis alguns trechos sintomáticos:[180]

> *Penso que Guénon se engana totalmente quando vê no Cristianismo uma das expressões da Tradição Primordial, ou, digamos de uma maneira mais geral, um dos processos de expressão da dimensão metafísica.* Parece-me, portanto, que nesse nível ele desconheceu totalmente o que constitui a natureza própria do Cristianismo, pois este não surge de uma certa aquisição metafísica das dimensões permanentes do homem. Ele procede da própria intervenção de Deus na história humana. Quer dizer algo que apresenta de maneira absolutamente necessária um caráter de historicidade, no sentido de que se trata de alguma coisa que está inscrita na história e no tempo, e que na mesma ocasião apresenta um caráter de contingência que marca um progresso em relação àquilo que precedeu.

O padre Daniélou não hesita em opor a esse tema metafísica e profecia; percebemos isso pela citação a seguir de sua obra:

> Há em Guénon uma espécie de alergia a tudo o que é histórico; o que o faz desconhecer de fato que *aquilo que é histórico não é necessariamente a expressão de uma espécie de degradação do eterno*, mas que a história pode ser o lugar da realização de um desejo divino que se desenvolve progressivamente. Podemos dizer que é isso o que constitui a própria essência das religiões bíblicas, do Judaísmo a princípio e do Cristianismo em suas diferentes formas em seguida. É precisamente nisso que a dimensão

178. *Ibid.*, pp.137-138.

179. *Ibid.*, p. 126.

180. Revista *Planète-Plus*, número especial de 15 de abril de 1970: "L'homme en son message, René Guénon", Jean Daniélou, S.J., "Réticences chrétiennes", pp. 127 a 133.

profética se opõe à dimensão metafísica. A metafísica é aquilo que capta os aspectos permanentes da natureza humana e a profecia é o que capta essa realização.

Ocorre uma nova negação dessa Tradição mãe que poderia preceder o Cristianismo como todas as outras tradições religiosas:

> *Eu diria, para encerrar este ponto, que é pena ele não ter percebido que existia na tradição judaico-cristã a manifestação de uma dimensão própria à realidade humana em sua relação com Deus. É isso que faz com que as religiões bíblicas, e o Cristianismo em particular, não sejam, de maneira nenhuma, formas da Tradição Primordial, mas são o surgimento de alguma coisa nova que introduz assim a existência humana em uma nova dimensão.*[181]

Para o padre Daniélou, torna-se evidente que a obra de Guénon dá, portanto, da realidade religiosa total uma visão mutilada.

> *Quanto à superioridade direta do Cristianismo, que Guénon não lhe reconhece, ela vem da própria encarnação do Verbo. Ela é única e só pode ser universal, pois é a única a trazer aos homens a revelação de Deus feito homem, não em diferentes manifestações, como no Hinduísmo, mas em um homem particular, Jesus Cristo, que se torna o nosso Salvador.* Entendo o Salvador da Humanidade inteira, esta devendo ser levada em sua totalidade ao reconhecimento do fato único e irreversível de Jesus Cristo, a fim de alçar a parúsia.

A permanência dos símbolos não constitui aos olhos do autor um argumento decisivo em favor da Tradição primeira. Ele escreve isso nitidamente:

> *As diferentes tradições nos apresentam exatamente os mesmos símbolos, ou símbolos muito parecidos. De onde vem essa permanência? Eu repito, a concepção de uma transmissão positiva a partir de uma origem comum é pouco aceitável.* É mais satisfatório ver aí, com um Mircea Eliade, o fato de que os símbolos são fundados sobre a própria natureza das realidades visíveis e do espírito humano, de maneira que este dá espontaneamente os mesmos significados para os mesmos objetos. *Há, portanto, uma simbologia universal; nessa simbologia, René Guénon faz entrar a simbologia cristã.* Ele aproxima a simbologia da Cruz na Índia e no Cristianismo. Ele observa que os doze

181. Nos textos do padre Daniélou, o itálico indica as passagens que queremos sublinhar.

> apóstolos atestam a importância dada a este número, que aparece por outro lado na doutrina dos signos do zodíaco. *Existem, portanto, analogias certamente. Elas levam Guénon a ver no Cristianismo uma das forças da Tradição Primordial e a se interessar no Cristianismo por aquilo que é comum às outras tradições. Nós evidentemente não podemos segui-lo.*

Com certeza, o padre reconhece perfeitamente a existência de uma simbologia natural, que ele vincula, aliás, à religião cósmica, quer dizer, a essa revelação de Deus através do mundo visível acessível a todos os homens. Todavia, ele observa que se a Cruz tem tal importância para o cristão é por uma razão totalmente diferente daquela para a qual René Guénon apela. De fato, tudo se mantém nesse raciocínio. Através da oposição do sentido a dar à Cruz: *primazia do Crucificado*, único e excepcional, ou *primazia do símbolo* reflexo da Tradição Primordial, não seriam esses dois termos *aparentemente contraditórios* da revelação cristã que encontramos aqui, no caminho de nossa pesquisa? Temos assim definidos:

— o termo *paulino* da encarnação, a morte e a Ressurreição corporal de Jesus, Filho de Deus e Deus;

— o termo *gnóstico* e melquisedequiano de *Christos Angelos* e a antropomorfose divina?

Lembremos:

> Não é a princípio por causa de seu valor simbólico; é porque em um lenho composto de dois pedaços de madeira Cristo foi colocado à morte. Esse é o dado histórico primeiro. Como o madeiro tinha vagamente a forma de uma cruz, a liturgia o carregou, posteriormente, de todo o simbolismo natural da Cruz, como significando as quatro dimensões ou o eixo do mundo. Ficou marcado assim que a cruz de Jesus Cristo tinha o valor de redenção universal. Mas esses simbolismos são secundários em relação aos fatos históricos.

Essa a conclusão do futuro cardeal Jean Daniélou.

O mesmo acontece com a "doutrina dos ciclos", e por seu intermédio a primordialidade de uma tradição, iterativa no essencial, da idade do ouro à idade das trevas, que o padre Daniélou vai empregar para refutar em nome do Cristianismo:

> Penso que a visão de Guénon segundo a doutrina indiana dos *Kalpas*, dos ciclos, que considera existir uma espécie de ritmo que comporta uma decadência progressiva, e em seguida recomeça, procede bem de uma visão cíclica das coisas e dos seres. Esta visão não é absolutamente a do Cristianismo, *que vê no Fim a Redenção, e que recusa também o primado de uma revelação primordial anterior a partir da qual não haveria em se-*

> *guida senão decomposição. Conseqüentemente, se a perfeição está nas origens, é evidente que tudo aquilo que vem e deve ainda vir só pode ser relegado às sucessões dessa "idade das trevas", de que Guénon nos fala.*

Visão muito pessimista e negativa a seus olhos e que não se pode inscrever no pensamento cristão, pois ele nos diz:

> Na perspectiva de uma filosofia cristã da história existem, ao mesmo tempo, bem entendido, elementos de decadência e forças de progresso. Por esse fato, não podemos considerar que o processo da história seja unicamente um processo de desagregação em relação a uma tradição primitiva.[182]

Destacamos propositalmente, na entrevista, as idéias mestras do padre Daniélou e as afirmações do *non possumus* relativamente à aceitação das teses guenonianas sobre a Tradição Primordial, da qual cada um dos monoteísmos — e conseqüentemente o Cristianismo — seria apenas uma expressão derivada.

Resta o papel de Melquisedeque. Veremos posteriormente o que o mesmo cardeal Daniélou definiu como sendo a função melquisedequiana.

Os apoios maçônicos aos conceitos de R. Guénon

Reconhecemos que efetivamente a apresentação tradicional que Guénon faz de Melquisedeque durante toda sua obra o torna suspeito de "desvalorizar" a pessoa de Cristo e a transcendência do Cristianismo, em proveito de um princípio extrapessoal. É o inconveniente do discursivo nas línguas ocidentais.

Em compensação, Jean-Pierre Berthelon (*Jibrâïl*), ao longo de sua obra *Miscelâneas Tradicionais e Maçônicas*,[183] resumiu muito bem o ensinamento de Guénon sobre esse tema, que mostra *justamente o caráter único e eterno* da função do Logos, da Verdade, e das tradições que a manifestam a partir de sua primeira revelação sobre a forma de Tradição Primordial. Veremos, no fim deste estudo, que no entanto existe mesmo um caráter "único" e transcendente do Cristianismo que os teólogos poderiam colocar em evidência... precisamente admitindo a tese "não evolucionista" de uma idade de ouro tradicional!

Vamos citar J.-P. Berthelon que, como foi especificado anteriormente, retrata em algumas páginas[184] aquilo que detalhamos longamente no

---

182. Revista *Planète-Plus*, já citada.

183. J.-P. Berthelon (Jibraïl), *Miscellanées traditionnelles et maçoniques*, edit. Techni-Plis, 1979, prefácio de Roland Fournier.

184. *Ibid.*, cap. "Melki-Tsedeq et la Tradition primordiale".

cerne mesmo da Suma guenoniana, a propósito de "Melki-Tsedeq" (segundo a ortografia do *Rei do Mundo*):

O comentário de São Paulo na Epístola aos Hebreus é extremamente significativo em relação a isso:

> Esse Melki-Tsedeq, rei de Salém, sacerdote do Deus Altíssimo, que foi diante de Abraão quando ele voltava da derrota dos reis, que o abençoou e a quem Abraão deu o dízimo de todo o butim; que é a princípio, segundo o significado de seu nome, rei de Justiça, depois rei de Salém, quer dizer, rei de Paz; que é sem pai, sem mãe, sem genealogia, que não tem começo nem fim de sua vida, mas que é feito assim semelhante ao Filho de Deus, esse Melki-Tsedeq permanece sacerdote perpetuamente.
>
> Na Epístola aos Hebreus está também indicado que:
>
> Sem contradição, é o inferior que é abençoado pelo superior. Ora, Abraão reconhece essa superioridade de Melki-Tsedeq dando-lhe o dízimo, marcando assim sua dependência em relação a ele.
>
> Sobre esse aspecto de relação de inferioridade e de superioridade, René Guénon escreve que existe aí uma verdadeira investidura quase no sentido feudal da palavra, mas com a diferença de que se trata de uma investidura espiritual.
>
> Desse ponto de vista, encontramos a idéia emitida pelo reverendo padre Jean Daniélou, a saber, que essa investidura espiritual marca o ponto de junção da grande Tradição Primordial — ou religião cósmica — com a tradição hebraica.
>
> A partir disso, Abraão vai então participar dessa influência espiritual, já que a fórmula de Gênesis o coloca em relação direta com o Deus Altíssimo. Em seguida, aliás, ele identifica esse Deus Altíssimo com Jahvé.
>
> Se, portanto, Melki-Tsedeq é superior a Abraão, isso é a prova de que Elion — o Altíssimo — que é o Deus de Melki-Tsedeq é também superior a Shaddai — Todo-Poderoso — que é o Deus de Abraão.
>
> Vamos definir, todavia, que o primeiro termo, Elion, representa um aspecto divino mais elevado que o segundo termo, Shaddai.
>
> Uma particularidade extremamente interessante que também devemos assinalar consiste no seguinte: El-Elion e Emmanuel têm o mesmo número, ou seja: 197; é, portanto, possível afirmar que esses dois nomes são equivalentes. Dessa equivalência, podemos tirar a conclusão:

O sacerdócio cristão é o de Emmanuel e o sacerdócio de Melki--Tsedeq é o de El-Elion; a equivalência dos dois nomes permite então dizer que os dois sacerdócios são apenas um e que, a partir daí, o sacerdócio cristão, que também comporta a oferenda eucarística do pão e do vinho, é essencialmente "segundo a ordem de Melki-Tsedeq".

Melki-Tsedeq, sacerdote da religião primordial

(Melki-Tsedeq) conhece o verdadeiro Deus, não sob o nome de Yahvé[185] que será revelado a Moisés, mas sob o nome de El, que é aquele do Deus criador conhecido pela sua ação no mundo. Essa é uma nova atestação do conhecimento de Deus através do cosmos que já havia sido mostrada por Enoch, profeta da religião cósmica.

Melki-Tsedeq é o sacerdote dessa religião primeira da humanidade que abraça todos os povos, pois ela não é limitada a Israel. Com efeito, ele oferece o sacrifício no mundo inteiro, que é o Templo, mas que não é aquele específico de Israel. É interessante notar que esse sacrifício não é o do sangue, de um animal, que não é expiatório; é a oferenda da pura oblação do pão e do vinho. É, portanto, um sacrifício de ação de graças...

Melki-Tsedeq, sacerdote único, primeiro e último princípio do Sacerdócio eterno

... Melki-Tsedeq recebe o dízimo de Abraão, quer dizer, a parte coletada sobre todos os bens para servir ao culto de Deus e esse Abraão é o iniciador de uma nova aliança; ele presta, a princípio, homenagem à legitimidade dessa aliança primeira nas mãos de seu grande sacerdote.

A esse respeito, é bom lembrar que, em outro instante da história, Jesus recebeu, às margens do Jordão, o batismo de João Batista, antes de vê-lo se inclinar diante de si.

Tudo o que precede faz aparecer a grandeza de Melki-Tsedeq. Mas essa grandeza não é somente de ser a figura daquele que será o grande sacerdote eterno e que oferecerá o perfeito sacrifício, mas é também aquilo que o salmista anunciava:

---

185. Manteremos a ortografia do texto citado; no entanto R. Guénon havia feito reservas sobre essa vocalização dos biblistas modernistas e acrescentaremos que o mais "correto", sob todos os pontos de vista, é ainda escrever esse nome do "Santo-bendito-seja": Y-H-W-H.

> "Tu és sacerdote para sempre, segundo a ordem de Melki-Tsedeq; quer dizer que no fim dos tempos apareceria o último grande sacerdote, aquele que seria grande sacerdote para a eternidade porque ele esgotaria a realidade do sacerdócio e não poderia mais existir nenhum outro depois dele".
>
> *MELKI-TSEDEQ, PRINCÍPIO DA INICIAÇÃO SACERDOTAL*
>
> O vinho é tomado freqüentemente como representação da verdadeira tradição iniciática depois que o Soma, bebida de conhecimento das Tradições orientais, caiu no esquecimento. É, portanto, uma bebida substituída, mas que não deixou de manter seu caráter iniciático. Entre os Hebreus as palavras *Iaïn* (vinho) e *Sod* (mistério) têm o mesmo número (70) e substituem uma à outra.
>
> Entre os sufis, o vinho não convém a todos os homens, mas é reservado à elite e é o símbolo do conhecimento esotérico, por isso nem todos podem bebê-lo impunemente.

Com relação ao que precede, constatamos que o emprego do vinho em determinado rito confere ao mesmo caráter específico, nitidamente iniciático. A oferenda de Melki-Tsedeq, prefiguração da oferenda eucarística cristã, pareceu-nos, do ponto de vista iniciático, extremamente importante, e isso nos incitou a assinalar esse ponto particular do papel da bebida. Continuamos a citar Jean-Pierre Berthelon:

> Na Idade Média, a figura misteriosa do "Padre Real João" reproduz, em certo sentido, a de Melki-Tsedeq pelo fato de ela se ligar também à idéia de um centro supremo e os defensores medievais da Idéia Imperial não deixaram de se referir a Melki-Tsedeq para reivindicar a primazia da realeza com relação à Igreja.

Levando em conta essas rápidas exposições, como podemos situar Melquisedeque?

> Esse "homem vivo" de toda eternidade não é outro senão Manu, que permanece de fato perpetuamente, ou seja, por toda a duração de todo o ciclo ou Manvantara, porque ele é "sem genealogia", sua origem sendo não-humana. Os gnósticos alexandrinos qualificam Melki-Tsedeq de "Grande Recebedor da Luz Eterna". Essa qualificação corresponde bem à função de Manu, que recebe a luz inteligível por um raio que emana do Príncipe e que a reflete na manifestação que é seu domínio.

SEGUNDO A TRADIÇÃO,

> estamos atualmente no sétimo Manvantara do presente grande ciclo — o Kalpa — que contém catorze deles e este sétimo Manvantara é chamado de "Era do Javali Branco" e corresponde ao meio dos tempos. Já estamos mesmo no fim do sétimo Manvantara, que se decompõe em quatro Yugas, sendo nossa posição atual aquela do Kali-Yuga, o último ciclo do presente Manvantara.
>
> Melki-Tsedeq identificado a Manu representa então a passagem de um ciclo a outro e é mesmo o Rei do Mundo, o "senhor de Justiça", ou "o sacerdote de Justiça" e o "rei de Justiça", a morada simbólica "Salém" está no centro espiritual supremo ou Agartha, cuja descrição é dada no livro póstumo de Saint-Yves D'Alveydre, *Missão da Índia*.
>
> Saint-Yves diz que os três Reis Magos vieram da Agartha. Ora, esses três Reis Magos são os três chefes da hierarquia iniciática. Os três poderes dessa hierarquia iniciática se encontram reunidos em Melki-Tsedeq, que, portanto, é mesmo o protótipo do homem no Manvantara; ele é sim feito realmente semelhante ao Filho de Deus, pois, pela lei que ele formula, ele é para esse mundo a extensão do Verbo divino.
>
> O Manu do nosso presente ciclo é chamado "Filho do Sol", o Rei do Mundo possui o sol em seus emblemas, o sol figura Cristo, e isso é expresso na liturgia católica quando ela lhe dá o título de *Sol Justitiae*. O Verbo é efetivamente o sol espiritual, verdadeiro Centro do Mundo. Esta expressão *Sol Justitiae* se refere diretamente também aos atributos de Melki-Tsedeq...

JEAN-PIERRE BERTHELON CONCLUÍA ASSIM:

> Visto sob esse aspecto, o personagem central de Melki-Tsedeq é mesmo o Enviado do Príncipe, o testemunho do Centro espiritual supremo, que abençoa Abraão e o investe por assim dizer da paternidade das três tradições monoteístas...

Os "apoios maçônicos" e os trechos da obra de J.-P. Berthelon nos levam imperceptivelmente à perspectiva própria, ao esoterismo.

EM DIREÇÃO AO ESOTERISMO

Isso nos remete a uma tradição pré-cristã, germe das três outras. Ora, todo crescimento futuro está contido no germe, e como muitas vezes assegurou Guénon: "O superior não procede do inferior" ou "O mais não sai do menos"...

Ao lado disso, é verdade que aparentemente o conceito de Tradição Primordial priva o Cristianismo de sua superioridade incomparável, que rebaixa todas as outras tradições. Além da visão de fé, foi essa impressão que talvez tenha conduzido o padre Daniélou a reconhecer em Melquisedeque, sem dúvida, um profeta superior a seus predecessores e que marca em um sentido a imperfeição do sacerdócio levítico em proveito daquele de Cristo originado do sacerdócio de Melquisedeque — é sempre a teoria da "história espiritual progressiva" —, mas também e a princípio um profeta da *religião natural* necessariamente ancilar à religião espiritual trazida pelo Cristo: "Sacrifícios pagãos de Melquisedeque, e sacrifícios judeus de Abraão, todos se chocavam no limiar intransponível" (desproporção entre a fragilidade do homem e a santidade de Deus). Assim, o padre alça novamente acima de todos os outros "o único sacerdócio de Jesus Cristo" cujo sacerdócio é a participação. Isso não significa, de modo nenhum, a destruição dos sacrifícios antigos, mas sua realização, e o sacrifício ou o sacerdócio de Melquisedeque se torna participação no sacerdócio de Cristo. A encarnação é então mais do que a teofania, e a ressurreição sela o caráter "único" e eterno deste sacerdócio ligado ao sacrifício. Sob essa óptica, compreendemos melhor também as palavras do apóstolo: "Se Cristo não ressuscitou, então a nossa pregação é vã".

Melquisedeque não é mais, a partir daí, do que um sacerdote das épocas antigas e das religiões chamadas, curiosamente, de "cósmicas"... unicamente "cósmicas".

Compreendemos também, e na medida em que um dos monoteísmos pretende dar-se como definitivo e superior aos outros (esquecendo, exatamente, que em tal assunto não se deve jamais "comparar" mas "viver", jamais olhar os outros pontos do círculo, mas o centro único), que era importante para o padre Daniélou "entornar" as perspectivas guenonianas e a "cristicidade" de Melquisedeque.

Já o *Enoch cristão* deixava entrever uma perigosa comparação a propósito do "sem genealogia", quando havia sugerido uma aproximação entre Sofonin e a Virgem Maria, e entre o nascimento milagroso de Melquisedeque e o de Cristo...[186]

Guénon, da sua parte, seguirá em um sentido mais dicotômico quanto às implicações rituais do dízimo do pão e do vinho oferecido por Abraão a Melquisedeque. Com certeza, ele fará bem disso, como vimos em sua obra *O Rei do Mundo*, uma prefiguração do sacrifício cristão operado a partir do pão e do vinho consagrados (e também vimos que ele vincula esse sacrifício e as "espécies" que lhe servem de matéria sagrada ao sacrifício

---

186. *Op. cit.*

único e eterno, ao soma védico, etc.); no entanto, prosseguindo sua análise do Cristianismo e dos ritos que daí decorrem, ele deverá, dentro mesmo da linha da doutrina que expõe, distinguir *exoterismo* e *esoterismo*, *religioso* e *iniciático*, "sacramentos da Igreja" e ritos iniciáticos próprios ao esoterismo cristão, na medida em que pelo menos julgar que os primeiros não contêm mais os segundos ou mesmo que eles daí sempre se distinguiram depois da saída do Judaísmo. Não desenvolveremos seu ponto de vista, pois tal empreitada nos afastaria demais do âmbito de nosso estudo, ainda mais que ela a ele se vincula de maneira bem mais profunda e misteriosa. Manteremos, porém, um componente: quando Guénon compara o sacrifício eucarístico com o de Melquisedeque e à luz do dado anterior, a seus olhos *o sacrifício eucarístico é "exotérico"* e o de Melquisedeque *permanece a fonte universal e pré-cristã do rito iniciático*, sem confusão de ambos desta vez. Ele sofrerá conseqüências...

Reproduziremos a seguir o fragmento de uma carta que ele nos enviou em 9 de janeiro de 1950, no qual é evocado esse aspecto do sacrifício extra-eclesial referido ao rei de Salém:

> ... Para os ritos sem consagração de "espécies" de que você fala a propósito da Fraternidade, não vejo por que eles não poderiam, como todos os outros, servir de "suporte" a uma influência espiritual, embora naturalmente de maneira diferente do rito propriamente "eucarístico" do Cristianismo (um rito iniciático é, aliás, forçosamente diferente de um sacramento religioso), mas que, definitivamente, poderia muito bem vincular-se igualmente ao sacrifício de Melchissédec, pois não podemos esquecer que existem aí coisas que podem remontar além do Cristianismo (e então não poderia existir "consagração", entendida no sentido mais particular que ela assumiu neste).

Como a pastoral e a teologia da Igreja poderiam suportar essa dualidade iniciática/sacramental a propósito de um mesmo ato ritual?

Algumas observações sobre a utilização de Melquisedeque entre os mórmons

Para terminar este capítulo da crítica contemporânea, procuro lembrar que certas Igrejas também utilizaram o personagem de Melquisedeque para introduzir uma dualidade sacerdotal em suas instituições. Elas se apropriaram do rei de Salém para fazer dele a ordem de um sacerdócio superior, de "segundo grau" por assim dizer, como vemos agora a propósito dos mórmons.

De fato, se o sacerdócio de Cristo e, portanto, o de todos os sacerdotes cristãos referem-se à ordem de Melquisedeque, é preciso saber que uma Igreja recente, a dos mórmons, também lhe atribui um lugar considerável e mesmo "gradual".

Curiosamente, esse puro produto do *american way of religion*, a Igreja 100% *made in U.S.A.*, por sua origem e sua organização, e que continua afastada de todo o movimento ecumênico, dispõe de suas próprias Escrituras — um pouco à maneira dos *Yézidis* da Mesopotâmia para o Livro em que se baseiam.

Vamos lembrar sua fundação e seu desenvolvimento. Foi um certo Joseph Smith que, no dia 6 de abril de 1830, e conforme uma inspiração divina, fundou com cinco de seus discípulos a verdadeira religião: a Igreja de Jesus Cristo dos Santos dos Últimos Dias. Cento e cinqüenta anos mais tarde, seus adeptos, mais conhecidos pelo nome de Mórmons, são cerca de 4,5 milhões, entre os quais 10 mil na França.

Desde seus 15 anos de idade, as "visões" de Smith se sucederam. E eis que em 1827 ocorreu para ele a descoberta de um livro sagrado enterrado na colina de Cumorah, no Estado de Nova York. Foi um anjo, chamado Moroni, que lhe indicou essa obra escrita por "Mórmon, rei dos Nefitas". Smith declara que com a ajuda de pedras mágicas decifrou essas "tábuas de ouro gravadas", as quais encerram a verdadeira sabedoria, uma espécie de "terceiro testamento".

As "visões" de Smith a partir daí vão multiplicar-se. Ele vai criar uma espécie de Estado teocrático. Presidente-profeta rodeado de um colégio de 12 apóstolos que dirigem a comunidade, ele elabora o credo da nova religião, que explicitou em dois livros: *Doutrina e Aliança* e *A Pérola de Grande Valor*. Finalmente, ele vai sair em busca do lugar onde estabelecerá a cidade perfeita, a "Nova Sião", já que também, segundo o livro dos Mórmons, os Estados Unidos foram povoados primitivamente por colônias judaicas... Mas a perseguição se desencadeia e Smith morre linchado na prisão em 1844. Três anos mais tarde, e após sua errância, os mórmons fundaram Salt Lake City, mais conhecida pelos leitores ocidentais mais jovens do que pelos mais velhos, graças aos desenhos animados de Lucky Luke... Nem todos os irmãos mais velhos leram Pierre Benoit!

No momento da morte de Smith, os Mórmons eram apenas 30 mil. Eles vão então proliferar-se, construir e dirigir um novo Estado americano: o Utah. Mas as dificuldades não acabam para eles. Por "revelação", os mórmons aceitam a poligamia, e deverão enfrentar a Justiça americana, até que em 1890 outra revelação vem abolir a primeira.

Chega então a hora da prosperidade. A religião dos mórmons se propõe explicitamente, aliás, a "tornar as pessoas felizes materialmente". No mais, os preceitos incitam a isso: o mórmon deve ser honesto, austero, deve praticar o bem para todos os homens e ser um missionário por excelência. O jovem mórmon consagra um ou dois anos de sua vida à Igreja entre 18 e 20 anos. Como escreve Robert Ackermann em um artigo do jornal *La*

Croix [A Cruz], dedicado aos mórmons ("Regards sur... l'Église des Mormons" / "Olhares sobre... a Igreja dos Mórmons"):

> A doutrina espiritual é heteróclita: Smith recebeu a ordem de corrigir a Bíblia. Disso ele não vai esquivar-se: Deus, que começou sendo um homem, é corporal; o homem foi criado antes do mundo e evolui para a divindade; o pecado original não existe; a Igreja cristã não é reconhecida por Deus; por outro lado, Deus pessoalmente dirige a Igreja dos mórmons; Sião será construída nos Estados Unidos e Jesus Cristo reinará sobre a terra, segundo as mais puras tradições milenaristas.

Ora, o que nos interessa no primeiro momento diz respeito a essa reunião de materiais a respeito da corrente que saiu de Melquisedeque, ou melhor, que se referem ao Patriarca que abençoou Abraão, pois no caso, se para o mórmon o poder não deveria ser questionado porque ele vem de Deus, o *adepto deve, no entanto, passar grau cerrado a um grau mais secreto ainda* (digamos, no sentido *moderno* da palavra: de iniciação em iniciação, mas não no significado reservado por Guénon à palavra "iniciação"), e também do "sacerdócio de Arão" ao sacerdócio de *"Melquisedeque" que representa a etapa espiritual superior*.

Como surgiu a oportunidade de evocar aqui a doutrina da *Igreja dos Santos dos Últimos Dias*, vamos chamar ainda a atenção para alguns pontos a respeito dela, os quais, por mais secundários que possam parecer, não deixam de ter alguma importância, levando em conta:

— uma das discussões abertas pela nossa tese e relativa às distinções a fazer entre Melquisedeque e Cristo Jesus (encarnação e ressurreição dos mortos);

— as divergências de opiniões entre dois autores bastante citados em nossa obra: René de Guénon e Henry Corbin.

Encarnação e Ressurreição; a propósito do batismo dos ancestrais falecidos entre os mórmons

In limine litis, lembremos a doutrina exposta pelo Apóstolo dos Gentios e que afirma de Cristo uma realidade bem diferente da teofania ou da antropomorfose angelical. O ponto de enfrentamento, portanto, entre a Gnose e a Igreja.

Citamos a primeira Epístola aos Coríntios (15: 12-34), como as passagens mais marcantes:

> Ora, se pregamos que Cristo ressuscitou dos mortos, como alguns dentre vós[187] dizeis que não existe de modo nenhum ressurreição

187. O que prova que, desde os primórdios da Igreja, houve divisões a esse respeito. Então, o fato de o gnóstico Basilida sustentar em Alexandria, no início do século II, que Cristo era de pura natureza espiritual, e que apenas uma "aparência" humana de Jesus havia sido crucificada, pôde garantir que ele recebeu sua doutrina de uma transmissão secreta de Pedro...

> dos mortos? Se não existe mesmo ressurreição dos mortos, Cristo também não ressuscitou. E se Cristo não ressuscitou, nossa pregação então é vã e a vossa fé é vã... Conseqüentemente, aqueles que estão mortos em Cristo estão perdidos... Mas agora Cristo ressuscitou dos mortos; ele é as primícias daqueles que estão mortos... Todos reviverão em Cristo...

Fica bem evidente que a crença na "imortalidade da alma" é bem anterior à vinda do Cristianismo e que, a respeito desse ponto, o Cristianismo nada trouxe que já não fosse sabido no mundo grego ou em outros lugares. Sua "Boa Nova" implica, portanto, a existência de "novidade", e esta, loucura aos olhos dos sábios, se refere efetivamente à ressurreição dos corpos ou da carne e não à "imortalidade da alma"; daí a ausência de qualquer alusão a esta última no símbolo da fé, ou "Credo" dos Apóstolos.

De resto, para o judaico-Cristianismo e para a Bíblia, não existe carne aqui e alma lá, mas "alma viva", que designa o homem por inteiro em sua unidade espiritual, anímica (com uma estratificação das capacidades anímicas, estimuladas ou não pelo divino: Nephesh, Neshamah, Yehidah, etc.) e corporal. É tudo isso a "carne" do homem ou a "alma viva" do homem.

Ora, se existe ressurreição dos corpos e da "totalidade" falecida, até mesmo da carne, poderíamos pensar que a "potencialidade viva corporal" não desaparece com a decomposição da carne, como já permite pensar a visão de Ezequiel (37: 1-14). A alma está incluída na "Ressurreição da carne", e o "Corpo glorioso" reabsorve nele "espiritualmente" a modalidade sutil do ser humano.

É talvez a essa noção que se vincula o costume dos mórmons, que consiste em batizar ou "rebatizar" os falecidos de todas as famílias de um membro conhecido ou ligado a eles; costume que não deixa de surpreender ou escandalizar os crentes que não pertencem a essa Igreja.

É preciso, porém, saber que o batismo dos mortos era um hábito na Igreja primitiva com também o é entre os marcionitas. O *batismo para os mortos* está claramente indicado na primeira Epístola aos Coríntios (15: 29): "Caso contrário, o que fariam aqueles que se deixam batizar pelos mortos? Se os mortos não ressuscitam absolutamente, por que se deixar batizar por eles?".

Precisamente Tertuliano, em seu tratado sobre a *Ressurreição*, escreve no início do século III, e faz alusão a isso nestes termos:

> Mas acontece que batizamos pelos mortos... O Apóstolo mostra que essa prática foi instituída no pensamento de que o batismo recebido por outros seria útil também a uma outra carne na esperança da ressurreição que, se ela não é corporal, não estaria ligada ao batismo corporal (XLVIII).

Observaremos que não são os corpos dos mortos que são assim batizados, e por essa causa, mas aqueles dos vivos "que agem pelos" falecidos.

Tudo isto supõe um estado intermediário entre o divino e o humano e, assim, se quiséssemos aprofundar essa questão, uma relação de certa ordem entre a função sacerdotal: Melquisedeque e a realização divino-humana, Jesus Cristo. Essa relação misteriosa é a mesma que se exerce sobre o triplo plano espiritual, anímico e corporal, na ordenação sacerdotal, ou "iniciação sacerdotal", quando essa ordenação é efetivamente realizadora e transformadora por seu conteúdo, seu "estado de ser" e sua influência carismática. Veremos logo que essas considerações não são de modo nenhum estranhas ao nosso tema: Melquisedeque e a Tradição Primordial.

A opinião de René Guénon sobre os mórmons

Está indicada em um artigo de *Estudos Tradicionais* de 1940 que forma o capítulo V de *Mélanges*[188], intitulado "As Origens do Mormonismo". É uma crítica dessa religião que ele classificava entre as "seitas religiosas ou pseudo-religiosas" americanas, estando entre as mais antigas e as mais importantes. Guénon faz um retrato, sem fraqueza, de sua história e assinala de passagem "a organização hierárquica e teocrática... muito habilmente concebida" (p. 171), ao mesmo tempo que certas concepções dos mórmons são "do mais grosseiro antropomorfismo". A idéia de um Deus "em devir" (p. 173), a pluralidade hierárquica dos deuses e a cosmologia que depende de uma "espécie de modismo atomista" (pp. 173-174) "no qual a consciência ou a inteligência é vista como inerente à matéria", são estigmatizadas (da mesma forma que outras particularidades dos mórmons) pelo autor como estranhas a qualquer perspectiva autenticamente tradicional.

Enfim, essa série de iniciações próprias à Igreja em questão o leva a supor que o mormonismo tem "verdadeiramente um exoterismo e um esoterismo" (p.174).

Essa observação nos conduz ao exame da reivindicação pelos mórmons de uma "entidade" senhorial ou angelical que preside tal "esoterismo" — se é que existe esoterismo no sentido guenoniano do termo — que poderia ser então o Personagem sem geração e rei de Justiça e de Salém. Aqui intervém, declaradamente, a opinião de Henry Corbin sobre os mórmons.

A opinião de Henry Corbin

Apesar de se apoiar em constatações parecidas com as de Guénon, ela se encontra... nas antípodas da de René Guénon. Vamos convencer-nos

188. Gallimard, Les Essais CXCIV, prefácio de R. Maridort, Paris, 1976.

disso ao rever o estudo de Henry Corbin intitulado *O Paradoxo do Monoteísmo*, comunicado na seção de *Eranos* de 1976 no âmbito do estudo sobre *L'Un et le Multiple* [O Uno e o Múltiplo].[189]

Henry Corbin menciona um parentesco entre as doutrinas dessa "comunidade de destinos heróicos que se designa a si mesma como Igreja de Jesus Cristo dos Santos dos Últimos Dias" e as da gnose ismaeliana *Ishrâqîyun*. Um Deus supremo, no qual chegam diversos intermediários, deuses planetários nos quais entram após sua morte e segundo uma ascensão progressiva ilimitada, os seres humanos. Assim existiria um Deus Regente de nosso planeta e mediador com a hierarquia superior divina. Regente que ocupa todo o espaço com seu corpo "eminentemente sutil" e onipresente pelo Espírito Santo. Esses são os traços do mormonismo que chamam a atenção do iranólogo especialista no Islã xiita. Ele nota a estatura humana de todos esses deuses, antropomorfose que Guénon rejeita como vimos. Ele identifica o Senhor Anjo de nosso planeta — o único ao qual temos acesso —, o anjo Adão, com o de Gênesis e descobre uma "adamalogia mórmon" lembrando o Anthropos celeste, uma ascensão póstuma, e repercute certas definições da Gnose ismaeliana, como a marcha do peregrino *ishrâqi* "elevando-se de Oriente em Oriente".

Vamos registrar principalmente, para concluir, que H. Corbin termina no papel desempenhado por Melquisedeque. Ele escreve com efeito: "A reconquista do paraíso perdido é, para a gnose ismaeliana, a exaltação do "Templo de Luz" do Imã, esse Imã eterno de quem ele reconhece a manifestação em Melquisedeque. Imaginamos então o papel de Melquisedeque entre os mórmons...".

Depois do que acabamos de escrever sobre os conceitos dos mórmons (primazia do sacerdócio de Melquisedeque e destino póstumo "teomórfico") e sobre a divergência de opinião, com relação à sua doutrina, da parte de René Guénon e Henry Corbin, parece-nos necessário e honesto citar diretamente o livro santo deles: *Les Doctrines et Alliances de l'Église de Jésus-Christ des Saints des Derniers Jours, contenant les révélations données à Joseph Smith, le Prophète, avec quelques additions faites par ses successeurs à la Présidence de l'Église* [As Doutrinas e Alianças da Igreja de Jesus Cristo dos Santos dos Últimos dias, contendo as revelações dadas a Joseph Smith, o Profeta, com algumas adições feitas por seus sucessores na Presidência da Igreja], Salt Lake City, U.S.A., 5ª edição francesa, em 1981.

Extraímos apenas as passagens a respeito da nossa tese, o que não permite, evidentemente, fazer em julgamento de valor sobre a fé, os costumes e as perspectivas dessa comunidade e, além disso, tal não é nossa

---

189. Esse estudo foi publicado também em 1981 pelas Éditions de l'Herne (Bibliothèque des Mythes et des Religions), mas não possuíamos essa obra quando da redação de nossa tese.

intenção; nós nos manteremos no terreno da objetividade "científica" e documental. Ela consiste em expor as idéias e as controvérsias eventuais em relação ao assunto de nossa pesquisa, e não permite qualquer julgamento individual de crítica ou de aprovação.

Ora, praticamente não podemos fazer isso sem apelar para as "fontes" como já foi o caso para a Torá e o *Zohar*, quando tratamos de Melquisedeque e o Judaísmo, para o *Corão* e os comentários sufis, quando examinamos o papel do Patriarca no pensamento muçulmano; para o Novo Testamento e a Patrologia, quando tratamos de Melquisedeque e o Cristianismo.

Seria preciso, portanto, de maneira eqüitativa e imparcial, seguir o mesmo método para a ancoragem melquisedequiana entre os mórmons, ficando entendido que a compreensão de uma passagem tópica exige a reprodução de um contexto mais ou menos longo, pelo que pedimos a nossos leitores que nos desculpem. Agradecemos também a essa Igreja por nos haver oferecido seu livro de base, após ficarem a par de nossos projetos e de nossa pesquisa.

Citamos agora o livro santo dessa comunidade:

> 11. A vós será dado conhecer os sinais dos tempos e os sinais da vinda do Filho do Homem.
>
> 12. Todos aqueles aos quais o Pai prestar testemunho, a vós será dado o poder de confirmá-los para a vida eterna, Amém.
>
> 13. E agora, naquilo que se refere aos pontos a acrescentar às alianças e aos mandamentos, ei-los:
>
> 14. Existirão mais tarde, no momento escolhido pelo Senhor, outros bispos a serem conhecidos pela Igreja, que servirão da mesma forma que o primeiro.
>
> 15. É por isso que *eles serão grandes sacerdotes que serão dignos de serem nomeados pela Primeira Presidência do Sacerdócio de Melquisedeque*[190], a menos que não sejam descendentes literais de Arão;
>
> 16. E se forem descendentes literais de Arão, eles têm legalmente direito ao episcopado se forem primogênitos dentre os filhos de Arão.
>
> 17. Pois o primogênito detém o direito de presidência desse sacerdócio, e as chaves ou a autoridade da mesma.
>
> 18. Ninguém tem legalmente direito a esse ofício, a saber, de deter as chaves desse sacerdócio, se não for descendente literal e primogênito de Arão.

---

190. Sublinhado por nós

19. *Mas, sendo dado que um grande sacerdote do Sacerdócio de Melquisedeque tem a autoridade de oficiar em todos os ofícios inferiores, ele pode preencher o ofício de bispo se não pudermos encontrar descendente literal de Arão, com a condição de que seja chamado, colocado à parte, e ordenado nesse poder sob as mãos da Primeira Presidência do Sacerdócio de Melquisedeque.*

20. Da mesma forma, um descendente literal de Arão deve igualmente ser designado para essa Presidência, considerado digno, ungido e ordenado sob as mãos dessa Presidência, senão ele não está legalmente autorizado a oficiar em seu sacerdócio.

(Doutrina e Alianças, Seção 68)

123. Em verdade vos digo, eu vos dou agora os oficiais que pertencem ao meu sacerdócio, a fim de que vós detenhais as chaves, a saber, *o Sacerdócio que é segundo a ordem de Melquisedeque, que é segundo a ordem de meu Filho único.*

(Doutrina e Alianças, Seção 124)

68. Embora estivéssemos assim ocupados, orando e invocando o Senhor, um mensageiro celeste desceu em uma nuvem de luz e, tendo colocado as mãos sobre nós, nos ordenou dizendo:

69. A vós, meus companheiros de serviço, em nome do Messias, eu confiro o Sacerdócio de Arão, que detém as chaves do ministério dos anjos, do evangelho de arrependimento e do batismo por imersão para a remissão dos pecados; e ele não será mais jamais levado da terra, até que os filhos de Levi façam de novo uma oferenda ao Senhor segundo a justiça. (...)

71. Conseqüentemente fomos batizar-nos. Eu o batizei primeiro e ele me batizou em seguida; depois impus as mãos sobre sua cabeça e o ordenei no sacerdócio de Arão, após o que ele impôs as mãos sobre minha cabeça e me ordenou no mesmo Sacerdócio — pois isso nos foi mandado fazer.

72. *O mensageiro que nos visitou nessa ocasião e que nos conferiu esse Sacerdócio nos disse que se chamava João, aquele mesmo que é chamado de João Batista no Novo Testamento, o qual agia sob a direção de Pedro, Tiago e João, que detinham as chaves do Sacerdócio de Melquisedeque, sacerdócio que, diz ele, nos seria conferido no tempo certo,* e que eu serei chamado o primeiro Ancião da Igreja.

(História de Joseph Smith)

50. E devemos novamente testemunhar, pois vimos e ouvimos, e eis o testemunho do evangelho de Cristo a respeito daqueles que se levantarão na ressurreição dos justos.

51. São aqueles que receberam o testemunho de Jesus, que cresceram em seu nome, foram batizados à maneira de sua sepultura, tendo sido enterrados na água em seu nome, conforme o mandamento que foi dado;

52. A fim de que, guardando os mandamentos, eles sejam lavados e purificados de todos os seus pecados e recebam o Santo Espírito pela imposição das mãos daquele que é ordenado e selado nesse poder;

53. Que venciam pela fé e que são selados pelo Espírito Santo da promessa que o Pai espalha sobre todos aqueles que são justos e fiéis.

54. São aqueles que são a Igreja do Primogênito.

55. São aqueles nas mãos dos quais o pai colocou tudo.

56. São aqueles que são sacerdotes e reis, que receberam de sua plenitude e de sua glória;

57. *E são sacerdotes do Altíssimo, segundo a ordem de Melquisedeque, que era segundo a ordem de Enoch, que era segundo a ordem do Filho único.*

58. *É porque, como está escrito, eles são deuses, sim, os filhos de Deus.*

59. *É porque tudo é para eles, quer seja a vida ou a morte, o presente ou o futuro, tudo é para eles, e eles estão em Cristo, e Cristo está em Deus.*

60. *E eles vencerão tudo.*

61. Que o homem não se glorifique, portanto, do homem, que ele se glorifique acima de tudo de Deus, que colocará todos os inimigos sob seus pés.

62. Esses permanecerão para sempre e sempre na presença de Deus e de seu Cristo.

63. São aqueles que ele levará quando vier das nuvens do céu para reinar sobre a terra e sobre seu povo.

64. São aqueles que terão parte na primeira ressurreição.

65. São aqueles que se levantarão quando da ressurreição dos justos.

66. São aqueles que vieram ao monte Sião e à cidade do Deus vivo, o lugar celeste, o mais santo de todos.

67. São aqueles que reuniram uma multidão incontável de anjos, a assembléia geral da Igreja de Enoch e do Primogênito.

68. São aqueles cujo nome está escrito nos céus, onde Deus e Cristo são os juízes de todos.

69. São os justos que se tornaram perfeitos pelo intermédio de Jesus, o mediador da nova aliança, que cumpre essa expiação perfeita pela efusão de seu próprio sangue.

70. *São aqueles*[191] *cujos corpos são celestes, cuja glória é aquela do sol, a saber, a glória de Deus, a mais alta de todas, glória da qual está escrito que o sol do firmamento é o tipo.*

71. Em seguida, nós vimos o *mundo terrestre*, e eis que são aqueles que são do terrestre, cuja *glória difere daquela da Igreja do Primogênito* que recebeu a plenitude do pai, da mesma forma que a glória da lua difere daquela do sol no firmamento.

72. Eis, são aqueles que são mortos sem lei.

73. E também aqueles que são os espíritos dos homens guardados na prisão que o Filho visitou e a quem pregou o evangelho, a fim de que eles fossem julgados segundo os homens na carne;

74. Que não aceitaram o testemunho de Jesus na carne, mas que o aceitarão depois.

75. São os homens honrados da terra que ficaram cegos pela astúcia dos homens.

76. São aqueles que recebem de sua glória, mas não de sua plenitude.

77. São aqueles que recebem a presença do Filho, mas não a plenitude do Pai.

78. É porque são *corpos terrestres* e não corpos celestes e eles diferem em glória como a lua difere do sol.

79. São aqueles que não são valentes no testemunho de Jesus, é porque eles não obtêm a coroa do reino de nosso Deus (...).

....

80. E esse é o fim da visão que tivemos dos terrestres, que o Senhor nos ordenou a escrever enquanto ainda estivéssemos no Espírito.

---

191. O livro *Doutrina e Alianças* distingue três categorias de homens chamados assim para um "corpo de glória" hierarquizado em: corpos de glória celeste, depois terrestres e finalmente "telestes" (solares, lunares e estelares). Uma quarta categoria está reservada aos reprovados sem glória que sofrem a vingança do fogo eterno (Seção 76, 101-108).

81. Em seguida, vimos a *glória dos telestes* que é a menor, da mesma forma que a glória das estrelas difere da glória da lua no firmamento.

82. São aqueles que não aceitaram o evangelho de Cristo nem o testemunho de Jesus.

83. São aqueles que não abandonam o Santo Espírito.

84. São aqueles que foram precipitados no inferno.

85. São aqueles que só serão livrados das mãos do diabo na última ressurreição, quando o Senhor, quer dizer Cristo, o Cordeiro, tiver terminado sua obra.

(Doutrina e Alianças, Seção 76)

17. Pois esses anjos não se conformaram com a minha lei; é porque eles não podem crescer, mas permanecem para toda a eternidade separados e celibatários, sem exaltação, em seu estado preservado. E desde então, eles não são deuses, mas anjos de Deus, para sempre e sempre.

....

19. Além disso, em verdade, eu vos digo, se um homem desposa uma mulher pela minha palavra que é minha lei que pela nova aliança eterna e a união deles é selada pelo Santo Espírito da promessa, por aquele que é ungido, a quem eu dei esse poder e as chaves desse sacerdócio, e que lhes é dito: *Vós vos levantareis na primeira ressurreição — e se for após a primeira ressurreição, na ressurreição seguinte — e herdareis tronos, reinos, principados, poderes, dominações, todas as alturas e profundezas* — então estará escrito no Livro da Vida do Cordeiro que ele não deverá cometer assassinato para verter o sangue inocente, e se respeitarem minha aliança e não cometerem assassinato para verter sangue inocente, lhes será feito em todas as coisas no tempo e em toda a eternidade como meu servidor lhes tiver prometido. E isso será plenamente válido quando eles estiverem fora do mundo. E *eles passarão perante os anjos e os deuses que estão colocados lá, para sua exaltação e sua glória em todas as coisas*, como isso foi selado em sua cabeça, glória essa que será uma plenitude e uma continuação das posteridades para sempre e sempre.

20. Então eles *serão deuses, porque não terão fim; é por isso que eles serão de toda a eternidade a toda a eternidade, pois eles continuam*. Então, eles estarão acima de tudo, pois tudo lhes será submisso. *Então eles serão deuses, pois terão todo poder e os anjos lhes serão submissos.*

21. Em verdade, em verdade, vos digo, se tu não respeitas a minha lei, tu não poderás alcançar esta glória.

22. Pois estreita é a porta e fechado o caminho que levam à exaltação e à continuação das vidas, e são poucos os que os encontram, porque vós não me recebeis de modo algum no mundo, e de maneira alguma me conheceis.

23. Mas se vós me receberdes no mundo, então vós me conheceis e recebereis vossa exaltação, a fim de que lá onde eu estou vós também estejais.

24. São essas as vidas eternas: conhecer o único Deus sábio e verdadeiro, e aquele que ele enviou, Jesus Cristo. Eu sou Jesus Cristo. Recebeis então a minha lei.

25. Larga é a porta e espaçoso o caminho que levam aos mortos, e existem muitos que entram por aí, porque eles não me recebem e não permanecem na minha lei.

(Doutrina e Alianças, Seção 132)

Aqui, com certeza não se trata mais de Melquisedeque. Porém, a modalidade teofânica do rei de Salém, comparada tanto com o estado corporal humano como com a dupla natureza de Cristo Jesus, implicava que questionássemos a doutrina dos mórmons quanto aos estados humanos, angelicais e "divinos" e quanto às possibilidades do estado humano integral. Trata-se de uma "teomorfose póstuma". Voltemos a Melquisedeque:

1. Existem, *na Igreja, dois sacerdócios, a saber, os Sacerdócios de Melquisedeque e de Arão, inclusive o Sacerdócio levítico.*

2. *A razão pela qual o primeiro é chamado de Sacerdócio de Melquisedeque é porque Melquisedeque era um grande sacerdote muito eminente.*

3. *Antes de seu tempo, ele chamava-se Santo Sacerdócio segundo a Ordem do Filho de Deus.*

4. *Mas em respeito ou reverência ao nome do Ser Supremo, a fim de evitar a repetição muito freqüente de seu nome, a Igreja, nos tempos antigos, chamou esse sacerdócio do nome de Melquisedeque, ou Sacerdócio de Melquisedeque.*

5. Todas as outras autoridades, todos os outros ofícios da Igreja são anexos deste sacerdócio.

6. *Mas existem duas divisões ou dois grandes títulos — um é o Sacerdócio de Melquisedeque, e o outro, Sacerdócio de Arão ou levítico.*

7. *O ofício antigo pertence ao Sacerdócio de Melquisedeque.*

8. *O Sacerdócio de Melquisedeque detém o direito da presidência e tem poder e autoridade sobre todos os ofícios da Igreja em todas as épocas do mundo, para administrar as coisas espirituais.*

9. *A Presidência do Alto Sacerdócio, segundo a ordem de Melquisedeque, tem o direito de oficiar em todos os ofícios da Igreja.*

10. *Os grandes sacerdotes, segundo a ordem do Sacerdócio de Melquisedeque, têm o direito de oficiar em sua própria posição, sob a direção da presidência, para administrar as coisas espirituais e também no ofício de ancião, de sacerdote (da ordem levítica), de instrutor, de diácono e de membro (...).*

13. O segundo sacerdócio é chamado Sacerdócio de Arão, porque foi conferido a Arão e à sua posteridade no curso de todas as suas gerações.

14. *A razão pela qual o chamamos de sacerdócio menor é porque é um anexo do sacerdócio superior ou sacerdócio de Melquisedeque e tem o poder de administrar as ordenações exteriores.*

15. O episcopado é a presidência desse sacerdócio e detém todas as chaves ou a autoridade do mesmo.

16. Ninguém tem legalmente direito a esse ofício, de deter as chaves desse sacerdócio se não for descendente literal de Arão.

17. *Mas como um grande sacerdote do Sacerdócio de Melquisedeque tem a autoridade de oficiar em todos os ofícios inferiores*, ele pode oficiar no ofício de bispo quando não for possível encontrar descendente literal de Arão com a condição de que seja chamado, *colocado à parte e ordenado nesse poder pela mão da presidência do Sacerdócio de Melquisedeque.*

18. *O poder e a autoridade do sacerdócio superior ou Sacerdócio de Melquisedeque é deter as chaves de todas as bênçãos espirituais da igreja.*

19. *Deter o privilégio de receber os mistérios do reino dos céus, de ver os céus se abrirem para eles, de comungar com a assembléia geral e a Igreja do Primogênito, de gozar da comunhão e da presença de Deus Pai e de Jesus, o mediador da nova aliança.*

20. O poder e a autoridade do sacerdócio inferior ou Sacerdócio de Arão é de ter as chaves do ministério dos anjos e de administrar as ordenações externas, a letra do evangelho, o batismo de arrependimento para remissão dos pecados conforme as alianças e os mandamentos.

> 21. Ele tem necessariamente presidentes ou oficiais que presidem, originados daqueles que são ordenados nos diversos ofícios desses dois sacerdócios, ou nomeados por eles ou dentre eles.
>
> 22. *Três grandes sacerdotes presidentes do Sacerdócio de Melquisedeque*, escolhidos pelo corpo, nomeados e ordenados nesse ofício, e sustentados pela confiança, a fé e a oração da Igreja, formam o colégio da Presidência da Igreja.
>
> 23. Os doze conselheiros viajantes são chamados para ser os doze apóstolos, ou testemunhas especiais do nome de Cristo no mundo inteiro, diferindo assim dos outros oficiais da Igreja nos deveres de seu apelo.
>
> 24. E eles formam um colégio igual, em autoridade e em poder, aos três presidentes mencionados anteriormente.
>
> 25. Os setenta são igualmente chamados para pregar o evangelho, e a serem testemunhos especiais aos Gentios e no mundo inteiro, diferindo assim dos outros oficiais da Igreja nos deveres de seu apelo (...).
>
> 28. A maioria pode formar um colégio quando as circunstâncias não permitem que seja feito de outra maneira.
>
> 29. Se não for o caso, suas decisões não têm direito às mesmas bênçãos que acompanhariam antigamente as decisões tomadas por um colégio de três presidentes, *homens justos e santos, ordenados segundo a ordem de Melquisedeque.*
>
> *(Doutrina e Alianças, Seção 107)*

Para concluir, chamaremos mais especialmente a atenção dos leitores para esse texto da seção 107, que ressalta bem a existência de um duplo sacerdócio e a supremacia daquele de Melquisedeque.

QUINTA PARTE

Melquisedeque e a iniciação sacerdotal

Nova referência à Tradição Primordial

— XIX —

Retorno à Jerusalém

Vimos no início do nosso estudo, e com relação ao enfrentamento entre judeus e cristãos para "recuperar" Melquisedeque, que um tempo dessa controvérsia é marcado pela localização na Samaria ou na Galiléia do encontro com Abraão. É a Salém samaritana da *Peregrinatio S. Silviae* atribuída a São Jerônimo, por exemplo; nesse contexto, não era possível fazer coincidir no mesmo "centro" de um *situs*, ao mesmo tempo místico (como centro secundário de um centro sagrado supremo único) e religioso, pois universal, as seguintes noções:

— Jerusalém: visão da Paz;
— Melquisedeque: rei de Justiça, personagem sem começo nem fim;
— centro do Mundo;
— centro do monoteísmo abraâmico;
— centro do Cristianismo;
— centro dos templos (templo de Salomão e templo de Zorobabel);
— centro dos cavaleiros do Templo.

Enfim e no limite extremo superior desta enumeração, *centro original da Tradição primeira, fonte única de todas as outras e finalmente representado por*:

— *um lugar simbólico*, Jerusalém;
— *um "fora do tempo"* no personagem fora de geração "Melki-Tsedeq", para retomar a ortografia dada por René Guénon.

Por isso, o rei de Justiça, quando "volta" a Jerusalém, retoma com todo direito seu título de rei de Salém, de Paz. Mas, de fato, essa Paz, *Shalom*, provoca discussão, pois podemos confundi-la com um lugar exato como indica o Salmo 76.

Aliás, se São Jerônimo havia observado o parentesco filológico entre Salém e Salim, de qualquer maneira o *situs* de Jerusalém quase não influenciava os samaritanos, pois era tirado do Salmo 76 e, portanto, de livros aos quais eles não atribuíam nenhuma autoridade canônica, sendo sua única Escritura o Pentateuco.

Quanto à *Vulgata*, como ela lê, no mesmo Salmo 76, Shalom em vez de *Salém*, sua interpretação se torna não

"Sua tenda está fixada em *Salém*",

mas:

"Ele tem seu tabernáculo na *Paz*".

Tributária dos Setenta, a *Vulgata* se inscreve na linha das especulações filonianas e... guenonianas no século XX, sobre o rei da *Paz*, Melquisedeque.

Na *Caverna dos Tesouros*, também já havia essa retirada de Melquisedeque para os lugares *onde se erguerá Jerusalém* e os anjos vinham morrer. Porém, notemos, é recuperando na história judaica o personagem sem geração, graças à sua "cristianização" e à sua função tradicional... que remonta a Adão, que Melquisedeque encontra definitivamente, e sem contestação, lugar em Jerusalém.

Esta se torna, em escritos como a *Caverna dos Tesouros,*[192] não mais uma cidade de Israel, mas, como nota Marcel Simon,

> ... a capital predestinada do universalismo cristão; a colina do Gólgota é propriamente — o texto diz isso com todas as letras — "o centro do mundo", o teatro do grande drama religioso que encaminha a humanidade, em um movimento ininterrupto, da criação à redenção. Pois a continuidade histórica exige como corolário a unidade do lugar. Foi aí que morreu Cristo, aí que reinou Melquisedeque; portanto é aí também, necessariamente, onde Adão foi criado, aí onde ele repousa, no local preciso em que se erguerá a cruz: o sangue de Cristo, regando seu corpo, conferirá a ele o batismo salutar.[193]

Centro do mundo? A expressão figura igualmente na versão eslava do *Livro de Enoch* para qualificar o lugar de "sepultura" de Melquisedeque. Aqui nós colocamos aspas, pois o *Enoch* eslavo se afasta radicalmente da Epístola aos Hebreus: um personagem sem começo nem fim de vida não pode, de fato, ter sepultura!

O *Livro da Sucessão das Gerações* nos descreve, além disso, de forma imaginativa, à maneira de um conto, a história santa de Adão até a construção de Jerusalém. Foi Noé quem levou na Arca o corpo do pai dos homens. Ele ordenou a Sem, na hora da morte, transportá-la ao *centro do Mundo*.

Aqui percebemos bem o fio condutor que une a Tradição primeira e o Éden adâmico, e também a continuação desse depósito primordial, de um ciclo a outro, pela navegação na Arca que junta um tempo ao outro.

---

192. E o *Livre de l'ordre de la succession des Générations*.
193. *Op. cit.*

Porém, falta aí o representante da função. Então aprendemos que, durante a viagem, Melquisedeque, "tataraneto de Noé", embarca com os refugiados na Arca. Deixemos a Marcel Simon o cuidado de narrar essa epopéia que vai levar à construção de Jerusalém. Melquisedeque é muito jovem ainda, mas já é sacerdote, marcado desde sua infância, pelo Eterno, com o "selo sacerdotal". Não esqueçamos, com efeito, que em um relato, em que o maravilhoso exatamente recobre o ensinamento da tradição, existe um tipo de igualdade entre as seguintes noções: personagem-vínculo do conjunto, Melquisedeque, centro do mundo, Éden, Tradição Primordial, Jerusalém e sacerdócio. Posteriormente, veremos que podemos justamente associar essas noções com a de iniciação sacerdotal. Mas, enquanto isso, voltamos ao nosso relato.

Tudo parte, como dissemos, de Adão, ou mais exatamente de seu sacerdócio (idéia essencial do livro), que convém perpetuar fixando um "centro secundário" próprio a uma tradição nova que reflete e continua de maneira mais específica aquilo que era o centro do mundo, a saber, a Tradição Primordial, mãe de todas as outras.

Definimos também que, dentro da perspectiva do nosso escrito apócrifo, se Adão foi o primeiro sacerdote, sua Igreja era o Éden; aliás, o livro afirma isso sem hesitação: "O Éden é a Santa Igreja e Adão nela oficia, como está escrito: Lembra-te da tua Igreja que adquiriste nos dias antigos". Sempre podemos perguntar-nos sobre a época à qual se refere a situação do Salmo 74 que, aliás, a Bíblia de Jerusalém traduz de maneira diferente: "Lembra-te de teu povo que adquiriste desde a origem...". É verdade que a Igreja santa equivale à Assembléia santa, portanto ao Povo santo... E Pedro, em sua Primeira Epístola, exclama unicamente, dirigindo-se à assembléia: "Mas vós, vós sois uma raça eleita, um sacerdócio real, uma nação santa, um povo adquirido" (I Pedro, 2:9).

Assim, portanto, os "dias antigos" da Igreja de Adão são, poderíamos dizer, o início da criação, a primeira determinação exterior do "Ancião dos Dias", usando aqui um termo próprio ao esoterismo hebraico, que faz um jogo de palavras.

Trata-se da "origem", como indica a tradução da Bíblia de Jerusalém, ou daquilo que as organizações maçônicas britânicas, em seus rituais, designam como uma época não temporalmente especificada, fonte de seus ritos que seriam assim transmitidos *from immemorial times*. Pois se existe um "lugar sem onde", há também um "tempo" desprovido de "*quando*".

Em poucas palavras, é então Melquisedeque quem, com Sem na saída da Arca, terá a tarefa de descobrir esse famoso centro do mundo:

> Os dois homens se põem na estrada, guiados pelo anjo, carregando como viático o pão e o vinho. Chegados ao destino, eles depositam o caixão. Ao entrar em contato com ele, a terra se abre ao

> meio em forma de cruz, e se fecha sobre ele. Melquisedeque ergue então — já conhecemos o episódio — um altar feito de doze pedras, aí oferece o pão e o vinho e comunga assim com seu companheiro. Após isso, Sem retorna. Melquisedeque, sacerdote do Altíssimo, continua sozinho nesse local sagrado, até o dia em que Abraão vem a ele e recebe de sua mão "o pão da oferenda e o vinho da redenção". Ele voltará uma segunda vez, mais tarde, para oferecer em sacrifício seu filho Isaac, e conhecer assim em imagem a cruz, o Cristo, "e a redenção de nosso pai Adão". Mais tarde ainda, tendo o renome de Melquisedeque se difundido ao redor, doze dentre os reis da terra vieram encontrá-lo, e eles também participam nos santos mistérios. Eles procuram tirá-lo da solidão, mas Melquisedeque continua surdo às suas orações. Então eles constroem uma cidade, que ele chama Jerusalém, e o aclamam como "o rei de toda a terra, o pai das nações".[194]

Todos os relatos posteriores àquilo que foi qualificado de "tradição samaritana" — e que, aliás, não se manteve por muito tempo na antiga Igreja — designaram Jerusalém como sendo a primeira cidade de Melquisedeque, e isso antes que essa famosa versão samaritana tivesse surgido sob a influência das controvérsias judaicas e cristãs.

Assim, um relato de peregrinação intitulado *O Itinerário*, de Antoine de Plaisance, e que atribuímos comumente ao século VI, já retorna à antiga tradição jerosolimita. Não se trata mais aqui da Salém de Samaria. É sobre a colina do calvário que os peregrinos podem agora contemplar as lembranças do grande sacerdote.

Se a tradição "antijerosolimita" é no fundo antijudaica, ela só é "cristã" ou de época cristã. Ela é a princípio protesto contra a fixação do centro do Sacerdócio eterno em Jerusalém.

Porém, com o aniquilamento das grandes oposições e a estabilização da grande Igreja, a identificação de Salém com Jerusalém não é mais contestada; além do mais, por aí se atrela a continuidade das duas alianças...

Também podemos, a partir daí, escrever mais serenamente uma "história de Jerusalém" que nos conduzirá mais facilmente à descoberta dessa iniciação sacerdotal ligada à Tradição Primordial.

194. Marcel Simon, *op. cit.*

— XX —

A cidade de Melquisedeque no fechamento do ciclo

A história religiosa e as tradições a ela ligadas de uma maneira ou de outra no Ocidente, especialmente aquelas dos construtores e dos cavaleiros com vocação "iniciática", incorporam em seu simbolismo e em uma mesma esfera espiritual o templo do rei Salomão, o de Cristo, e o dos cavaleiros da Cidade Santa.

Assim, as estruturas espirituais do Templo repousam sobre o fundamento terrestre e místico de Jerusalém.

É, portanto, interessante fazer uma rápida exposição sobre o nascimento, a escolha do nome e a vocação da Cidade Santa. Dentro das linhas que virão a seguir, citamos abundantemente a análise feita sobre "o nome de Jerusalém na Torá", pela irmã Marie-Madeleine Jung, dominicana de Jerusalém, e os trabalhos de Shermaryahu Talmon, diretor dos estudos bíblicos da Universidade de Tel-Aviv, Brandeis e Harvard, trabalhos publicados no *Journal of Ecumenical Studies* de Filadélfia e traduzidos por uma religiosa de Nossa Senhora de Sião, irmã Marie Despina Karadja, para a revista católica *Rencontres chrétiens et juifs* [Encontros cristãos e judaicos], fundada pelo R. P. Roger Braun, S.J.

Importância de Jerusalém na Escritura judaica

O nome de Jerusalém aparece 700 vezes nas Escrituras hebraicas e o de Sião é citado cerca de 180 vezes. Se levarmos em conta as outras designações da Cidade Santa: cidade de Davi, monte Moriah, montanha do Templo, Cidade Santa, Salém, Jebus, Ariel, a Cidade, etc., podemos afirmar que existem umas 2 mil citações de Jerusalém no Cânone hebreu. Isso mostra a importância da Cidade Santa no pensamento bíblico veterotestamentário.

É verdade, porém, que alguns escritos sapienciais como Job, Ester, Provérbios, não fazem nenhuma menção a respeito, enquanto o Eclesiastes faz apenas raras alusões, mas trata-se de livros não "históricos". Por um lado, se não encontramos mais do que duas citações da cidade no Pentateuco e não mais de em uma dúzia em Josué e Juízes, é porque esses escritos narram a história de Israel em uma época em que Jerusalém ainda não havia adquirido seu papel capital dentro das perspectivas temporais e espirituais da eleição. Definimos durante nosso estudo que inicialmente ela foi construída para servir de localização para Shalem ou Shalmon-Shulmanu; seu nome se relaciona, ao que parece, a uma divindade chamada Shalem, extrabíblica.

A princípio habitada por cananeus indígenas (Josué, 10), ela será em, seguida possuída pelos jebuseus, mas somente se tornará o centro religioso de Israel após sua conquista por Davi (II Samuel, 5: 6-9).

O *habitat* cananeu descrito no livro de Josué é confirmado para nós pelas cartas de *Amarna* do século XIV antes da era cristã e o dos jebuseus pelo livro de Juízes (19: 10-12). Em ambos os casos, o lugar teria servido de culto a estrangeiros, como é o que revela Gênesis, 14: 2, e Samuel, 24, 18-25. Desde a origem, todavia, o caráter *teóforo* de Jerusalém se encontra mais evidente pelo nome divino de *Shalem*, mencionado em Gênesis, 14, a propósito da história de Abraão e de Melquisedeque, à qual voltaremos posteriormente.

A equivalência de Shalem com Jerusalém-Sião é visivelmente admitida na literatura bíblica, da mesma forma que faz fé a utilização de Shalem e de Sião como sinônimos no Salmo 76: 2: "Salém é a tenda e a morada está em Sião". Na etimologia popular, aliás, esse elemento *teóforo* que descobrimos tanto em Salém como em Jerusalém, a saber, o nome da divindade Shalem, está identificado praticamente com o nome hebreu *Shalom*, a Paz, de onde vem o nome de *Schlomoh*, Salomão, dado ao construtor do Templo.

Assim, dentro da perspectiva judaica e finalmente judaico-cristã, se prepara a elevação de Jerusalém ao título da Cidade da Paz.

Tal concepção encontra sem dúvida sua expressão mais marcante no Salmo 122, composto após o exílio, onde "a Paz sobre Jerusalém" é a palavra-chave. Mais expressamente ainda, Salém e Shalom estão identificadas em Hebreus, 7: 1-2, com a paráfrase do episódio que relata o encontro de Abraão com Melquisedeque já citado: "Com efeito, esse Melquisedeque, rei de Salém, sacerdote do Deus Altíssimo, que foi ao encontro de Abraão que voltava do massacre dos reis, e o abençoou, a quem Abraão ainda atribuiu o dízimo de tudo, de quem interpretamos para começar o nome como o *rei de Justiça* e que é também rei de Salém, quer dizer rei de Paz". Passando a peregrinação do deserto, o profeta percebe a colina de Sião onde o Eterno encontrará "o lugar de seu repouso". O objetivo final da saída do Egito não é estabelecer em Eretz um foco nacional, mas uma morada de Deus, "a residência da tua santidade" (*Nevé qedoskha*), é o que ele diz no versículo 13 de Êxodo.

Porque ele a chama de "monte da herança"?[195] A noção de herança, no sentido amplo, implica uma tripla relação entre YHWH, Israel e a Terra, pois todos os três são objetos de herança. Israel é a herança do Senhor (Êxodo, 34: 9), como o Senhor é, ele próprio, herança de Israel (Salmos, 16: 5) e a Terra é prometida a Abraão a título de patrimônio hereditário (Gênesis, 15: 18). Eis, pois, que somos levados à marcha de Abraão para o lugar santo.

"A esse lugar Abraão deu então o nome de '*YHWH yirê*': 'o Eterno verá'; de alguma maneira que dizemos hoje em dia: 'Sobre a montanha o Eterno será visto'" (Gênesis, 22: 14).

A aventura de Abraão é uma dupla marcha: "Marchai na minha presença e sede perfeito" (Gênesis, 17: 1), indica bem o título de sua aventura: "*Lekhlekha*" (Ide!); ele marcha em direção a uma terra a princípio desconhecida, depois marcha sobre o país de Moriah onde Abraão deverá sacrificar seu filho. Esse nome pode assemelhar-se a *Yaréah*, que quer dizer temor. Assim, os cabalistas vêem no monte Moriah "a montanha do temor de Deus". Após ter marchado três dias na obscuridade da fé, "Abraão levantou os olhos e viu o lugar (*makom*) de longe" (Gênesis, 22: 4). Ele o viu na bruma: "O lugar é uma predestinação" (Sanh., 14b).

De fato, a Cidade-Templo pré-israelita, governada pelo rei Melquisedeque que oficiava no santuário de "El Elion" (o Deus Altíssimo), foi hebraizada porque aí ficava o *hieros logos* do *sacrifício* de Isaac por seu pai Abraão (Gênesis, 22), sobre o monte Moriah que, desde esse tempo imemorial, está associado a Jerusalém.

Esse monte será mais tardiamente considerado por II Crônicas 3: 1, como sendo a própria colina de Sião. Aí, na área de Arauna, o anjo do Eterno parou de atormentar o povo (II Samuel, 24: 16). Aí, Davi ergueu o altar e Salomão edificará o Templo. É, portanto, o lugar que "o Eterno vosso Deus" escolheu, diz a Bíblia, e a visão de Abraão vai a partir de então se concretizar com a fixação ou a sedentarização das doze tribos, a partir da conquista da Terra Santa por Moisés e Josué. É a edificação do Templo consagrado ao Deus de Israel segundo a tradição conservada por Crônicas (15; 16, 22).

De Abraão, chegamos agora a Davi, que vai fazer de Jerusalém a pedra angular de Israel.

É verdade que a Paz não nasce da divisão... Ora, a pronúncia futura entre os hebreus de *Yeroushalaïm* é mesmo dual, embora a ortografia seja

195. Lembraremos aqui tudo aquilo que R. Guénon escreveu sobre a noção de herança de Hérédom, H.R.D.M. em alguns aspectos da Maçonaria Rosacruz, a propósito dos *Harodim* da ordem real da Escócia.

a do singular. Se Élie Benamozeg pode ver nessa dualidade a união de Israel e da humanidade, resta que a união supõe a dualidade e não a *unidade*. A *Yeroushalaïm* do "Volume da Santa Lei" é de fato um singular e simboliza a Unidade, onde reina o Único.

"Escuta, Israel, o Eterno teu Deus, o Eterno é o Único", frase do *Shema* que será definida por Cristo em São Mateus (Mateus, 22: 36-40) como o primeiro mandamento pelo Amor que dele decorre "e tu amarás o Senhor teu Deus, etc.".[196]

É dentro desse contexto de Unidade, e de Unicidade do Universo manifesto, que a Shalem dos primórdios anuncia a Shalem dos tempos messiânicos que será "plenitude e paz": "A justiça produzirá a Paz" (Isaías, 31, 17).

Abraão, Moisés e a Cidade Santa

A abraamização do lugar fará dele posteriormente o *centrum in trigono centri* do monoteísmo mediterrâneo... e, portanto, o traço de uma tradição única. Tudo isso começa na visão do Pai dos Crentes, visão cujas conseqüências se inscrevem no patrimônio espiritual confiado a Jerusalém e mencionado pelo profeta Isaías, 2: 8: "De Sião sairá a Torá". Visão que prefigura também o objetivo da peregrinação de Moisés e do povo de Israel na saída do e Egito; visão, em Moisés também, do "monte da herança", segundo a fórmula de Êxodo (15: 16-17):

> Que passe, esse povo que tu adquiriste.
> Tu o farás vir e tu o fixarás sobre a montanha da tua herança;
> Morada para tua residência que tu fizestes, Senhor,
> Santuário, ó Senhor, edificado por Tuas mãos.

Com efeito, Moisés acaba de atravessar o mar de caniços com o povo de Israel. Ele se manifesta em ações de graças pela intervenção e canta seu cântico da Libertação. Jerusalém aparece então em uma luz pascal. Moisés celebra apenas as maravilhas passadas, o espírito lhe revela ainda as maravilhas que virão. Ele vê o povo em marcha para o Sinai onde ele receberá a Torá, depois para a Terra Prometida, onde entrará para Sião, enfim, onde o Templo será construído, não por Israel, mas pelas mãos do próprio Deus. Pelas "suas duas mãos", sublinha Rashi, embora o mundo tenha sido criado com uma só mão, conforme Isaías, 48: 13. Isso para significar, é claro, que a construção do Templo é uma obra maior que a criação do mundo.

---

196. O "primeiro mandamento" é o do Deuteronômio 6: 4-5 (*cf.* também Marcos, 12: 29-32) e o "segundo mandamento", igual ao primeiro, decorre de Levítico, 19-18: "Tu amarás teu próximo como a ti mesmo. Eu sou o Eterno".

A Jerusalém de Davi, Salomão e Jesus

Davi determinará com precisão a localização escolhida para o habitáculo divino no território de *Judá* e na interseção de *Benjamim*, graças à intervenção de *Gad*[197] o profeta que vai indicar de fato a Davi o local do altar dos sacrifícios na área de Ornan o jebuseu. Vemos então que Jerusalém não foi escolhida "ao acaso" e por iniciativa humana, mas pelo próprio Eterno, segundo está escrito no Salmo 76: "Deus é ilustre em Judá, grande é o seu nome em Israel. Seu tabernáculo não fica em Salém e sua morada em Sião?" (Bíblia do Rabinato).

É então o lugar escolhido, ou *makom* em hebreu, para a residência divina; lugar de tal forma identificado com Deus que o próprio termo *makom* se torna uma palavra divina no Judaísmo. Lugar do *Shabbath* do eterno, habitáculo da *Shekhinah*, residência do Eterno segundo Ezequiel, 49, que designa Jerusalém por essas três palavras: "YHWH está aí".

O Deuteronômio evitará, de resto, chamar de Jerusalém e empregará a seguinte expressão: "O lugar que Deus escolheu para fazer habitar seu Nome" (Deuteronômio, 12: 11). Efetivamente, a edificação do Templo está em relação direta com a evocação do Nome do Eterno. Esse é o Nome abençoado, amado (Salmos, 5: 12), louvado (Salmos, 7: 18), santificado (Isaías, 29: 23). Por respeito, ele será cada vez menos pronunciado, e somente o grande sacerdote terá o direito de fazê-lo na festa de Kippur. Mas, a fim de melhor significar a transcendência do Santo, bendito seja ele, o "Nome" bastará para designá-lo, assim como ele ainda subsiste na linguagem do hebreu corrente: *ha Shem* ou *Adoshem*. A habitação do nome é então a morada do próprio Senhor. É no Templo que sua Infinitude se concentra de alguma maneira em uma Presença, em uma Presença viva no meio de seu Povo, a *Shekhinah*. Por meio dela, Jerusalém se torna o santuário do espaço como o *Shabbath* é o santuário do tempo. *Porém, se Davi e sua casa se propõem a edificar o Templo, eles também adotam os títulos sacerdotais e os atributos soberanos de Melquisedeque segundo o Salmo: "O Senhor jurou e ele não se desmentirá, tu és sacerdote segundo a ordem de Melquisedeque", versículo do salmista que São Paulo retoma para qualificar o sacerdócio de Cristo. Sendo assim para Davi e seu filho o Grande Rei, é exatamente porque acaba de se realizar o plano divino para esta santa Cidade.*

Tal é a função essencial deles e eles a retêm pela filiação abraâmica de que nos lembrará o vínculo com Melquisedeque em Gênesis, 14: 17-22: "Quando Abraão voltou após ter batido Keder-Laomer e os reis que estavam com ele, Melquisedeque, rei de Shalem, trouxe pão e vinho: Ele era

197. Os franco-maçons simbolistas veriam nisso o encontro entre o "J" e o "B", as colunas do Templo, sob a égide da letra G (*Gad*).

sacerdote do Altíssimo. Ele pronunciou esta bênção: 'Bendito seja Abraão pelo Deus Altíssimo que criou o céu e a terra e bendito seja o Deus Altíssimo que livrou teus inimigos entre tuas mãos', e Abraão lhe deu o dízimo de tudo". Eles a detinham também porque se o Lugar santo foi entrevisto por Abraão e pela primeira vez sob o nome Shalem, ele também foi *reconhecido*, *metrificado* e *medido* pela realeza davidiana.

É, portanto, a plenitude divina que se refugia aí com a edificação do Templo e nós evocaremos mais uma vez as aproximações etimológicas entre Shalem, a plenitude; Shalom, a Paz; e Salomão, o Pacífico.

Com a Nova Aliança, Cristo será chamado "Filho do Altíssimo", e sabemos a equivalência guemátrica entre *Emanuel*, nome de Jesus dado pelo Anjo, e *El Elion*, o Deus Altíssimo; seu sacrifício é o do pão e do vinho, também a mesma referência a Melquisedeque, rei de Salém-Jerusalém, e vai legitimar a partir daí a tradição inaugurada pelo Evangelho, mas desta vez em um aspecto mais exclusivamente sacerdotal, ou espiritual, se quisermos.

Curiosamente, em todo caso, o personagem "rei da Justiça e rei da Paz", o personagem sem geração cujo nome está associado ao de Jerusalém e a seu lugar geográfico, esse personagem vai por um lado abençoar (de cima para baixo) Abraão, o invocador de El Shaddaï, o Deus Todo-Poderoso arquiteto do Universo, e por outro lado abençoar, também e em ação de graças (de baixo para cima), El Elyon, o Deus Altíssimo, pelas vitórias de Abraão. Ele parece assim ser como um mediador entre os dois aspectos divinos: o *Altíssimo* — o inacessível — e o *Todo-Poderoso*. É preciso ver aí uma alusão àquele ao qual se dirige o Salmo de Davi 91: "Quem permanece sob a proteção de El Elyon repousa à sombra de Shaddai". Entre as duas alianças, judaica e cristã, é preciso destacar um fato que não explica com exatidão a vinda de Cristo, mas que prepara de alguma maneira o condicionamento dos espíritos para a revelação do fruto da raça de Davi e da tribo real de Judá: *a abertura de Jerusalém ao universalismo* e a convergência do olhar dos gentios para a Cidade Santa: "Shalem, de Nahmanide, é Jerusalém. Pois está escrito: 'Seu tabernáculo está em Shalem'. E seu rei é chamado, mesmo no tempo de Josué, *Adonit-sedeq* (Mestre de Justiça), pois desde essa época os Gentios sabiam que esse lugar é o mais augusto de todos, que ele se encontra no centro da terra habitada e a tradição lhes havia ensinado que ele corresponde aqui embaixo ao trono Celeste onde reside a majestade divina chamada Tsedeq" (Seção *Lekh-Lekha*).

A universalidade "melquisedequiana" de Jerusalém

É verdade que Shalem se apresenta sob um aspecto "universalista", pois ela é anterior à vocação de Abraão. Ela carrega o nome de Salém. E seu rei, como dissemos, é o sacerdote de El Elyon "que adquiriu céu e terra". Ora, esse Deus do Universo está próximo por aí de YHWH, "que criou o Céu e terra". Abraão reconhece, além disso, a legitimidade de seu culto, pois ele emprega a mesma fórmula de El Elyon para o juramento ao rei de Sodoma (Gênesis, 14: 22). Ele se inclina perante Melquisedeque e lhe oferece o dízimo. *A homenagem prestada por um adorador do Deus único a um oficiante de um culto não definido é de fato excepcional no primeiro Testamento*, como observaram vários exegetas judeus e cristãos aos quais já nos referimos com bastante freqüência neste trabalho.

Além disso, e como para marcar justamente a dimensão universalista de Jerusalém, os rabinos distinguirão na etimologia de seu nome um duplo elemento: um que vem dos "pagãos", *Shalem*, o outro provindo de Israel: *Yiré*, nome que Abraão dará ao monte Moriah.

> Abraão chamou essa cidade Yiré e Sem, o filho de Noé, a chamou Shalem. O Santo, bendito seja, disse: "Eu a chamarei pelos nomes que eles lhe deram todos os dois, quer dizer Yiré-Shalem" (*Bereshit Rabba 38*).

Também sabemos, pelos historiadores bíblicos, que os jebuseus, de quem Davi havia conquistado Jerusalém, tinham o direito de continuar a viver, sem ser molestados, lado a lado com os israelitas. A corte do rei estava literalmente cheia de guerreiros estrangeiros, como os keratitas, os palatitas, os hititas, etc., e de conselheiros estrangeiros. Alguns dentre eles subiram na hierarquia administrativa do reino, tornando-se, por exemplo, ministros de Davi e de Salomão. Esses estrangeiros parecem ter sido perfeitamente integrados do ponto de vista econômico e social. Eles se tornaram mesmo os pilares que sustentaram a dinastia davídica e se integraram no âmbito do culto de Jerusalém. Os muitos vínculos da tribo de Judá e um particular da dinastia de Davi, com pessoas de origem não judaica são amplamente atestados na literatura bíblica. Basta lembrar Tamar, a cananéia que deu dois filhos a Judá, epônimo da tribo (Gênesis, 38); Rute a moabita, tataravó de Davi (Rute, 4) e mãe de Absalão, Maacah, princesa geshur na Transjordânia (II Samuel, 3: 3). Podemos supor, com muita probabilidade, que mesmo a casa de Sadoque, o grande sacerdote que oficiava no Templo de Jerusalém, pertencia à população indígena de Canaã e havia sido antes ligado ao santuário local de Gabaão (I Crônicas, 16: 39). Não é de surpreender que os profetas de antes do exílio tenham censurado esse universalismo de Jerusalém... pelo temor de ver deslocar-se a unidade religiosa e étnica de Israel; daí a observação de Isaías (2: 6): "Eles dão a mão aos filhos dos estrangeiros". Esse reflexo de fechamento aos não-judeus se explicava no âmbito de um exclusivismo ritual ligado a uma eleição etno-religiosa. Porém, e na mesma direção, o universalismo estigmatizado pela consciência religiosa preparava providencialmente a mentalidade hierosolimitana para acolher uma mensagem de essência esotérica: aquela de

Cristo, *cuja característica seria exatamente de abrir para todos, sem distinção de proveniência, de origem ou de raça, a eleição até então reservada a Israel.*[198]

O profetismo bíblico, cujos temores acabamos de destacar, não hesita, em compensação, em proclamar a vocação universalista de Jerusalém dentro das perspectivas escatológicas. Então a Cidade Santa se torna o objetivo da peregrinação de todos os povos, como destacam Isaías (2: 2 e 6, 8), Miquéias (4: 2) ou Jeremias (3: 17): "Nesse tempo, chamava-se Jerusalém o Trono do Senhor e todas as nações se juntaram em Nome do Senhor em Jerusalém".

Jerusalém se prepara para se tornar um lugar do culto para todo ser humano vivo, judeu ou não-judeu. "Pois assim fala o Senhor: a minha Salvação está próxima e a minha Justiça vai manifestar-se... e minha casa será chamada uma casa de sacerdotes para todos os povos". Isaías profetiza e Jesus dirá que chega o tempo em que não mais se vai orar no Templo ou em uma montanha, mas *"em Espírito* e *em Verdade" porque o Espírito "sopra onde ele quiser".*[199]

Isto suprime toda compartimentação e todo fechamento. O que quer que se diga dessa flexibilização do "rigorismo confessional", parece mesmo que ele corresponde à vocação messiânica de Jerusalém. Não era essa vocação que entusiasmava os escritos intertestamentais e os do Cristianismo primitivo? Que nos entendam bem: essa vocação nada tem a ver com a indiferença religiosa ou com a mistura das formas religiosas, mas *ela supõe uma aptidão para captar a Unidade original própria a todas as tradições, uma aptidão para conceder o que ultrapassa as formas externas e que constitui seu Princípio superior. Tal é exatamente a finalidade de um centro tradicional e "iniciático" na perspectiva exposta por R. Guénon.*

O próprio Cristianismo revela em Melquisedeque uma figura de Cristo e de seu sacerdócio, o que tenderia a provar, ainda aí, que o Cristianismo no início da tradição que leva esse nome, e em Jerusalém, seu local de nascimento, realizava essa abertura eletiva; tal era sua razão suficiente: uma "graça em relação aos não circuncisos".

A liberação das regras formais ou da lei dava ao ramo hierosolimitano saído de Cristo (ele mesmo da tribo de Judá e descendente de Davi e Salomão e ele mesmo circunciso) um aspecto de "não distinção", que evoca o estado próprio à Tradição Primordial, para empregar a expressão de René Guénon: o estado "melquisedequiano" que reúne os representantes de diferentes tradições, como os Reis Magos reunidos em Belém de Judá.

---

198. Esse é um traço característico do aspecto "primordial" inerente à tradição cristã pela referência melquisedequiana.

199. João, 4: 23 e João 3: 8.

A liturgia cristã conserva essa lembrança e recorda isso na Epístola aos Efésios do domingo da Epifania: "Vós podeis reconhecer a inteligência que eu tenho do mistério de Cristo. Ele não se manifestou aos homens nas idades anteriores, como foi revelado em nossos dias aos santos Apóstolos e Profetas de Jesus Cristo. Esse mistério é que *os gentios são herdeiros com os judeus* e que eles participam da promessa de Deus em Jesus Cristo pelo Evangelho" (3: 2-7).

O que se torna marcante para a nossa pesquisa é precisamente que essa noção de "centro supraconfessional" esteja ligada ao estabelecimento da Cidade Santa e que esta seja por sua vez o reino de Melquisedeque, personagem sem geração... Voltaremos a isso logo e a propósito da iniciação sacerdotal.

Vamos lembrar mais uma vez este texto-chave de Paulo na Epístola aos Hebreus: "Esse Melquisedeque, de fato rei de Salém, sacerdote do Altíssimo, que foi ao encontro de Abraão em sua volta da derrota dos reis e que o abençoou, a quem Abraão deu o dízimo de tudo, cujo nome significa a princípio rei de Justiça e, além disso, é rei de Salém, quer dizer o rei da Paz, que é sem pai, sem mãe, sem genealogia, cujos dias não têm começo, e cuja vida não tem fim, esse Melquisedeque, assimilado ao Filho de Deus, sacerdote, permanece para sempre" (Hebreus, 7: 1-4).

Ora, esse conjunto doutrinal se esclarece à luz daquilo que René Guénon escreveu, em *O Rei do Mundo*, sobre *a função e o papel de Melquisedeque* e sobre suas relações com o pólo supremo de todas as tradições e conseqüentemente com a própria Tradição Primordial, da qual Guénon destaca o parentesco nocional com o *Dharma* das doutrinas orientais, como já analisamos no início desta obra.

Resta examinar agora a natureza das correspondências histórico-simbólicas entre a Jerusalém celeste e a Jerusalém terrestre.

Jerusalém terrestre e Jerusalém celeste

Aqui também nos remeteremos à obra de René Guénon para tudo o que se refere ao simbolismo da Jerusalém celeste e apocalíptica, seu significado cíclico e quadrangular, sua junção com o Jardim circular edênico, etc., e nos limitaremos a mencionar alguns aspectos que interessam mais diretamente à Cidade Santa temporal. Seguindo os autores que mencionamos no início deste capítulo, observaremos que a situação elevada da cidade concorda, no âmbito das estruturas próprias à geografia sagrada, com o simbolismo celeste.

O templo que coroava aquilo que a Escritura santa chama de "Alta Montanha" da região tende para a proximidade celeste ou a designa, e a Tradição judaica proibirá a qualquer outro edifício dominar o templo.

Da Cidade Santa de baixo até a Cidade Santa do alto que o Apocalipse descreve, existe uma relação certa de símbolo com a realidade simbolizada, mas também, e às vezes, uma relação de inversão como aquela que existe entre o *Olam Hazeh* — este mundo — e o *Olam Haba* — o mundo que virá — ou ainda uma relação de sofrimento ou de tensão, quase de parto, pois seria totalmente errôneo pensar que o baixo é estranho à altura; ele é seu reflexo e nas coisas santas está literalmente "conectado" a essa realidade celeste, se nos permitem essa expressão. É bem aquilo que confere aos ritos tradicionais sua virtude operante: um vínculo com as fontes do Alto (tal é o sentido primeiro da palavra religião, "*religare*": religar), um vínculo que une "o altar de baixo" com o do alto, *eixo vertical* que une o triângulo "de ponta para cima" ao triângulo "de ponta para baixo" e, atravessando em seu centro, o *eixo horizontal* de encontro e de intersecção equilibrante de seus dois triângulos, o eixo da "superfície das águas".

Poderemos ainda dizer que a Jerusalém terrestre é para aquela do Apocalipse ou para a Jerusalém meta-histórica, aquilo que o monte Sinai é para o monte de Sião de Jerusalém, e isso, dentro da perspectiva exposta por Paulo em Gálatas, 4: 22-25.

Todavia, como notava o padre Marcel Dubois, dominicano de Jerusalém, chefe do Departamento de Filosofia da Universidade Hebraica de Jerusalém, a tradição rabínica comentou de outra maneira a noção da "Jerusalém celeste", como aquela que já aparece no período intertestamental. Se a Jerusalém terrestre é o centro de ajuntamento dos exilados, o ponto de focalização das orações, dos ritos, do simbolismo escritural e da esperança messiânica, ela é também como um condicionamento temporal e de pré-formação da Jerusalém celeste. Existe aí uma espécie de reversão da cosmologia apocalíptica clássica:

> Lemos no *midrash Tankhuma*: "Vós vereis que existe uma Jerusalém do alto que corresponde à Jerusalém de baixo. Por amor da Jerusalém terrestre, Deus fez uma no alto". Em outras palavras: a Jerusalém terrestre é apenas a reprodução de um arquétipo celeste, e seu significado não decorre do fato de ela refletir uma realidade celeste. Ela tem um valor em si, ela é o modelo da Jerusalém celeste. Por essa tradição, não é minimizando o valor de realidades históricas com suas dimensões materiais, sociais e políticas, que garantimos a plenitude das realizações espirituais. É por isso que mesmo em seu desenvolvimento extremo a idéia da Jerusalém celeste não perdeu, no pensamento judeu ou na imaginação mística, o contato com as realidades terrestres. A mais antiga referência, a talmúdica, a uma Jerusalém celeste coloca na própria boca de Deus essas palavras bastante surpreendentes: "Eu não entraria na Jerusalém celeste antes de ter entrado na Jerusalém terrestre" (*Ta'anit* 5 b).

Assim, podemos compreender *as razões profundas desse entremeamento do sagrado e do profano, do humano e do divino, de tempos e de eternidade, no símbolo e na realidade concreta de Jerusa-*

lém, onde tudo acaba em sacramentalidade, centralidade e universalidade. A singularidade desta cidade paradoxal é que ela é a capital mística da Bíblia, a cidade divinamente judaica na Torá e na Cabala, e que ela é ao mesmo tempo melquisedequiana", portanto, aberta ao mundo inteiro e, como anuncia o profeta Isaías (2: 2-3), o santuário de Israel ao qual todas as nações são convidadas a subir. Encontramos novamente aqui o rei de Justiça e de Paz.

Aliás, a tensão de que falávamos há pouco, entre a Jerusalém terrestre e a Jerusalém que ela postula e espera, já é perceptível no significado do próprio nome da Cidade Santa, evocado no começo deste capítulo: *a visão da Paz*. Da mesma forma que sempre houve guerras e sangue derramado como preliminar obrigatória para a paz na Jerusalém histórica, também a imagem escatológica da paz final e definitiva não pode concretizar-se senão após uma guerra, uma catástrofe. A era da paz eterna que será inaugurada em Jerusalém virá após guerras tumultuosas contra as nações, cuja aniquilação no vale de Josafá foi decidida por Deus. É o vale de seu Julgamento (Joel, 3: 16). Nesses tempos, se a justiça prevalece em Jerusalém, "os reis assentados no trono de Davi entrarão pela porta desta casa montados sobre carros e cavalos, com ele próprio, seus servidores e seu povo" (Jeremias, 22: 4).

Adiante, situa-se, no vértice do ciclo atual que reatualiza a idade de ouro do "século a vir", essa quadratura da cidade dos 12 mil eleitos de cada uma das 12 tribos de Israel, quadratura da Cidade Santa de 12 portas. É a cidade que acolhe, indistintamente e em conjunto, os eleitos do Judaísmo, por um lado, e aqueles das nações que tenham regado suas vestes no sangue do Cordeiro, por outro lado. De fato, é o estado final dos "realizados" e dos santos de todo o universo tradicional que está descrito aqui. *Um estado humano integral, o estado do "homem universal" no corpo de glória do Verbo-Messias identificado com a única Cidade Santa "de que o Todo-Poderoso é o Templo e o Cordeiro, a lâmpada"...* [200] *a reatualização da Tradição Primordial.*

---

200. Lembraremos, a esse respeito, passagens de *Katha Upanishad*, *Mundaka Upanishad* e *Shwetâshwatara Upanishad*, citadas por René Guénon a respeito do *Purusha* que repousa na individualidade "integral" e simbolizado por uma cidade (*puri-shaya*). Nesta, como na Jerusalém celeste, não brilham nem o Sol nem a Lua — nem as estrelas — mas tudo reflete o brilho único do *Purusha*.

René Guénon, além disso, assinalou a correspondência dessas descrições simbólicas, e daquelas dadas igualmente pela *Bhagavad-Gitâ* (XV, 4 e 6), com a descrição da Jerusalém celeste e como ela sai do Apocalipse (21: 23): "E esta cidade não precisa ser iluminada pelo Sol nem pela Lua, porque é a glória de Deus que a ilumina e o Cordeiro que é sua lâmpada". Da mesma forma, ele chamou a atenção para as aproximações que poderíamos fazer entre essa Jerusalém celeste e a "cidade de Brahma" da mesma forma que sobre as relações etimológicas que unem o Cordeiro (*Agnus*) do simbolismo cristão e o *Agni* védico, princípio ígneo cujo "veículo" é exatamente um carneiro (*cf. L'Homme et son devenir selon le Vêdânta*, cap. III, "O Centro Vital do Ser Humano, Morada de Brahma").

Dentro dessa "visão do coração", Jerusalém é, certamentes mais do que nunca a cidade da Paz, mas essa *Pax profunda* de uma ordem divina, a do "*seder ha-Qadosh — barukh hou*", sem medida com o institucional, o humano. É isso o que o Cristianismo percebeu na noção universal de *Corpus mysticum* do Messias.

Todavia, mesmo no domínio histórico-religioso da Jerusalém de baixo, a Paz permanece a esperança e o termo de uma espera espiritual, uma graça e uma bênção que o profeta Isaías (66: 10-13) exalta nestes termos: "Regozijai-vos com Jerusalém e alegrai-vos por causa dela, todos vós que a amais! E estremecei de alegria com ela, todos vós que chorais sobre ela, a fim de que sejais alimentados e saciados na teta de suas consolações, a fim de que vós saboreeis com delícias a plenitude de sua glória! Pois, assim fala o Senhor: Vou fazer escorrer sobre ela a paz como um rio e a glória das nações como uma torrente que transborda: vós sereis levados sobre seus flancos e embalados sobre seus joelhos. Como a mãe que consola, assim os vossos sereis consolados em Jerusalém".

Entre Céu e Terra: a Paz da Jerusalém invisível, santuário melquisedequiano

Destacamos o caráter dual da palavra *Yeroushalaïm*. Dualidade na Unidade que o casal humano evoca. Assim, observava a srta. de Tryon-Montalembert, diretora do colégio Beth-Rikvah Loubavitch e co-redatora, com o P. Kurt Hruby, de uma obra sobre a Cabala:

> Quando a relação entre o homem e a mulher é harmoniosa, a *Shekhinah*, ou presença divina, repousa sobre eles, senão é a ira que queima como o fogo. O homem é *ish* (*aleph — iod — shin*), e a mulher originada dele, *isha* (*aleph — iod — hé*) (Gênesis, 2: 23). Cada um tira seu princípio de uma *sephira* divina, o homem pelo *Iod* e a mulher pelo *Hé*.
>
> Segue daí, para Rabbi Akiba, que a *Shekhinah* — a divina presença — repousa no seio do casal onde se encontra inscrito o essencial de seu Nome: as duas letras radicais desse misterioso tetragrama, desse impronunciável Nome revelado no Sinai, na Glória e na Majestade do Eterno. Mas para que permaneça a Presença, a harmonia deve ser sem falha entre o homem e a mulher. Senão, continua Rabbi Akiba, a discórdia faz jorrar entre eles um fogo, *esh* (*aleph-schin*) que se abrasa desde o desaparecimento das duas letras divinas, a palavra fogo, *esh* (*aleph-schin*) resultando da supressão do *yod* de *ish*, o homem, e daquela do *hé* de *isha* (*aleph — schin — hé*), a mulher.

É por isso que a Jerusalém, entendida como suporte simbólico dos casamentos místicos entre a *esposa* (= a *Shekhinah*, a *Kalé*, ou a *Bat-Kol*, filha da Voz) e o *esposo messiânico*, o esposo do *Cântico dos Cânticos*, permanece uma eterna bênção, uma bênção de Paz: "*Shalom ba shem ha-Meshiah*".[201]

Essa bênção de Paz saída de Jerusalém... que une as distinções de homem e mulher e que transcende as distinções confessionais da posteridade de Abraão, não seria a bênção do sacerdote do Altíssimo, "rei de Justiça" e de Paz", *Melquisedeque*? Colocada a questão, é responder a ela, pois ele também fica, finalmente, "entre céu e terra", nesse "lugar sem onde", esse *situs* espiritual que apenas convém à criação extratemporal dos santuários e tabernáculos sagrados.

O *situs* simbólico da Tradição ininterrupta desde as origens do nosso mundo, a Tradição Primordial.[202]

---

201. Vamos aproximar, aliás, a união das duas Jerusalém daquela da bem-amada e o bem- amado do *Cântico dos Cânticos*. A Jerusalém celeste é então a esposa, o selo místico da Jerusalém terrestre que ela carrega em seu "Coração" (centro): "*Simenou kahotam 'al libeka*" (*Cântico dos Cânticos*, 8: 6). Ela é também a "Paz descoberta", "*motzeet shalom*" (*Cântico dos Cânticos*, 8: 10). Nela, o bem-amado encontra a *Pax profunda*. Ele é então verdadeiramente "rei de Salém". Uma troca hierogâmica inspira esse *midrash*, pois, de fato, o esposo está no alto e a esposa embaixo.

202. Desenvolvemos essas idéias em um número de *Travaux de la loge nationale de recherches Villard de Honnecourt* [Trabalhos da Loja Nacional de Pesquisas Villard de Honnecourt] (Paris, GLNF, 65, bd Bineau, 92200 Neuilly-sur-Seine), nº 2, 1º semestre de 1981, consagrado a "Jerusalém invisível e Jerusalém celeste", número no qual colaboraram sobre o mesmo tema Armand Abécassis, a Srª M.-M. Davy, especialista em simbolismo religioso medieval, o padre Jean-Marie Martin, o pastor Jacques Noël Pérèz e Pierre Deghaye. Nesse mesmo caderno, nós também tivemos a honra de apresentar, com Jean-François Ferraton, um estudo de notável inspiração do abade Nicolas Boon: *Vidi Aquam Egredientem de Templo a latere dextro*.

XXI

Tradição Primordial e iniciação sacerdotal segundo a "ordem de Melquisedeque"

Precisamos observar agora que, desde que foram organizadas vias místicas e iniciáticas no Ocidente cristão, a iniciação sacerdotal foi ancorada no personagem de Melquisedeque, às vezes também, mas a título mais adequado a uma forma cavalheiresca, a José de Arimatéia.

De fato, não se pode misturar: existem iniciações de ofício, de cavalaria e sacerdotais, o que não significa que elas sejam estranhas umas às outras ou que não repousem em uma arca comum. Uma nave pode conter, durante um mesmo ofício, um sacerdote, cavaleiros e construtores; nada impede que as funções sejam diferentes, desde que o cinturão sagrado, construído pelos últimos, guardado pelos cavaleiros e santificado pelo sacerdote, permaneça "uno e indivisível", da mesma forma que seu Tabernáculo é Uno...

Exatamente, como trataremos neste capítulo dos problemas ligados mais estreitamente à cavalaria templária, somos levados a fornecer, *in limine litis*, algumas explicações sobre a iniciação cavalheiresca; veremos mais adiante que isso não nos afasta do nosso domínio de pesquisas. Além do mais, é importante frisar, desde o começo, que a iniciação cavalheiresca foi distinguida freqüentemente da entrada nas ordens de cavalaria e mais ainda, com certeza, da profissão das armas.

Ela então se revestiria, além de uma "profissão" cristã inerente à cristianização da cavalaria no Ocidente e na Idade Média, de um caráter de *universalidade* que é próprio do esoterismo e da "marca melquisedequiana".

Podemos então acreditar que o mesmo aconteceu com a iniciação sacerdotal, na hipótese de sua existência no seio da religião cristã. Com certeza, teria sido então necessário que essa iniciação se vinculasse, de uma maneira ou de outra, à própria origem do sacerdócio cristão e que ela se dotasse de um simbolismo particular em relação tanto com a origem em questão como com os destinos últimos do sacerdócio de Cristo durante o nosso ciclo.

Para a cavalaria, fica evidente, após as informações dadas por Guénon sobre a função dos "Guardiões da Terra Santa", que a iniciação cavalheiresca liga-se tanto ao Graal como à organização que assumiu o nome de *Ordem do Templo* na Terra Santa.

Se for mesmo assim, é preciso admitir que efetivamente o Templo comunicava com o *"centro" de todas as tradições cavalheirescas. Para o monoteísmo, esse centro é justamente a Cidade Santa de Jerusalém, a cidade do patriarca sem geração "Melquisedeque"*, aquela que as três confissões da posteridade de Abraão veneram: judeus, cristãos e muçulmanos.

Para o Graal, referiremos aos escritos lendários relativos às "Távolas" sucessivas, uma das quais compreende até mesmo os pagãos, e ao *Parzival* de Wolfram von Eschenbach, em que a intervenção de uma cavalaria muçulmana é evidente, o aspecto metafísico transcendendo aqui as divisões religiosas. Porém, se a "universalidade" do monoteísmo em estado puro e em seu cume supremo e divino se realiza por Melquisedeque para o sacerdócio judaico-cristão abraâmico, a existência de uma iniciação sacerdotal aberta ao universalismo da Tradição Primordial levanta um bom número de questões que vamos examinar a partir de agora.

Generalidades

A fim de evitar qualquer confusão ao abordar a delicada problemática das relações entre as noções de sacerdócio, iniciação e Tradição Primordial, é preciso trazer, desde a entrada, algumas definições de ordem geral, quem sabe para encontrar Melquisedeque apenas no fim do capítulo.

Bem entendido, quando se trata de Tradição e de transmissão a partir de uma origem, é preciso apelar para os "ritos". Isso vale *a fortiori* para tudo aquilo que provém de uma fonte primeira única, contendo nela, e de maneira indiferenciada, a totalidade das possibilidades chamadas a se manifestar e a se repartir durante o ciclo considerado. O rito é então um transmissor e, se podemos dizer, um despertador de reminiscência, pelo menos se o assunto que ele toca é "qualificado" para essa restituição de um estado de consciência "primordial". Por aí, vemos melhor que o aspecto iniciático, em uma ordem — ou em uma ordenação —, assemelha-se a uma capacidade pessoal de atualizar o *initium*. É o momento de evocar de novo aquilo que São Paulo afirma desse princípio "atemporal" do sacerdócio referido a Melquisedeque, na Epístola aos Hebreus, e que, por seu caráter "original", é bem evidentemente "iniciático" no duplo sentido da raiz latina, *initio*: iniciar nos mistérios, e *initium*: começo, princípio, fundamentos, etc.

O *initium* é precisamente a idade de ouro edênica que engloba aquilo que se vai especificar na marcha dos tempos. Sua homogeneidade indiferenciada é o inverso da anarquia igualitarista e banalizante dos últimos tempos, aqueles que precedem o aparecimento efêmero de uma hierarquia invertida e uniformizante.

Entre o início e o fim, vemos aparecer as raças e as castas, ou o *Homo hierarchicus* utilizando, para o melhor de seus fins, aquilo para o qual ele foi providencialmente dotado; daí uma certa "eleição" em função de qualificações, pessoais ou técnicas, particulares.

É assim que nós vemos redesenhar progressivamente na sociedade dos homens uma quadripartição que vai do "não qualificado" até o sacerdócio, passando pelas divisões intermediárias da profissão e da cavalaria. De fato, a profissão deve ser entendida mais como a função econômica, mas a profissão e a cavalaria pertencem à órbita real, embora existam, como veremos justamente a propósito da iniciação sacerdotal, "passarelas" entre profissão e sacerdócio — não era Cristo carpinteiro? —, entre sacerdócio e realeza — não era Cristo descendente da tribo real de Judá? — e entre a profissão e a realeza — não estava prefigurado Cristo por Salomão, o grande mestre dos maçons?

Além disso, se Cristo é sacerdote segundo a ordem de Melquisedeque, este é *rei* tanto como *sacerdote*. A esse título, aliás, ele se identifica bem com essa "plenitude" sem distinção que caracteriza a Tradição Primordial.

Sacerdócio e classe social

Acabamos de ver que as "castas" — entre as quais a do sacerdócio — são uma ordem principal que nada tem de comum com a divisão em classes sociais do mundo ocidental moderno. A partir daí, quanto mais a "casta sacerdotal" se confunde com uma exterioridade das aparências, a de uma classe social, mais ela perde aquilo que a fundamenta. A respeitabilidade aparente, portanto, nada tem a ver com a realidade sacerdotal. Em um sentido um pouco análogo, Guénon determinará que, no Taoísmo,

> os Imortais são sempre descritos, quando se manifestam em nosso mundo, sob um aspecto mais ou menos extravagante e mesmo ridículo e que, por acréscimo, não está isento de uma certa vulgaridade.[203]

203. *Initiation et réalisation spirituelle*, Paris, Éditions traditionnelles, 1967, cap. XXVII, "Folie apparente et sagesse cachée", p. 213.

Trata-se então realmente de potencialidades interiores escondidas. Os "ritos" adequados dirigem-se a "qualificados interiores" em quem eles desenvolvem, mais do que em outros, perspectivas e compreensões ditas "iniciáticas" as quais nos esforçaremos, aliás, para definir mais adiante e que nos levarão a Melquisedeque. Esses ritos, que aqui decorrem da graça de Cristo e de sua virtude transformante, agem no "povo" que eles atraem um pouco como o ímã faz com a "limalha de ferro", o que mostra bem que eles não são o apanágio de uma "classe social" que se distingue do povo por meio de artifícios de aparência ou de "ter".

> Os iniciados e especialmente aqueles das ordens mais elevadas se dissimulam de bom grado entre o povo, agindo de sorte a em nada se distinguirem externamente.[204]

Então, nenhum amálgama pode ser feito entre a "casta" que corresponde à iniciação sacerdotal por vocação supra-individual e, por exemplo, a "classe média", que fornece o grosso das "altas funções" de todas as organizações hierárquicas modernas. Guénon, que ainda é preciso citar realmente, pois é ele quem se dedicará a estabelecer as distinções entre iniciação, mística, etc., vê na classe média o produto social da indústria moderna. Ela não pode, portanto, satisfazer, diz ele, necessidades das quais toda espiritualidade foi excluída. Ela não pode ser identificada com a nobreza eletiva do sacerdócio, das armas ou da profissão. Ele zombava a esse respeito da "cultura" profana que, a seu ver, pelo menos, era o reflexo característico dessa classe média "a quem ela dá seu 'brilho' superficial e ilusório, o meio de dissimular sua perfeita nulidade intelectual".[205]

Chegando a esse ponto de nossas reflexões, vamos parar um instante para demarcar o caminho percorrido.

De fato, se Guénon distingue cuidadosamente o intelecto do mental "cultivado", é que, para ele, só o intelecto é apto a um Conhecimento que une o sujeito e o objeto no próprio ato do Conhecer; ora, *o Conhecimento, "nascimento com", é um estado de ser da Primordialidade tradicional; poderíamos dizer, um estado "melquisedequiano" supradistintivo, livre e "incondicionado"*.

No caso do judaico-Cristianismo, existe uma identidade total entre o Conhecimento e o Amor. Lembremos: "Amarás..." e "Deus é Amor"...

Sacerdócio e concentração: a "Primordialidade"

Outra particularidade do aspecto iniciático do sacerdócio se refere a seu caráter interior e "central".

---

204. *Initiation et réalisation spirituelle*, *op. cit.*, cap. XXVIII, "Le masque populaire", p. 214.
205. *Ibid.*, cap. XXIX, "La jonction des extrêmes", p. 223.

Na tipologia sacramental, ele procede de fato da qualificação interior do ser. Essa tomada de consciência se verifica pela relação que une os dois conceitos: Iniciação e Primordialidade na palavra "Centro".[206]

Aqui estamos na presença de um sinal importante: o *Centro*, e por aí mesmo o "*situs* sagrado" tanto orgânico como espiritual e geográfico. No plano de nosso estado de ser, o centro é a projeção de um eixo vertical que reúne todos os estados de existência e a Primordialidade intemporal das origens. Não há mais de "sucessão" sobre tal eixo, confundido com o "centro" do nível humano, como não existem "gerações" em Melquisedeque: "sem pai, sem mãe...".

Vamos tratar agora de uma figura geométrica que separa ao mesmo tempo o "exterior" do "interior" e o "alto" do "baixo". Fica evidente que quanto mais esta "con-*centração*" é forte, mais ela se interiorizará e corresponderá, portanto, pela distinção que existe entre o "profano" e o "sagrado", a uma maior con-*templação*, isso até esse ponto simples, eterno, onde Deus se faz homem e este se deifica em Cristo: o sacerdócio segundo a ordem de Melquisedeque.

Eis, portanto, um novo limite que demarca nosso percurso: *a primordialidade tradicional corresponde à espiritualidade mais interior e mais central, aquela que define a função sacerdotal.*

Compreensão metafísica e sacerdócio cavalheiresco

Poderíamos também perguntar a respeito da natureza imaginária ou não das definições que acabamos de aplicar ao sacerdócio. Existe uma compreensão, digamos "primordial", do sacerdócio, para distinguir apreensões mais exteriores e "afetadas"?

Encontraríamos alguns elementos de resposta a essa questão notando a maneira pela qual os padres da Companhia de Jesus às vezes retrataram a sociedade deles, seu fundador e os *Exercícios* aos quais ele deu seu

---

206. Guénon colocará esta estação central da mais alta atividade espiritual em relação, do ponto de vista da "altitude", com o "rejeito dos poderes", sendo estes contrários à obscuridade do refúgio interior central. Quem quer que entre assim nesse "alto refúgio", para retomar o termo do salmista (*cf.* Salmo 91), não é parte visível dos acontecimentos que se desenvolvem neste mundo. Uma ação "periférica" seria incompatível com a posição central reservada à ordem sacerdotal. Da mesma forma essa pessoa só poderia manter-se afastada de toda distinção "mundana" de que ela não pode desconhecer a inanidade. Essa atitude de *interioridade* não significa, portanto, a recusa da ação. Existem atos os quais é preciso realizar providencialmente, mas eles não empregam mais o "ser" interior, que permanece inafetado ao aceitá-los, inafetado em sua união com Deus. É a ação sacrifical *mesmo "mundana" se for o caso*, aquilo de que se trata não tendo mais nada em comum com a zona do ego submetida à ostentação ou à humildade (*cf. ibid.*, p. 227, cap. "La jonction des extrêmes".

nome. É da natureza dessa Companhia, talvez em razão mesmo de seu recrutamento, de sua relação com o Pontífice supremo da catolicidade e de sua própria denominação, ser "autenticamente sacerdotal".

Seu fundador une, além disso, nele o *duplo aspecto sacerdotal e cavalheiresco ou real*:

> O próprio gênero de piedade, herdado de suas tradições familiares e de sua educação cavalheiresca, era uma preparação imediata para o *Magis* do serviço no exército do rei eterno, exército no qual sua conversão vai fazê-lo entrar.[207]

Ele troca de nome, adotando o do bispo Inácio, cuja lenda relatava que, ao lhe abrirem o peito, os carrascos haviam encontrado em seu coração o nome de Jesus escrito em letras de ouro. Ele faz de seu nome — o nome do "rei dos judeus" crucificado no Gólgota dentro da própria cidade de Melquisedeque — o monograma de sua companhia e o objeto de sua oração jaculatória constante ("*Ay Jesus*", *cf.* a dissertação *Del nombre de Jesus y sellos de San Ignacio*).[208]

O aspecto cavalheiresco continua sem dúvida determinante no início de sua via e depois de sua subida ao monastério beneditino de Montserrat, um pé descalço e o outro calçado:

> E como seu espírito estava cheio de histórias como aquelas de Amadis des Gaules e outras parecidas, veio-lhe ao pensamento fazer coisas do mesmo gênero. Foi por isso que ele resolveu fazer a vigília das armas por uma noite inteira sem sentar-se nem dormir, mas em pé, ou de joelhos, diante do altar de Nossa Senhora de Montserrat, onde ele havia decidido abandonar suas vestimentas para vestir-se com as armas de Jesus Cristo.[209]

Em Manrèse, ocorrerá para ele, na caverna ou refúgio, uma irrupção espiritual. O padre Nadal dizia que, quando indagado sobre a fundação de seu instituto, Inácio de Loyola atribuía sua causa a essa iluminação de Manrèse "como se ele tivesse tudo recebido do Senhor *em uma espécie de espírito de sabedoria arquitetônica*".[210]

---

207. *Cartas de S. Ignacio*, I (Madri, 1874), citado em Hugo Rahner, S. J., *Saint Ignace de Loyola et la genèse des Exercices* (trad. do alemão por Guy de Vaux, S. J., prefácio do padre Henri de Lubac, S. J., Toulouse, Apostolat de la Prière, 1948).
208. *Ibid.*
209. O *Récit du Pélerin* [Relato do Peregrino] (autobiografia de Santo Inácio, tradução francesa de Eugène Thibuat), Louvain, 1922, citado em *Saint Ignace de Loyold e la genèse de Exercises*, *cf. supra.* Inácio é chamado às vezes de "Peregrino" ou de "Caballero", às vezes de "General".
210. Fr. Sacchini no *prooemium da Historia societates Jesu* de Nicolas Orlandini, Colônia, 1621. *Cf. supra*, *Saint Inácio...*

Sua piedade trinitária se acompanha de visões estritamente intelectuais. A abertura dos "olhos da inteligência", o dom das "*intelligencias*" retorna sem cessar para qualificar sua espiritualidade, a percepção do círculo e do centro, do sol.

Seu nome Inácio? Ele o relaciona também com a palavra de ordem que dá à sua companhia, atribuindo o fogo ao Amor Divino, *Ignis*: "*Ite, omnia incendite et inflammate*".[211]

Quanto aos *Exercícios Espirituais*, que ele recebe de maneira singular em Montserrat, não vão, eles também, reter alguns traços dessa piedade central que evocávamos anteriormente? Eles não são "livro de leitura", mas devem ser "fatos" e ensinados por um verdadeiro "mestre" nessa arte espiritual:

"Aquele que ministra aos outros os *Exercícios* deverá ter a unção do Espírito Santo..." (*Diretório* de Granada). Ou ainda: "Este não é de modo nenhum um livro de leitura, mas de exercícios, e é dirigido mais àqueles que lhes devem ministrar do que aos que devem fazê-los" (*Praefatio ad lectorem, initio libelli*, citado em *Manrèse ou les Exercices spirituels de saint Ignace*, Paris, J.-P. Pelagaud, 17ª edição, 1802). A que eles visam? À geração de uma piedade que não hesitaremos qualificar de "voltada para o início". Assim:

> *A piedade deixa de ser uma sucessão de exercícios piedosos para se tornar a manifestação de ordem metafísica que tende para um pólo eterno* ou, dito de outra maneira, *o homem "integral"* busca aqui embaixo cumprir até o fim a missão que Deus lhe atribuiu;[212]

definição que reúne o "fundamento" dos *Exercícios* e se realiza na contemplação *Ad Amorem*.

É verdade que Santo Inácio insiste no fato de que, "tomados no conjunto, os *Exercícios* dirigem-se apenas a um pequeno número de adeptos".[213]

Estamos realmente aqui na presença de uma consciência central, a da essencialidade: "É preciso distinguir para começar a piedade 'periférica' e a piedade 'central', aquela que definitivamente se dirige a Deus, centro de preocupação, por uma operação consciente do Espírito".[214]

Encontramos as nuanças feitas anteriormente entre a ação voluntariamente voltada para o Eterno e a atividade desordenada e dessacralizante dos homens, "de aparência e de exterioridade". Talvez fosse preciso mesmo aproximar todas essas apreciações dos padres, das distinções que Guénon fez, justamente a propósito dos *Aperçus sur l'initiation* [Sumários sobre a

211. Bartoli, *Vita Ignati*, Livro V, segundo *Saint Ignace...*, *cf. supra*.
212. R. P. E. Boeminghaus, S.J., *L'Ascèse des Exercices spirituels de saint Ignace*, Paris, Aubier-Montaigne, 1936, p. 32.
213. *Directoria Ignatiana Auto-grapha*, an. 17-18 e supra p. 37.
214. *L'Ascèse...*, *cf. supra*, p. 44.

Iniciação], entre misticismo passivo e iniciação ativa. A palavra iniciação não deixa de estar ancorada em iniciativa, mas relacionada ao homem voltado para seu Princípio e seu Fim:

> O lado ascético e ativo da atitude que Santo Inácio observa em relação à Igreja supõe todo o mistério do Corpo de Cristo e a vida em Jesus Cristo, fonte de toda graça, como ponto de partida.[215]

Na realidade, esta "ação destacada de seus frutos" é também de fato a marca da *espiritualidade cavalheiresca* própria das vias reais, mas nós vimos que o sacerdócio, herdado de Melquisedeque, passou para um descendente de Jessé, de ascendência real. Portanto, não existe *a priori* contradição no casamento "ignaciano", entre sacerdócio e cavalaria:

> A ascese dos *Exercícios* é uma doutrina viril. O sentido das palavras se impõe a nós: o lado cavalheiresco, ativo, a importância dada à razão e à vontade, a forte disciplina imposta à vida sentimental, tudo isso é muito nitidamente viril.[216]

Conseqüentemente, "não se trata de misticismo, mas de preparar a alma para buscar e encontrar a vontade de Deus".[217]

O aspecto "cavalheiresco" dos *Exercícios* — talvez inspirado pelo fato de que seu revelador, Inácio, tenha sido cavalheiro antes de ser eremita e sacerdote — é inseparável do aspecto "sacerdotal" pelo recurso constante

---

215. *Ibid.*, p. 111.

216. *Ibid.*, pp. 139-140.

217. *Ibid.*, p. 162. Definitivamente, a atitude espiritual do discípulo de Santo Inácio é a que São Paulo recomenda em II Coríntios 6, 1: 3-10 e 16: "Meus irmãos, sendo então cooperadores de Cristo, nós vos exortamos a não receber a graça de Deus em vão não dando nenhum escândalo em nada, a fim de que o serviço não seja reprovado, mas em todas as coisas que nos recomendam como servidores de Deus, por meio de uma grande paciência, nas tribulações, nas necessidades, nas aflições, sob os golpes, nas prisões, nas perturbações, nos trabalhos, nas vigílias, nos jejuns, pela pureza, pelo conhecimento, pela longanimidade, pela bondade, pelo Espírito Santo, por um amor sem hipocrisia, pela palavra da verdade, pelo poder de Deus, pelos exércitos de justiça da mão direita e da mão esquerda, na glória e na ignomínia, na má ou na boa reputação; como sedutores e verdadeiros; como desconhecidos, e bem conhecidos; como agonizantes, e eis que vivemos como punidos, e não colocados à morte; como entristecidos, mas sempre alegres; como pobres, mas enriquecendo muitos; como nada tendo, e possuindo todas as coisas.
(...) Pois vós sois o templo do Deus vivo, segundo aquilo que Deus disse: 'Eu habitarei no meio de vós, eu aí andarei, eu serei seu Deus, e eles serão meu povo'" (Levítico, 26: 11-12). Ora, essa Epístola, nas passagens citadas anteriormente, é exatamente a do Próprio da Companhia de Jesus, em 6 de novembro, para a festa de "*todos os santos e bem-aventurados que militaram, guiados por Santo Inácio, sob o estandarte do nome sagrado de Jesus*" (Coleta da Festa). Encontramos aqui as características dessa espiritualidade: irradiação, retidão de alma, incompreensão do mundo, desprendimento e impassibilidade, Templo Divino, Milícia de Cristo, Nome de Jesus. É, mais uma vez, a afirmação dos princípios contidos no *Fundamento* e na contemplação *ad Amorem*, dos *Exercícios Espirituais*.

à santa Escritura, na mediação dos acontecimentos da vida de Cristo, que ele inicia pela memorização do "pecado dos anjos".

O conjunto, enquadrado pela "composição dos lugares", parece nitidamente com esses métodos espirituais medievais de que a *Divina Comédia* é o protótipo inesquecível.

Assim os Exercícios compreenderão quatro fases sucessivas, segundo o esquema clássico de "*deformata reformare, reformata conformare, conformata confirmare et confirmata transformare*", esquema das vias *purgativa*, depois *iluminativa* e finalmente *unitiva*. Traduzindo em linguagem de Dante:* descida aos Infernos, subida e purgatório, ascensão paradisíaca até o Céu Empíreo sob o comando de São Bernardo, patriarca dos templários.

Nos próprios *Exercícios*, passaremos pelo exercício sobre a morte, a descida aos infernos, a meditação dos "dois Estandartes", o apelo do "Rei temporal" transposto em contemplação do "Rei eterno", a eleição, para terminar nessa contemplação *ad Amorem*, percepção do Deus presente que age em tudo o que foi criado: elementos, plantas, animais, homens e no retirante, ele próprio "Templo de Deus"; percepção, enfim, da relação de dependência e de graça entre o homem e a fonte divina.

A mediação final reúne o *Princípio e fundamento* do início, aquela de uma soberana inafetação por tudo aquilo que não é a veneração e o serviço do Eterno. O percurso de descida e de subida será acompanhado de técnicas pouco comuns, como a oração sobre a respiração em "compassos" ou ritmos, etc.

Todas essas particularidades não escaparam, ao que parece, ao "arauto" da Tradição Primordial e defensor da ordem do Templo que foi Guénon, pois, tratando justamente da comparação a fazer entre a via "iniciática" e a via "mística", ele escrevia:

> Podemos citar, como exemplo de "ascético", os *Exercícios Espirituais* de Santo Inácio de Loyola, cujo espírito é tão pouco místico quanto possível e para os quais é pelo menos verossímil que ele se tenha inspirado em parte em certos métodos iniciáticos de origem islâmica, mas, bem entendido, aplicando-os a um objetivo inteiramente diferente.[218]

Compreendemos então a advertência do R. P. Boeminghaus:

> Santo Inácio se mostrava extremamente reservado para autorizar a prática completa de seu método, mas não hesitava jamais a neles admitir aqueles que dele eram verdadeiramente dignos.[219]

---

* N. E.: Sugerimos a leitura de *Dante, O Grande Iniciado*, de Robert Bonnell, Madras Editora.

218. R. Guénon, *Aperçus sur l'Initiation*, Paris, Éditions traditionnelles, 1946. Cap. primeiro, "Via iniciática e via mística", p. 12, nota 2.

219. *L'Ascèse..., op. cit.*, p. 178.

Na análise que acabamos de fazer, fica evidente que encontramos certo número de fatos que corroboram a afirmação segundo a qual existe realmente uma modalidade sacerdotal com percepção "central", de ânimo "iniciático", e que junta nela a dupla característica sacerdotal e cavalheiresca que foi aquela dos monges-cavaleiros do Templo.[220]

É preciso ainda observar que Inácio, basco originado da linhagem de Oñaz, nascido na *Casa Solar*[221] e cuja fórmula de ação é a da cavalaria: "*Como noblo caballero de Cristo*", vai curiosamente dar à sua Companhia um selo formado pelas três letras do monograma IHS; mas aqui as letras I e S dominam, cada uma, uma estrela e rodeiam o H barrado em signo de Saturno h, aquele colocado sobre o crescente lunar e sobre a terceira estrela, que figura no alto do selo.[222]

Saturno? É o chumbo das provas, mas é também o personagem mítico que instaurou e rege a "idade de ouro", a da Tradição Primordial.

Para terminar esse estudo sobre o sacerdócio "cavalheiresco" — que não deixa de ter um traço comum com o monaquismo cavalheiresco do Templo, não fosse também pela organização internacional e em seu governo por um "General", equivalente para a época, e levando em conta outros objetivos espirituais, do "grande mestre" da ordem do Templo —, chamaremos a atenção para outra semelhança entre templários e jesuítas, esta tirada de acontecimentos históricos. Com efeito, quando o papa Clemente XIV aboliu a ordem dos jesuítas, em 1773, ele se precaveu... do procedimento utilizado por seu predecessor Clemente V para extinguir a ordem do Templo e o breve de 21 de julho de 1773 se refere às cartas de Clemente V de 2 de maio de 1312. Estranho retorno das coisas...[223]

---

220. É possível observar que, entre os "altos graus" da Maçonaria cavalheiresca de que logo trataremos, aquele de *"cavalheiro benfeitor da Cidade santa" que coroa o "rito escocês retificado"*, ele mesmo herdeiro da *"Estrita Observância templária"*, declara ter mais afinidade com a Ordem do Templo, tal como havia sido concebida em sua origem; quer dizer, sem veleidade nenhuma de dominação política ou material. A Ordem dos "*Cavaleiros Benfeitores da Cidade Santa*", "servidores do Trono e do altar", de característica autenticamente cristã e desprovida de todo ritual de "vingança" em relação de amizade com os *Knights Templar* britânicos e os graus cavalheirescos da Franco-Maçonaria sueca.

Para o "Rito Escocês Antigo Aceito", entre os quais as "Grandes Constituições" de 1786 foram simbolicamente referidas a Frederico II da Prússia — esse foi um país onde se refugiaram os jesuítas após seu banimento de certos países da Europa no tempo de Frederico —, é curioso destacar que o trigésimo segundo grau, chamado de "*Sublime Príncipe do Real Segredo*", é governado por um "Consistório", presidido por um representante de Frederico II, e que um de seus estandartes, que traz o leão de ouro e a chave, tem a mesma divisa da Companhia de Jesus: "*Ad Majorem Dei Gloriam*".

Fica bem entendido que esses "graus" maçônicos não têm nenhuma pretensão sacerdotal.

221. A casa dos Loyla.

222. Encontramos tal monograma em muitos grafites atribuídos aos Templários, da mesma forma que sobre as esferas intermediárias dos grandes rosários de *Knights Templar* da Escócia, alto grau maçônico e templário da Maçonaria britânica.

223. Citado *in* Comte D. Piccoli*: Histoire de la Chevalerie, des Croisades et de l'Ordre de la Milice de Jésus-Christ depuis leur origine jusqu'à nos jours*, Tobra e M. Simonet, Paris, 1905, p. 123.

OBJETIVO DA INICIAÇÃO REAL E DA INICIAÇÃO SACERDOTAL

Notamos que a partir do estado indiferenciado das origens e da Tradição Primordial, as diferenciações se acentuarão durante toda a parte do desenvolvimento cíclico que precede a "mistura" final. São elas que presidem a instalação das castas, das iniciações e à própria separação das duas "metades de Deus": papa e imperador. O mesmo processo se aplica à geração das especificações espirituais ou qualitativas dos seres humanos. Ele se prolonga, enfim, no seio das organizações tradicionais que se originam da "arte real" com os dois tipos de iniciação: o da profissão e o da cavalaria de profissão. Porém, quem pode mais pode menos e, a esse respeito, podemos também observar que a iniciação sacerdotal cumpre nela "potencialmente" a iniciação real, a qual é como o acabamento da iniciação de profissão. Isso para o aspecto "descendente" enquanto no sentido inverso cada uma das iniciações citadas anteriormente tem um papel a desempenhar em relação àquela que lhe é imediatamente superior. Existe, portanto, em tudo isso uma espécie de interdependência recíproca que, sem, no entanto, prejudicar a hierarquia dos princípios e das finalidades, reflete a unidade da Tradição Primordial. Existe também um tipo de enrolamento das iniciações uma nas outras, à maneira das cascas de uma cebola, enrolamento que vai do mais externo e menos elevado ao mais interno e mais elevado. Encontramos aqui a reciprocidade assinalada antes:

— uma irradiação de influência espiritual, em movimento centrífugo a partir do centro;

— um revestimento protetor, em movimento centrípeto a partir do exterior.

Dois movimentos concomitantes.

Encontraremos logo esta figura quando tratarmos dos vestígios *rituais* da iniciação sacerdotal melquisedequiana conservados nas formas templárias da cavalaria maçônica.

Antes lembraremos que essas duas iniciações, "real" e "sacerdotal", são colocadas por Guénon em relação com dois domínios sagrados respectivamente denominados: *mistérios menores* e *mistérios maiores*.

Ora, no Ocidente, as iniciações reais, quando visam à profissão sacralizada, são formadas pelas organizações de fraternidades e maçônicas. Também existiriam, entre as numerosas organizações de cavalaria, ordens com vocação mais iniciática do que outras? Próximas da iniciação maçônica?

Para resumir nosso pensamento, uma cavalaria que, qualquer que possa ser sua confissão de observância e de fé, se distingue das outras pela consciência de um *estado primordial*, pela consciência da universalidade e da unidade das religiões no *Corpus mysticum* do Verbo original?

Parece exatamente o caso dos *altos graus* cavalheirescos e templários da Franco-Maçonaria tradicional e lembraremos agora daquilo que assinalamos sobre as relações entre *Templo* e *Contemplação*. Guénon, aliás, se perguntou sobre a proveniência histórica controversa desses graus. Ele escrevia, em uma nota de *Resumos sobre a Iniciação*:[224]

> ... qualquer que seja de fato sua origem histórica mais ou menos antiga, questão sobre a qual será sempre possível discutir indefinidamente sem jamais chegar a alguma solução precisa, o princípio mesmo de sua existência não pode realmente se explicar senão por isso...,

a saber, no contexto de sua exposição, os vestígios que ainda subsistem das iniciações reais antigas desaparecidas.

Quanto ao papel iniciático reservado a essas organizações templárias e às estruturas das cavalarias maçônicas, isso ficou bem claramente especificado por um desejo formulado por Guénon, quando tratava exatamente dos altos graus maçônicos, que é saber se eles estão aptos a "conservar integralmente o depósito sagrado da Tradição ortodoxa, una e universal".[225]

Depois, em um artigo consagrado aos "Guardiões da Terra Santa",[226] ele colocará em relevo o triplo caráter dessa cavalaria no seio do mundo judaico-cristão, aquele:

— de um vínculo com a Tradição Primordial e com as tradições secundárias dela originadas;

— de uma guarda do centro, a Jerusalém, a imagem visível da misteriosa Salém de Melquisedeque;

— de uma abertura e espiritual para "a verdadeira unidade doutrinal", aquela que devia tornar os cavaleiros templários capazes de se comunicar com os representantes das outras tradições.

Estes são os aspectos específicos dessa cavalaria, os quais permitem compreender que os iniciados nos três monoteísmos presentes na Terra Santa tenham "podido beber no mesmo vinho do Conhecimento", como destacava René Guénon em um resumo do livro de André Lebey[227] sobre a Franco-Maçonaria.

Assim, temos bem definido o que consiste a consciência da "Primordialidade tradicional única", cujo testemunho para nós continua sendo Melquisedeque, rei de Justiça e de Paz, sacerdote do Altíssimo e rei de Salém. Também temos agora bem definidos os ramos dessa cavalaria nas

---

224. *Op. cit.*, p. 263, nota 1.

225. R. Guénon: *Études sur la franc-maçonnerie et compagnonnage*, Paris, Éditions traditionnelles, 1964, t. II, "Les hauts grades maçonniques", p. 272.

226. R. Guénon: *Aperçus sur l'ésoterisme chrétien*, Paris, Éditions traditionnelles, 1969, cap. III, "Les gardiens de la Terre sainte".

227. *Études sur la franc-maçonnerie et compagnonnage*, 1965, t. I, pp. 107-108.

superestruturas maçônicas, mas que é de uma iniciação sacerdotal? É a isso que tentaremos responder no fim do presente capítulo.

Vamos notar, por enquanto, que a iniciação real corresponde aos "mistérios menores" e a sacerdotal, aos "mistérios maiores":

— o termo dos primeiros é definido, sempre por Guénon, como a própria perfeição do estado humano: o *invariável meio*, o ponto fixo, central e imutável, em torno do qual se efetua a "rotação da roda". Este centro imóvel é também "o estado edênico" e paradisíaco no meio do qual se ergue a árvore da vida, o eixo do céu na terra. É o estado do *Homem verdadeiro*;[228]

— o termo dos segundos leva ao *Homem transcendente*, simbolizado pelo eixo que corta o estado humano em seu centro "paradisíaco" e efetuando, como a escala dos estados angelicais, a junção entre a natureza individual humana e aquela que é divina. É também a "ponte" entre o mundo sensível e o supra-sensível... Daí a designação de *Pontifex maximus* para aquele que encarna a função sacerdotal supremo no mundo cristão, a ponte entre Deus e o homem.

Na tradição chinesa, como sabemos, o simbolismo das duas dimensões precedentes: plano com seu centro para o *Homem verdadeiro* e eixo do céu na terra para o *Homem transcendente*, forma a cruz do mediador, o *Homem universal*. É o sinal do "Filho do Homem", herdeiro do sacerdócio de Melquisedeque.[229] Guénon desenvolverá essas considerações em uma passagem notável da *Grande Tríade*, no capítulo XIV e relativamente aos significados do selo de Salomão, o triângulo reto simbolizando a "natureza celeste" e o triângulo invertido a "natureza terrestre", o encaixe dos dois triângulos (o fecho de Davi portando o nome *Schaddaï* do Todo-Poderoso) designando a dupla natureza de Cristo.

Isso nos conduz à última parte do nosso capítulo. O símbolo senário é, com efeito, nas organizações maçônicas aquele da passagem da profissão ou da arca para a cavalaria. Com seu ponto central, ele é o número "6 + 1", que encontramos na iniciação sacerdotal templária melquisedequiana. E Guénon, quando tratava dos mistérios menores e maiores e da passagem de um ao outro, se referia à passagem do esquadro ao compasso na Maçonaria operativa britânica, *from square to arch*, o que podia levar a pensar na existência de um tipo de "peneira" misteriosa entre a iniciação real e a iniciação sacerdotal no seio da Maçonaria. Ele escrevia: "É preciso acrescentar que naquilo que chamamos de 'altos graus' e que é formado de

228. R. Guénon, *La Grande Triade*, Paris, revista *Table Ronde*, 1946, cap. IX: "Fils du Ciel et de la Terre", Gallimard, N.R.F., 1957 (7ª edição).

229. É possível observar como se completam, pelas conotações "ascéticas", para os *Exercícios Espirituais* de Santo Inácio e seus comentários "iniciáticos" para as definições dadas por R. Guénon, os diferentes qualificativos atribuídos ao homem de eleição, *integral*, *verdadeiro*, *transcendente*, *universal*... e portanto a princípio... *Ecce Homo*.

elementos de proveniências bastante diversas, existem algumas referências aos 'mistérios maiores'".[230] Perspectiva confirmada em uma nota extraída de um artigo sobre o "simbolismo do domo", publicado na revista *Études traditionnelles* de outubro de 1938 (cap. XXXIV de *Symboles fondamentaux de la science sacrée*, Gallimard, 1962): "Na iniciação maçônica, a passagem *from square to arch* representa propriamente uma passagem da 'terra para o céu', daí o termo de exaltação para designar a admissão ao grau de *Royal Arch*, quer dizer, do domínio dos mistérios menores para o dos mistérios maiores com, para estes, o duplo aspecto 'sacerdotal' e 'real', pois o título completo é *Holy (and) Royal Arch*, embora, por razões que não vamos examinar aqui, a 'arte sacerdotal' tenha acabado por se apagar de alguma maneira diante da 'arte real'". Não saberíamos dizer de maneira melhor.

Vamos resumir todas as noções que acabamos de repertoriar:

Templo, Jerusalém com seu fundador Melquisedeque, rei da Paz, enfim "concentração", perseguida até a última simplicidade do Nome do Eterno no santo dos santos e em uma arquitetura de cinturões protetores cada vez mais fechados. Vamos reencontrá-los logo...

Observamos ainda que quanto mais a consciência da primordialidade está viva, "assumida", diríamos no jargão moderno, mais ela é *universal* e *semelhante* no Verbo único. Esse é bem efetivamente o caráter do sacerdote melquisedequiano, aquele que o cardeal Daniélou coloca em evidência na descrição a seguir:

> Este é um novo atestado do conhecimento de Deus através do cosmos que Enoch já nos havia mostrado, Melquisedeque é sacerdote dessa religião primeira da humanidade, que não está limitada a Israel, mas abraça todos os povos. Ele não oferece o sacrifício no templo de Jerusalém, mas o mundo inteiro é o Templo de onde sobe o incenso da oração.
>
> ... Ele é rei e sacerdote, reunindo nele as duas funções que serão divididas entre Davi e Arão e não serão mais reunidas senão em Jesus.[231]

Já definimos em outra parte que:

> por essa referência à "religião primeira", em outros termos àquilo que René Guénon chama de "Tradição Primordial", está claro que a iniciação sacerdotal dá ao sacrificador — pois onde não existe sacrifício, não há ação sacerdotal — um alcance religioso que ultrapassa religiões particulares. Esse *sanctum sacrificium* que leva o nome de Melquisedeque, no cânone da

230. *La Grande Triade*, op. cit., cap. XV: "Entre l'équerre et le compas".
231. J. Daniélou, S.J., *Les Saints païens de l'Ancien Testament*, Paris, Seuil, 1946.

missa latina, faz o Grande Sacerdote eterno assumir os sacrifícios do Templo de Israel, o sacrifício do Gólgota (daí o aspecto de remanifestação da Tradição Primordial que algumas pessoas acreditaram perceber no aparecimento de Cristo) e os sacrifícios de todas as religiões.[232]

Reagrupando todas as idéias precedentes podemos agora falar dos vestígios da iniciação sacerdotal e melquisedequiana no templarismo da Maçonaria, pois é verdade que esta tem vocação para o universalismo.

Vestígios da iniciação sacerdotal melquisedequiana no templarismo maçônico

Remeteremos para os detalhes a respeito da história das estruturas maçônicas à nossa obra *Simbolismo maçônico e tradição cristã* e a seu capítulo XI, que se refere à iniciação sacerdotal e à arca dos construtores.[233]

Observamos aqui e *in limine litis* que, quanto mais subimos nessa hierarquia ritual e sacramental em direção à "Primordialidade", mais tendemos para uma simplicidade quase "energética" do suporte sensível. Altura, cume do ser, Gólgota e lugar do crânio ou da tonsura, no fim da artéria coronal onde se reabsorvem em um "septenário" os seis chacras da tradição hindu,[234] pedra angular polar entre o "não manifestado" e o "manifestado"; em poucas palavras, tudo aqui, vemos claramente, converge para a Unidade Primordial e depende de uma espécie de isometria puntiforme. Mas não deixemos a noção de "centro" sem lembrar aquilo que Paul Vuillaud escrevia em sua obra sobre a *Cabala Judaica*:

> O tabernáculo da santidade de YHWH, a residência da *Schekinah* é o santo dos santos que é o coração do templo, que é ele próprio o centro de Sião (Jerusalém), que é o centro da terra de Israel, como Israel é o centro do mundo.[235]

e ele lembrava a esse respeito uma passagem de Clemente de Alexandria relativa a Deus, "Coração do Universo", origem das seis extensões, número sempre igual, pelo qual ele acaba o mundo, alfa do ômega, "nele terminam as seis fases do tempo e é dele que elas recebem sua extensão indefinida: esse é o segredo do número sete".[236]

---

232. J. Tourniac, *Symbolisme maçonnique et tradition chrétienne*, Paris, Dervy-Livres, 1982. Nova edição revista e aumentada, cap. XI: "Melquisedeque, l'initiation sacerdotale et l'arche des constructeurs".
233. *Ibid.*
234. R. Guénon, *Études sur l'hindouisme*, Paris, Étidions traditionnelles, 1968, cap. "Kundalini-yoga".
235. P. Vuillaud, *La Kabbale juive*, Paris, E. Nourry, t. I, p. 509.
236. *Ibid.*, pp. 215 e 216 (citado por R. Guénon em *Le Symbolisme de la Croix*, Paris, Véga, 1931).

Agora estamos, portanto, em face de uma nova noção, o número "sete", ligada à de "centro" e a todas as indicações anteriores: artéria coronal, tonsura, Jerusalém, Paz, quer se trate aquela do santuário de Salém ou dessa *Pax profunda* septenária dos rosa-cruzes. Progressivamente nos aproximamos de nossa conclusão. Porém, antes de chegar a ela, precisamos abrir um parênteses relativo ao papel da Maçonaria com relação às cavalarias "iniciáticas" destinadas a desaparecer no Ocidente.

Se não podemos apresentar prova documental da existência de uma filiação histórica, também quase não parece haver dúvidas de que as guildas dos maçons tenham servido de abrigo e de refúgio, de conservatório também para os templários perseguidos. É um pouco o papel dessa "arte"

> proteger, colocar ao abrigo pelo cercado e pela coberta. Tal é, entre outras, a função do escoramento e da Arca onde vão "amontoar-se as espécies", as sementes e as essências do mundo em vias de desaparecimento no tempo de Noé.
>
> Para a Maçonaria, pode muito bem ter acontecido o mesmo: a organização se prestava, por natureza, ao recebimento de atividades em afinidade com a natureza da Maçonaria, portanto de caráter iniciático ou esotérico, atividades destinadas a desaparecer visivelmente do mundo exterior, ou por prudência levando em conta a incompreensão ambiente, ou para escapar da perseguição e do dilúvio, quer dizer, à destruição das espécies santas e das "Essências" destinadas a se perpetuar.[237]

Ora, se a arca da profissão soube abrigar o templarismo, pelo menos de maneira exemplar, prototípica e espiritual, nada permite excluir que ela tenha assim podido acolher ou recolher os vestígios de uma iniciação sacerdotal templária.

Estaríamos lidando então novamente com essa representação concêntrica dos cinturões sucessivos descrita antes. Será que não existiria, com efeito, um tipo de "constante iniciática hierosolimitana", como já a descrevemos algumas vezes,[238] que tivesse permitido ao templarismo reabsorver-se na Maçonaria e, na perspectiva sacerdotal templária, buscar, ela também, refúgio nos prolongamentos templários de alguns altos graus templários maçônicos?

Assim, o triplo cinturão poderia comportar uma primeira proteção: a Franco-Maçonaria; no interior desta uma segunda proteção: as ordens templárias cristãs; no seio destas últimas e, conseqüentemente, no centro: o aspecto sacerdotal, o tabernáculo de santidade. Talvez haja algo que possa surpreender ou escandalizar alguns, admitimos de bom grado.

237. *Symbolisme maçonnique...*, op. cit.
238. *Symbolisme maçonnique...*, op. cit.

O que fica então evidente nesse triplo cinturão iniciático é que ele lembra algumas figuras do esoterismo cristão latino e que associa em cada nível: profissão, templo e sacerdócio, as características seguintes: iniciação, Templo de Salomão, Jerusalém e por esse fato templo de Israel, Abraão e Melquisedeque, depois o Templo não feito de mãos de homem: Jesus.

Trata-se de uma via do espírito? Não pensamos assim, apoiando-nos no estudo da Maçonaria de rito inglês.

A profissão? Ela está representada aqui — com os muros que o Templo de Salomão — pela *craft masonry*, e pela *arch masonry* para o domo e a pedra angular e o Templo de Zorobabel. Guénon, lembramos, havia feito alusão com relação a essa *arch masonry* à existência de alguns traços de iniciação sacerdotal, em razão, talvez do olho do domo, mas principalmente tendo em vista o qualificativo de "santo": *Holy and Royal Arch of Jerusalem*.

Ora, é a partir desses capítulos de *Holy and Royal Arch of Jerusalem* que podemos acessar os priorados das *United Religious Military and Masonic Orders of the Temple and of St John of Jerusalem, Palestine, Rhodes and Malta*. Por seu turno, esses priorados de cavaleiros templários e cavaleiros de Malta podem prolongar-se em um grau mais humilde e retirado, o do *Tabernacle of the Holy Wisdom*, composto de *Holy Royal Arch Knight Templar Priests*.

Aí é feito uso exclusivo da Santa Escritura; tudo aí é septenário e a perspectiva espiritual é o Apocalipse de São João com seus sete selos, o qual *sela nosso ciclo e abre a Tradição Primordial dos "novos céus, nova terra"*.

Aqui ainda, as "funções" de Cristo são aclamadas como "Profeta, Sacerdote e Rei", como entre os *Knights Templar*. Os sete "pilares" da sabedoria abrem e fecham o "Tabernáculo" pela aclamação "montante" e "descendente" dos *sete* poderes do Cordeiro apocalíptico. A veste branca, a mitra, a unção de óleo santo sobre a artéria coronal são outros tantos elementos para rituais desse grau. Até aí é apenas a indicação de uma passagem do Apocalipse sobre "aqueles que não passarão pela segunda morte", que não vem sublinhar o caráter sacerdotal do grau, pois a segunda morte, ou morte psíquica com dissolução da modalidade individual "sutil", se encontra aniquilada no Espírito eterno, e pela Ressurreição do Corpo glorioso em Cristo, o "Sacerdote supremo".

Se tudo se vincula agora aos mistérios da nova Jerusalém, que reúne nela o Céu e a Terra que desposa a Jerusalém terrestre, se tudo é septenário também com os sete cornos do cordeiro, os sete selos do Livro e a mensagem para as sete Igrejas, notaremos por outro lado uma particularidade do ritual do "Tabernáculo": o triângulo simbólico e divino é revelado desde já em seu duplo significado:

— para o povo judeu: *Todo-Poderoso*, *Onisciente* e *Onividente*
e
— para o povo cristão: a *Santa Trindade*.[239]

Podemos ver aí uma recapitulação em modo crístisco das duas eleições, a de Israel e a de Cristo, o ajuntamento dos dois povos da "oliveira", o que é estar bem conforme a visão do Evangelho em sua *Revelação* ou Apocalipse. A aliança "abraâmica" é sublinhada também pela existência no grau adventício de *Ancient and Masonic Order of St John of Jerusalem, Palestine, Rhodes and Malta*, superposto *ao* grau de *Knights Templar* de uma fórmula ritual islâmica característica e que retoma, pela terceira vez, a palavra "Paz" em árabe, designação muçulmana da Salém de Melquisedeque e saudação islâmica para a "Paz".

Com certeza, a estrutura gradual que acabamos de detalhar é própria à chamada Maçonaria "britânica". Quem sabe se o *Leopardo*, o leopardo da monarquia britânica, da Guiana, e que figura também nos estandartes ou armas das maçonarias britânicas, não significa o *Leão de Pardès*, guardião da Terra Santa, ou seja, da Tradição Primordial?[240]

De qualquer maneira, teremos visto desfilar na análise desse grau de "Sacerdote cavaleiro templário da arca real" a maioria das palavras-chave enumeradas durante nosso estudo: Centro, Templo, Tabernáculo, Sião, Jerusalém, Cume, Lugar do Crânio, Septenário, Paz... Só faltava uma delas; ela vem fechar esse estudo, pois, unido a Cristo, ele preside justa e principalmente os trabalhos do "Tabernáculo da Santa Sabedoria":

Melquisedeque,

ele, cuja Máxima o Confessor magnificará a natureza nestes termos:

> Melchisedek possuía nele mesmo o único Verbo de Deus, que vive e age... Ele se torna ao mesmo tempo sem princípio e sem fim, pois não trazia mais nele a vida temporal e móvel, que possui um começo e um fim e que é sacudida por múltiplas paixões, mas apenas a vida divina do Verbo, que veio habitar nele, a vida eterna que não é limitada por nenhuma morte.[241]

---

239. Todos os votos são feitos nos graus rosa-cruzes e templários da Maçonaria britânica, ou em nome da "Santa e Indivisível Trindade", ou em nome de "*Holly blessed and glorius Trinity*".

240. Essa aproximação simbólica foi feita por Gérard de Sorval, autor da obra *Le Language secret du Blason* [A Linguagem Secreta do Brasão], Albin Michel, Paris, 1981.

241. *Patrologie grecque* [Patrologia grega], XCI-1144. C. (Ambigua).

— XXII —

Para concluir

As Alianças e a Tradição Primordial

Ao final desta longa pesquisa, vemos que a "ordem de Melquisedeque" é fundamentalmente o sinal de um pacto entre o Princípio e aquilo que a ele se vincula no desenvolvimento do ciclo temporal próprio à individualidade humana. Pacto entre Deus e o homem pela intermediação do sagrado, do "colocado à parte", do "elevado", portanto, do "Kadosh", do "Santo". Pacto que é ao mesmo tempo:

— Aliança entre o criador e sua criatura;

— "Sacerdócio" transmitido das origens do ciclo ao fim;

— "Princípio" e presença do sagrado no meio das tradições sucessivas que se estendem do Éden à Jerusalém celeste, ou da origem de um ciclo a seu termo, origem do ciclo futuro. O mesmo acontece da Arca noaquita, após o dilúvio, até Cristo, para a tradição semítica; de Adão a Cristo para a cronologia que se estende do homem ao Filho do Homem...

Com efeito, o Novo Testamento mergulha suas raízes na Antiga Aliança que remonta a Moisés; esta se vincula à Aliança noaquita anterior, com todos "os viventes do mundo" (Gênesis, 8: 15 a 9: 19), *Aliança da qual Melquisedeque é o princípio central de sacerdócio* (Gênesis, 14: 17 a 20). Ela retoma as bênçãos dadas pelo Eterno a Abraão.

Notaremos que essa Tradição Primordial retém cinco características precisas:

1 — característica cósmica:	ela se enraíza na profundeza da criação;
2 — característica humana:	ela está centrada na consciência do homem, junção entre a criação da qual ele é o rei e Deus, de quem é a imagem;
3 — característica mística:	ela se ajusta sobre a altura da Justiça sobrenatural, sobre o Deus Altíssimo;
4 — característica universal:	ela se estende em largura sobre a terra inteira;
5 — característica perpétua:	ela se estende sobre todo "comprimento" do tempo, das origens ao fim do mundo.

Ora, seu princípio central é exatamente o que o une ao divino eterno, daí o aspecto extratemporal de Melquisedeque... sem começo, sem fim, consciência "perpétua"... da "eternidade" reatualizando, a todo momento e em todo lugar, o "divino". Ele é a própria presença da Tradição Primordial. A esse título, ele presidirá o nascimento de todas as tradições derivadas e o erguimento dos centros secundários da tradição primeira.

Ele não pode, portanto, ser "aprisionado" por nenhuma das tradições que autentica, justifica e gera: ele é "testemunho" em cada uma delas.

Compreendemos melhor, com esse esclarecimento, a futilidade do duelo judaico-cristão pela apropriação do personagem.

Se Cristo é "sacerdote segundo a ordem de Melquisedeque", isso não ocorre como "chefe" e sacerdote de uma *religião específica distinta das outras e concorrente do Judaísmo*, mas em referência à tradição primeira e sem nome, portanto nem judaica, nem cristã, nem nada de específico: aquela que decorre do "Ser". É dentro dessa perspectiva que Cristo é "Rei, Sacerdote e Profeta"; pelo caráter primeiro das transmissões rituais de que devemos falar, e que ele pode dizer: "Antes que Abraão existisse, eu sou".

De preferência, Cristo se apresenta bem:

— no nível dos princípios, e *ad intra*, como o *Verbo feito carne universal*. É a aliança original "desde a criação do mundo" (Romanos, 1: 10);

— no nível das tradições particulares, como o *Verbo feito judeu* na descendência semítica. É a primeira e a segunda aliança. E quanto a Melquisedeque?

> Melki-Tsedeq está no próprio coração da história do povo eleito, o testemunho do apelo de todas as nações ao conhecimento e ao serviço do verdadeiro Deus. Mais que Abraão, o qual só tem missão para sua descendência, Melki-Tsedeq representa junto do patriarca a vocação missionária e universal do sacerdócio cristão. Esse sacerdote-rei de uma obscura tribo cristã nos faz pensar em todos esses outros sacerdotes desconhecidos que, repartidos no espaço e nos séculos de todas as religiões, de todas as civilizações, preparavam à sua maneira a vinda do único verdadeiro grande sacerdote. O que era Melki-Tsedeq, outros homens o foram e ainda o são para outros povos que a luz de Cristo não iluminou: o testemunho dessa aspiração, o universal de todos os homens em direção a um comércio mais estreito e mais sensível com as realidades invisíveis.[242]

São, portanto, como círculos concêntricos que saltam uns sobre os outros, alianças dentro da Aliança original, e se o Cristianismo é "segundo a ordem de Melquisedeque" é porque ele reflete a Tradição Primordial, com sua indistinção não segregativa, sua abertura a todos, sua libertação das leis e ritos *que ele não abole, mas cumpre* (Mateus, 5: 17).

---

242. R. P. Lécuyer, *Abraham*, Paris, Cerf, s.d.

O abade Goetmann, no artigo consagrado à *Ordem de Melki-Tsedeq e à primeira aliança,*[243] escreve justamente:

> "Adão, Abel, Enoch, Noé, Melki-Tsedeq, Loth, que não observaram o *Sabbat*, no entanto, agradaram a Deus" (São Justino, *Dialogues*, XIX, 4-5). São os santos da religião cósmica de suas origens. O patriarca é Noé, com quem o Senhor faz aliança, após o dilúvio, aliança que retoma as promessas e as leis originais e o prende de maneira universal e perpétua "para todas as épocas do mundo".

O abade Goetmann destaca a perpetuidade desta aliança:

> ... todos os povos que de Abraão a Jesus Cristo não fazem parte da aliança judaica, dependem dessa aliança. A *Bíblia* indica preciosos pontos de contato entre a segunda e a primeira alianças: Lot, o sobrinho do primeiro patriarca de Israel, a rainha de Sabá, Job, Daniel; todos estranhos à descendência de Abraão, apesar dos contatos com Abraão, Salomão, ou com o povo judeu; no entanto, eles continuaram em sua ordem ou em sua própria aliança: aliança universal e perpétua da criação e da consciência.

De fato, essa situação anterior a Cristo se prolonga com seu advento: para o pagão que não pôde conhecer Jesus Cristo, a possibilidade de salvação, a fé no Deus vivo é fé na aliança concluída por Deus com as nações. Isso é ainda sublinhado quando Cristo opõe no Evangelho os pagãos fiéis e os judeus infiéis. A circuncisão ou o batismo não bastam para a salvação. Mas *cada um será julgado segundo a aliança à qual tiver pertencido*. O cristão será julgado segundo o Evangelho, o judeu segundo a lei, o pagão segundo a consciência. E o cristão infiel será condenado, enquanto o pagão fiel será salvo. É isso o que afirma São Paulo (Romanos, 2: 15).

É preciso dizer mais: esta primeira aliança permanece perpetuamente inscrita no coração da segunda e principalmente da terceira aliança, a de Cristo, "sacerdote pela Eternidade segundo a ordem de Melki-Tsedeq". Jesus disse: "Eu não vim abolir, mas cumprir" e, a João Batista, no momento de seu batismo: "Precisamos executar toda justiça", não apenas a dos fariseus e dos judeus, mas aquela de que Melquisedeque é o rei, a justiça da primeira aliança.

O padre Daniélou vai indicar-nos o traço essencial:

> A sucessão da aliança abraâmica à aliança noaquita, não mais que a da aliança cristã à aliança abraâmica, não significa substituição de uma religião nova por outra, de modo que a primeira desapareça em sua totalidade. Trata-se, ao contrário, de uma su-

243. In *Nouvelles de l'Arche* [Notícias da Arca], ano XII, abril de 1964.

> cessão na qual a ordem nova, longe de destronar a antiga, a cumpre e a assume, superando-a. A segunda aliança não aboliu, mas cumpriu a primeira aliança cósmica... Esta assunção, o Cristianismo a retoma após o Judaísmo: o símbolo eterno dessa assunção nos leva à Eucaristia do pão e do vinho, ao sacerdócio segundo a ordem de Melki-Tsedeq.

Ele insistirá ainda a respeito da abertura própria à aliança cristã:

> No sacrifício de Cristo e nos combates não violentos do Evangelho, todo homem pode receber, não uma dispensa de morrer e de lutar, mas um aprendizado eficaz da morte e da luta. E Jesus Cristo se refere claramente e em várias ocasiões a essa primeira aliança a qual ele torna possível e renova em plenitude.

Dois exemplos em apoio a esta afirmação:

> Em Mateus (19: 4 e 8), a respeito do casamento: Jesus restabelece explicitamente a aliança original, o vínculo tal como estabelecido "no começo" e é por isso que ele cita Gênesis. Mas principalmente na véspera da sua Paixão, para oferecer ritualmente o Sacrifício de seu Corpo e de seu Sangue na Santa Ceia, Jesus retoma, não os cordeiros e os touros do sacerdócio judaico, mas o pão e o vinho da ação de graças de Melki-Tsedeq. E o Cânone da missa romana une estreitamente ao Sacrifício de Cristo o de Abel, o Justo e "o de Melki-Tsedeq, o soberano sacerdote, oferenda santa, sacrifício imaculado".

Robert Aron, por sua vez, capta muito bem esse caráter universalista daquilo que chamamos, com Guénon, de Tradição Primordial e que ele tratará em sua obra *O Deus das Origens*[244] quando destaca, em particular, alguns traços da aliança noaquita, e nos dá assim a explicação dessa lenda judaico-cristã, que faz de Melquisedeque ou uma espécie de paredro de Noé em seu filho Sem, ou o filho deste último, exatamente pela ausência de encolhimento às dimensões de um povo ou de uma religião:

> A aliança vale para todos os seres, para todas as criaturas da terra, independentemente da eleição com a qual estes ou aqueles são gratificados. A aliança do arco-íris, a primeira explícita, é a aliança noaquita, quer dizer, de todos os filhos de Noé, a aliança de todos os povos, sem distinção de crença.

E mais, a propósito da aliança mosaica:

> A lei noaquita é a lei comum a todos, enquanto o mosaísmo é particular ao povo submetido à eleição do Senhor. Submetido,

244. R. Aron, *Le Dieu des origines*, Plon.

certamente, é bem a palavra: pois a eleição de Israel não implica nenhum privilégio, nenhuma superioridade. Israel não foi escolhido porque valia mais que os outros, mas porque historicamente era o único em situação de receber a aliança; ele foi escolhido, segundo um *midrash* que encontramos acima, porque os outros povos, os grandes impérios, tinham recusado o fardo: se Deus o ofereceu a ele, foi um pouco em desespero de causa. Se ele o aceitou, é porque não tinha nada a perder. Mas quando tem, ele o suporta bem e jamais o entregará.

Estamos realmente na presença desse caráter universalista no caso de Melquisedeque, a partir do momento em que ele não é de nenhum povo específico, na falta de pai e mãe! É o testemunho de "alguma coisa" que liga o homem a Deus no pacto. Como o Princípio eterno que ele "antropomorfiza" em sua "teofania", ele é sem começo nem fim, segundo a Epístola aos Hebreus.

Ele está, portanto, fora do desenrolar temporal, e se revela "puntiforme" no período da mesma forma que é puntiforme no espaço, o "Reino de Paz", sendo mais um centro espiritual de uma área geográfica.

Precisamente porque é "primordial", ele coloca a legitimidade de uma tradição inserida em um período: é a aliança abraâmica. Ele coloca a legitimidade de uma tradição que irradia a partir de um centro do espaço: Jerusalém.

O mesmo ponto "atemporal" é gerador de um ciclo tradicional temporal, da mesma forma que é constitutivo de um centro espacial do mesmo ciclo.

Ele é mesmo tudo isso, o centro primeiro contendo nele todas essas possibilidades futuras que se atualizarão em tal época e em tal país.

São mesmo essas as características daquilo que Guénon definiu como da Tradição Primordial.

Cristianismo e indistinção original

Vimos que essa "encarnação" da Tradição Primordial, por meio do *personagem de Melquisedeque,* supõe *a determinação de um centro* geográfico sagrado: aqui, a "Visão da Paz" Jerusalém, no centro de um mundo de seis dimensões, bem definido por Paulo na pessoa de Jesus, "largura, comprimento, altura e profundidade do amor de Jesus Cristo" (Efésios, 3: 18); a largura e o comprimento formando uma cruz de quatro ramos no nível horizontal. Ela define um centro septenário, portanto, onde reina essa "paz profunda" dos rosacruzes, para retomar uma constatação freqüente na obra de Guénon. Em Jerusalém, o "Centro de todos os centros" não é outro senão o santo dos santos situado no Templo, centro de Sião, como

Sião está no centro de Israel e como a Terra de Israel está no centro do mundo, na visão própria da mística judaica.

Ela se manifesta, como também vimos, *com a ajuda de ritos* que têm a tarefa de atualizar no ser "aquilo que era no início"; é bem o papel mesmo do *religare*, que vincula à origem e, conseqüentemente "deifica". Aqui, é o pão e o vinho, a carne e o sangue, a letra e o espírito.

Dom Juglar, OSB,* escreveu: "Uma exegese precisa mostra que o rito celebrado é aquele de uma refeição de aliança entre Melquisedeque, rei-sacerdote de Jerusalém, e Abraão". De fato, esse dom "do Alto", já que o rei de Salém é sacerdote do Altíssimo, se faz por meio de uma *barakah*, uma palavra de bênção e justamente em um rito de iniciação, pão e vinho,[245] que seguem a oferenda do dízimo e o juramento.

Mais um sinal noaquita: a vinha de Noé, na saída da Arca...

Em todo caso, o universalismo brilhante da Tradição Primordial é incontestável na instituição do patriarca sem geração. Trata-se de alguma coisa diferente do universalismo, por assim dizer de indistinção primordial, de não especificação, de origem.

São esses os traços de um certo "estado de ser" no nível no próprio Ser e no domínio da metafísica, o que Guénon considerou o fruto e o coroamento da iniciação. Ele também o assimilou, em uma primeira etapa, ao estado que qualifica espiritual e metafisicamente os "verdadeiros rosa-cruzes".

Estado central com o qual ele colocou em relação o "dom de línguas", que permite uma compreensão central, pelo coração, de todas as tradições; isso nos leva, mais uma vez, a essa tradição primeira, que contém, em sua indistinção primordial, todas as tradições secundárias que dela derivam e manifestam cada uma à sua maneira, em "sua língua", a mesma e única Verdade.

Pois, se existe identificação dessa transmissão do Conhecimento a um "sacerdócio", isso pode significar também que existe um "sacerdócio iniciático"; sacerdócio de caráter "central", do qual os sacerdócios de tipo religiosos, distintivos e particularizados a uma raça, a uma seita, talvez até a uma outra "religião" que não universal, são apenas projeções exteriores, "exotéricas", diria Guénon.

Que haja enfim identificação entre todas essas noções e o "rei de Justiça" significa ainda que existe uma incorporação da Tradição Primordial no Personagem ao mesmo tempo extra-humano e humano, pelo qual Deus encontra o homem e a esposa, e o homem encontra Deus e a esposa. É todo o problema da antropomorfose divina e do *Christos Angelos,* que

---

* N. T: Order of St. Benedict, a ordem dos beneditinos.

245. É o que no Judaísmo chamamos de *Minha,* ou sacrifício *que não sangra,* oferenda e dom associados ao sacrifício da vítima expiatória conferido pela Paz divina *Zevah ha Schalom.*

chama tão intensamente a atenção de Henry Corbin, e que, em Guénon, receberá a denominação de "Homem Universal".

Mas aqui vemos melhor como Cristo é o "Sacerdote segundo a ordem de Melquisedeque", no sentido de que ele é o que era no início, "antes que Abraão existisse, eu sou".[246]

É o caráter universalista dessa revelação de Cristo que a torna como a ressurgência *in illo tempore* da Tradição Primordial e da indistinção que é sua. Então, nesse sentido, compreendem-se todos os "paradoxos" que fazem dessa religião um "vínculo"... de liberação que transcende todos os formalismos tradicionais em benefício do incondicionado e da vida e realização interiores: "O Reino de Deus está em vós".[247]

É ainda por isso que Cristo sendo o "Verbo" não pode, no mundo que tira sua existência dele, ter começo nem fim, exatamente como o rei de Salém. Assim se justificam ainda outras "contradições": *a dupla natureza* de Cristo que se considera providencialmente encarnar o "princípio melquisedequiano" *ad extra*, porque ele mesmo está em sua "pessoa divina" e *ad intra* o protótipo eterno e divino de Melquisedeque a indistinção de natureza que transpassa as "demais religiões", indistinção que se opõe à "institucionalização" segregativa. Assim, para citar alguns exemplos:

— João, 4: 22-25: "... mas vem a hora e já chegou em que os verdadeiros adoradores adorarão o Pai em espírito e em verdade, porque são estes que o Pai procura para seus adoradores. Deus é espírito; e importa que seus adoradores o adorem em espírito e em verdade".

— João, 8: 30-33: "Se vós permanecerdes na minha palavra, sois verdadeiramente meus discípulos: e conhecereis a verdade, e a verdade vos libertará".

— João, 10: 16-17: "... Então haverá um só rebanho e um só pastor".

— Romanos, 2: 11: "... Porque para Deus não há acepção de pessoas".

— Romanos, 4: 12: "... Há um só Deus que justificará pela fé os circuncisos e pela fé os incircuncisos".

— Romanos, 10-12: "... Pois não há distinção entre judeu e grego, uma vez que o mesmo é o Senhor".

— Lucas, 17-21: "... Pois o reino de Deus está dentro de vós".

— Gálatas, 5-1: "... Para a liberdade foi que Cristo nos libertou".

— Gálatas, 4-26: "... Mas a Jerusalém lá de cima é livre, a qual é vossa mãe".

— Gálatas, 3: 28-30: "... Dessarte, não pode haver judeu nem grego; nem escravo nem liberto; nem homem nem mulher; porque todos vós sois um em Cristo Jesus. E, se sois de Cristo, também sois descendentes de Abraão e herdeiros segundo a promessa".

---

246. João 8: 58.
247. Ou "dentro de vós" (Lucas 17: 21).

— Gálatas, 6: 15-17: "... Pois nem a circuncisão é coisa alguma, nem a incircuncisão, mas o ser nova criatura".

— Colossenses, 3: 11: "... No qual não pode haver grego nem judeu, circuncisão nem incircuncisão, bárbaro, cita, escravo, livre".

— Colossenses, 2: 9: "... Porquanto, nele habita, corporalmente, a plenitude da Divindade".

Poderíamos citar ainda muitas outras passagens do Evangelho que evidenciam que se Melquisedeque é a personificação da Tradição Primordial pré-distintiva, a revelação do Cristo, na medida em que ela quebra o quadro do Judaísmo, é um retorno à tradição do início. Pois, "antes que Abraão existisse, eu sou".

Daí vão decorrer duas conseqüências:

— Institucionalmente, o Cristianismo *"por Abraão"* só pode ficar *sobre o Judaísmo "portador"*, do qual marca a realização em um retorno à Fonte primeira de toda tradição e de todo sacerdócio. Daí a passagem de Paulo sobre a boa oliveira na Epístola aos Romanos.[248]

— Institucionalmente, o Cristianismo, *"por Melquisedeque"*, não se pode fechar sobre si mesmo como as outras religiões. Daí o fato da abertura a todos, *testemunho de universalidade*, que lhe valerá a inimizade do Judaísmo fora da emergência dessa nova via que generaliza a "eleição" para todos aqueles que observam os dois mandamentos — não menos universalistas: Amor "vertical", aquele do Princípio divino, e Amor "horizontal", aquele do próximo; e fé em Cristo, pois, precisamente, sendo Amor, Ele faz conhecer o Pai.

Será mesmo essa "constante melquisedequiana" a causa dos primeiros assombros e controvérsias no seio da comunidade cristã nascente: a eleição não mais reservada aos circuncisos, mas oferecida a todos! E quase, poderíamos dizer, "em praça pública", se levarmos em conta o anúncio da "Boa Nova". Estamos lidando aqui com uma imagem marcante da Tradição primeira, a da "idade de ouro", antes que surgissem, como escrevemos, castas, categorias e "funções".[249]

---

248. "Mas se alguns ramos foram cortados e se tu que eras uma oliveira selvagem foste enxertada no lugar deles e te tornaste participante das raízes e da seiva da oliveira, não te glorifiques à custa dos ramos. Se tu te glorificas, sabe que não és tu quem carregas a raiz, mas que é a raiz que te carrega... Se tu fosses cortada da oliveira naturalmente selvagem e enxertada contrariamente à natureza na boa oliveira, com mais forte razão eles seriam enxertados segundo sua natureza em sua própria oliveira" (Romanos 12: 17-24).

249. Podemos observar, no entanto, que existe aí como uma "antecipação" sobre o ciclo futuro, dentro da perspectiva guenoniana. Para responder a esta objeção, seria preciso comentar a passagem do Evangelho referente às núpcias de Caná — outro episódio que se refere ao vinho oferecido por Melquisedeque—, seis urnas vazias (os seis séculos passados)... e a palavra do Cristo: "A minha hora ainda não chegou", mas esse comentário nos afastaria do nosso estudo.

Este será o aspecto do Cristianismo menos compreendido por aqueles que se apressam em reconstituir os compartimentos humanos. No decorrer dos séculos nós os veremos, por exemplo, estabelecer barreiras para repelir todo "estrangeiro",[250] aquele que não é como eles na formulação livresca, no uso ritual, ou conforme a epiderme, a língua, o canto, etc., agindo de modo que esses pseudodiscípulos do Mestre se encontrarão definitivamente colocados:

— *nos antípodas do Cristianismo original*, que em um movimento de surpresa diante da novidade da Revelação que corta a tendência segregativa do Judaísmo, se abria aos "não-circuncisos", aos "não-judeus";

— *nos antípodas do vínculo abraâmico que*, mesmo na consideração especificamente histórica, religiosa e doutrinal do Cristianismo, a filiação do Judaísmo — e por causa disso, já que se o Verbo se fez "carne", ele se fez "judeu", e mesmo "Rei dos Judeus"!

— *nos antípodas da "ordem de Melquisedeque"*, a partir do momento em que essa referência, sendo universalista, não pode conceber um "fechamento" a tal ou qual categoria de homens.

Os Guardiões da Terra Santa e Melquisedeque

As conseqüências "melquisedequianas" do Cristianismo vão, além disso, estender-se ao *corpus* ritual. Vimos que o rito "central" das disciplinas do "sacerdote segundo a ordem de Melquisedeque" reside na oferenda do pão e do vinho. Por esse fato, tudo aquilo que constituía a multiplicidade das observâncias rituais das tradições anteriores era, se não questionado, pelo menos minimizado em proveito do sedimento "essencial" transmitido desde a origem; daí a rejeição daquilo que se apóia sobre "a tradição dos homens" e sobre "os rudimentos do mundo e não sobre o Cristo" (Colossenses, 2: 8), o que está fundado sobre uma "aparência de sabedoria": "... Porque vos são impostos estes preceitos: não pegue, não prove, não toque, preceitos que todos perecem pelo uso e que são apenas fundados sobre ordenanças e doutrinas dos homens" (Colossenses, 2: 20-22).

Todavia, essa remanifestação da Tradição Primordial por Melquisedeque, e na revelação trazida pelo Cristo, se efetua, como vimos, segundo um eixo vertical que une o "início" ao tempo presente, que atravessa finalmente todo o monoteísmo em seu centro, e cujo resultado "histórico" é a pontuação topográfica de um centro sagrado, o reino de Melquisedeque: Jerusalém.

Vimos mesmo que se trata de um centro de paz e do sagrado, de um Templo finalmente onde se pode exercer essa con-*templação* vertical, aqui, então, o Templo de Jerusalém.

250. "Eu era estrangeiro e vós me acolhestes..." (*cf.* Mateus, 25: 31-46).

Por outro lado, fizemos o paralelo dessa especificação hierosolimitana com uma espécie de "sacerdócio iniciático", quer dizer, de sacerdócio extratemporal — sem começo e sem fim —, ele próprio de referência "templária" por alusão ao Templo da cidade do rei de Justiça e de Paz; sacerdócio enfim que restaria como um "vestígio" da Tradição Primordial e que, em certo sentido, se refletiria na transmissão sacerdotal.

Ora, nosso estudo nos levou a construir duas hipóteses:

a) a existência desse sacerdócio iniciático no seio de um clericato próprio às organizações iniciáticas de vocação para guarda da "Terra Santa", portanto do "Centro" da tradição monoteísta;

b) a existência de uma compreensão doutrinal, supraformal, e, no caso, situada no "centro" dos três monoteísmos abraâmicos, como um *centrum in trigono centri*.

Vamos então encontrar muito naturalmente a ordem do Templo, guardiã da chamada "Terra Santa" e implantada, ou melhor, enraizada, no próprio Templo da cidade de Melquisedeque. Nós encontraremos também Guénon na mesma oportunidade.

Esses "guardiões" garantem por um lado a *proteção* desse centro contra as profanações do exterior e por outro, *a comunicação* com o exterior.

Eles são o "triplo cinturão" para retomar uma imagem do esoterismo cristão medieval que evocamos no capítulo XXI.

Eis o que Guénon nos diz a propósito desses monges cavaleiros:

> ... Isso nos leva diretamente a falar do segundo papel dos "guardiões" do Centro supremo, que consiste, dizíamos há pouco, em garantir certas relações exteriores, e principalmente, acrescentaremos, em manter *o vínculo da Tradição Primordial e as tradições secundárias e derivadas.*[251] Para que isso seja assim, é preciso que haja, para cada forma tradicional, uma ou várias organizações constituídas dentro dessa própria forma, segundo todas as aparências, mas compostas por homens tendo a consciência daquilo que está além de todas as formas, ou seja, da doutrina única que é a fonte e a essência de todas as outras, e que não é outra coisa senão a Tradição Primordial. Em um mundo de tradição judaico-cristã, tal organização devia muito naturalmente tomar por símbolo o Templo de Salomão; este, aliás...".[252]

Cabe aqui a Guénon nos explicar que ele é, como todo centro espiritual subordinado, apenas uma imagem do centro primeiro e fazer essa constatação-chave para nosso estudo:

---

251. Sublinhado por nós.

252. *Aperçus sur l'ésoterisme chrétien* [Resumos sobre o Esoterismo Cristão], Éditions traditionnelles, 1969, cap. III.

> ... a própria etimologia da palavra Jerusalém indica muito claramente que ela é apenas a imagem visível da misteriosa *Salem* de Melquisedeque.

Guénon vai evidenciar, nessa parte do artigo citado anteriormente sobre "os guardiões da Terra Santa",[253] que para preencher o papel que lhes era atribuído relativamente à tradição do Ocidente de que eram os representantes, eles deviam é claro pertencer a ela formalmente — ou a ela serem "vinculados externamente", segundo sua expressão, que nos parece menos feliz e menos fiel à realidade de uma ordem religiosa e monástica —, mas reter ao mesmo tempo a consciência dessa "verdadeira unidade doutrinal" que os torna "capazes de comunicar com os representantes das outras tradições"[254], como lembramos anteriormente.

Em um outro capítulo da obra *Resumos sobre o Esoterismo Cristão*, Guénon explicará que essa capacidade de comunicação, que ele colocou em relação com o "dom de línguas" em várias passagens de sua obra, é própria do "esoterismo", que é único por definição, qualquer que seja o qualificativo que se queira aplicar a ele. Ele observará, então:

> Uma tradição verdadeiramente iniciática não pode ser "heterodoxa"; qualificá-la assim é inverter a relação normal e hierárquica entre o interior e o exterior. O esoterismo não é contrário à "ortodoxia" mesmo entendida simplesmente do ponto de vista religioso; ele está acima e além do ponto de vista religioso...[255]

Ora, Guénon qualificou, como vimos, a função dos Guardiões da Terra Santa, e destacaremos, conforme nosso uso, algumas denominações paramétricas:

— Tradição Primordial;

— Centro, Jerusalém e seu Templo;

— Guardiões do Centro e da Terra Santa, portanto do Sacerdócio;

— Papel dos "Templários";

— Consciência "iniciática sacerdotal" de uma unidade que reúne, "pelo alto" e em uma mesma Verdade, o que continua dividido, talvez até oposto no nível dos "exoterismos" religiosos.

Precisamos agora terminar nossa pesquisa com uma nova constatação guenoniana.

253. *Ibid.*

254. Podemos até dizer que essa capacidade de "comunicar" com os representantes das outras tradições é, ao contrário, concomitante à pertinência *fundamental* à sua própria tradição, e à ancoragem mais profunda e mais interna a esta... Ali onde, justamente Deus "está por inteiro em todos".

255. *Aperçus sur l'ésoterisme chrétien*, cap. IV.

Sabemos de fato e principalmente depois dos artigos de Guénon sobre as constatações de Luigi Valli,[256] sobre o estudo de Alfonso Ricolfi,[257] e ainda sobre os trabalhos de Aroux, que os "Fiéis de Amor", reunidos na organização de esoterismo cristão ou "iniciática" que leva o nome de *Fede Santa* (à qual pertencia Dante), eram, de fato, de descendência templária, espiritualmente falando.

R. Guénon, lembremos, vê essa filiação "doutrinal" templária na *Fede Santa*, depois naquilo que mais tarde foi chamado de Rosacruz. Talvez seja preciso admitir que ele não está longe de descobrir uma influência na última das organizações iniciáticas do Ocidente: a Franco-Maçonaria e seus altos graus cavalheirescos e templários, aos quais ele fará tão freqüentemente alusão em suas análises sobre os Templários, Dante ou rosacrucianismo. Não é o caso de discutir isso agora.

Ele retornará a esse dado da compreensão intertradicional, que é essencialmente "supratradicional" e se refere à Tradição Primordial,[258] a propósito dos Fiéis de Amor, e é por isso que vamos novamente encontrar o Personagem que focaliza nossos raios de investigação: *Melquisedeque*.

Melquisedeque e os "Fiéis de Amor"

No capítulo consagrado à "Linguagem secreta de Dante", Guénon é levado a fazer a seguinte constatação:

> Os "Fiéis de Amor" sabiam ir além dessas formas (exteriores) e esta é a prova: em uma das primeiras novelas do *Decamerão* de Boccace, Melquisedeque afirma que, entre o Judaísmo, o Cristianismo e o Islamismo, "ninguém sabe qual é a verdadeira fé". Valli viu justamente, ao interpretar essa afirmação, o sentido de que "a verdadeira fé está escondida sob os aspectos externos das diversas crenças"; mas o que é mais notável, e isso ele não viu, é que essas palavras tenham sido colocadas na boca de Melquisedeque, que é precisamente o representante da tradição única escondida sob todas essas formas exteriores; e existe aí alguma coisa que mostra bem que algumas pessoas, no Ocidente, sabiam ainda nessa época o que é o verdadeiro "centro do mundo".

---

256. *Il Linguaggio segreto di Dante e dei "Fedeli d'Amore"*, Roma, Biblioteca di Filosofia e Scienza, Casa editrice Optima, 1928.

257. *Studi sui "Fedeli d'Amore"*, Roma, Biblioteca della Nuova Rivista Storica, Societa Editrice Dante Alighieri, 1933.

258. Ele havia assinalado na nota da "Linguagem secreta de Dante" que a expressão "beber como um templário" se referia, em um sentido espiritual, à "bebida da elite" da qual "os homens vulgares" não poderiam abusar impunemente. Ele escrevia também: "o 'vinho' que os templários bebiam era o mesmo que os cabalistas judeus e os sufis muçulmanos bebiam. O vinho é aqui símbolo de mistério, segredo, doutrina reservada àqueles que podem absorvê-la, pois trata-se de fato do Conhecimento da Unidade doutrinal e metafísica", *cf. supra*, cap. XXI.

Com efeito, Guénon, por meio de uma síntese admirável, resumiu o conto de Boccace concentrando a atenção no essencial. Lembremos que Petrarca e Boccace morreram respectivamente em 1374 e 1375. Conhecemos mais o segundo em razão de sua pretensa libertinagem do que por suas ligações... com os "Fiéis de Amor" e sua transmissão de uma doutrina relativa à Tradição Primordial.[259] Todavia, como as pessoas duvidam disso, nosso interesse está em outra coisa: ele se refere às *fontes* do conto e à sua *natureza*. As fontes visíveis, nós as encontramos em:

— *Petrarca*, principalmente na velhice desse napolitano ocasional. Familiar em sua juventude da corte dos Angevinos, conhecido no meio de René d'Anjou;[260] ele é por seu nascimento em 1313 — um ano antes da morte do último grande mestre da ordem do Templo Jacques de Molay — um florentino. E o erotismo acompanha o esoterismo na região onde corre o Arno, pois há um "amor cortês" que esconde outro — a menos que não o exorcize;

— *Dante* fascina Boccace, a ponto de ele escrever a vida do poeta da *Comédia* e um comentário da mesma, entre 1351 e 1354, após a missão ao Tirol, junto a Louis da Baviera. Ora, as fontes são as da confraria. Nós encontramos nela a descendência dos "Guardiões da Terra Santa", dos defensores da Tradição Primordial única, os Templários, portanto, de quem vimos, sob a pena de Guénon, a "razão de ser" funcional.

É neste ponto que convém parar, mais seguramente do que sobre a influência de Boccace na corte francesa no século XIV, com a irmã de Francisco I e a tradução do *Decamerão* por Antoine o Maçom — em Lyon também, com o grupo de alguns livreiros e poetas como Maurice Scève.[261]

---

259. Para o moderno, Boccace é o homem do *Decamerão*, escrito em menos de dois anos. Margarida de Navarra poderia já aumentar em seu *Heptamerão*, declarando a propósito "verdadeiras histórias", que eram muito elogiadas no círculo do rei essas "cem novelas de Boccace", elogios tais, acrescentava ela, que "se Boccace, do lugar que ele estivesse, pudesse ouvir, ele ressuscitaria".

260. Entre 1442 e 1445, Louis de Beauvau, senescal de Anjou e de Provence, traduziu o *Filostrato*, em homenagem a Marie de Clèves, duquesa de Orléans. Em 1476, o *De casibus virorum illustrium*, editado por Colard Mansion, publicava uma obra de Boccace em francês.

261. Mais seguramente, enfim, do que sobre o impacto do florentino sobre a literatura francesa de La Fontaine a Daudet, Coppée, Maupassant, Barbey d'Aurevilly, Villiers de l'Isle-Adam, Anatole France, Zola, etc., passando por Musset, Balzac, etc. É claro que, aquilo que vai ficar para o público em geral, pouco disposto a retirar a "substantífica medula" do osso, esse bastardo, originado dos amores de um burguês — afiliado em 1327 à companhia bancária dos Bardi — Boccacino de Chelino, e de uma dama da nobreza francesa, inaugura com o *Decamerão* uma comédia humana onde o ócio disputa o tom com a libertinagem. É verdade que principalmente seus "descendentes" contribuíram para consolidar sua reputação de autor galante, notadamente no século XVII, quando os contos de La Fontaine acentuaram os aspectos eróticos dos textos do florentino. Também é verdade que seria preciso uma dose surpreendente de imaginação para fazer do *Decamerão* uma "alegoria sabiamente mascarada da cabala hebraica", como já ouvimos dizer sobre o pretexto de que sua ação coloca em jogo um ternário masculino e um septenário feminino como as três sephirot superiores e as sete sephirot inferiores da árvore cabalística!

Vamos tratar agora da natureza do conto, portanto, de seu ensinamento, que está justamente nesse *parentesco* que une o autor de obras poéticas elegíacas, alegóricas e satíricas, mitológicas e históricas *ao visionário da Comédia*, cujas obras ele comentou e ensinou em Florença em 1373. Parentesco que se refere à pertinência aos "Fiéis de Amor" e à filiação templária, depois, no próprio segredo desta última, à transmissão de uma doutrina da unidade tradicional.

Encontramos, além disso, todo um balizamento nessas cadeias que garantem uma transmissão de longínqua origem. Citemos André Raeymacker:

> Pelo período de mais de um milênio que separa Estácio de Dante, é preciso supor uma transmissão mais discreta ainda que pode ter passado especialmente pelo mundo céltico. Somente ela pode explicar o parentesco secreto que liga a obra de Dante àquela de seus modelos e o papel de guia venerado que o florentino atribui com tanta insistência a Virgílio, enquanto a *Comédia* oferece externamente tão poucos pontos de semelhança com a obra do mestre latino.
>
> De resto, Dante não é o único poeta de seu século que atesta essa transmissão; apesar das aparências mais profanas, Petrarca não deixou de escolher para sua Dama o nome de Laura, iniciação de fidelidade à tradição apolínea.[262]

Tradição das origens veiculada sob a capa do "Templo", essa é a parte mais importante. Trata-se no caso de afirmar aqui a existência de uma tradição única, que precede os três monoteísmos e os iguala "pelo alto" em um conto desse "templário de espírito" que é Boccace.

Templário? Não necessariamente *hierosolomitano*, filho de Jerusalém, a Salém do rei de Justiça e de Paz, a cidade do Templo do Grande Rei, cantada, exaltada, chorada e esperada pelos descendentes de Sem.

Já não seria estranho que em um dos contos do Fiel de Amor o judeu que garantia "que não conhecia lei mais santa nem melhor que a judaica; que tendo nascido dentro dessa lei, ele queria nela viver e morrer e que nada seria capaz de fazê-lo mudar de religião"..., fosse justamente o primeiro a pedir o batismo *em razão mesmo da "manutenção do Espírito"*, apesar das deformações doutrinais exteriores do Cristianismo? Essa decisão mostra que, quando preciso, o "templarismo" sabia distinguir o interior do exterior. Além do mais, e isso também é estranho, e adiante desses "motivos singulares da conversão de um judeu à religião cristã", Boccace escolheu, para nome hebraico do tal judeu... *Abraão,* e que, a exemplo de seu personagem o "bom Jeannot", ele tenha, por ocasião dessa conversão,

---

262. A. Raeymacker, *Les Nombres virgiliens*, Études traditionnelles, nº 451.

conduzido Abraão "à igreja de Nossa Senhora", onde ele o apadrinhou e o fez "batizar-se e chamar João". Em suma, Abraão judeu seria o João cristão... Mas passemos a outro conto que chamou a atenção de Guénon: "Os três anéis ou as três religiões". Aqui, todo o monoteísmo é abrangido, como acontecia com a conquista dos lugares sagrados e de Jerusalém no tempo dos Templários.

Ora, aquele que vai questionar Saladino para saber qual das três religiões, "a judaica, a maometana e a cristã", é a melhor e a verdadeira, então esse a quem pertence a decisão e a resposta chama-se... *Melchissédec*.

Conhecemos a seqüência que ocorre em uma parábola na qual cada tradição representa um anel que garante os direitos legítimos à sucessão de um *mesmo pai a três irmãos*.

Nosso juiz então concluirá após haver constatado a semelhança perfeita dos três anéis entre si:

> Acontece a mesma coisa, senhor, com as leis que Deus deu aos três povos sobre os quais vós me fizestes a honra de perguntar; cada um crê ser o herdeiro de Deus, cada um crê possuir a verdadeira lei e observar seus verdadeiros mandamentos. Saber qual dos três está mais bem fundado em suas pretensões, é isso que ainda não está decidido, e que, segundo toda a aparência, demandará muito tempo.

Vamos entender a lição: uma "*igualdade*" dos anéis tradicionais, mas também um problema de sucessão que parte de um postulado: *a herança de um mesmo pai* — uma herança que remonta a um *único anel*, transmitido de geração em geração e detido na origem por um homem "rico, poderoso, opulento", o próprio anel "*de uma beleza e de um preço inestimáveis*".

Então estão bem retratados: a Tradição Primeira na origem das gerações, tradição da "*idade de ouro*" — daí a jóia única e preciosa como o metal —, a Tradição Primordial, e a transmissão dessa Tradição Primordial por meio do anel único a princípio, mas triplicado depois de Abraão; finalmente a igualdade das formas tradicionais simbolizadas pelos possuidores do anel.[263]

Aí está também o que nos ensina a filiação da ordem nascida em Jerusalém, a Cidade de Melquisedeque; então é significativo que aquele que tem a chave do enigma no conto de Boccace chame-se justamente *Melchisédec*!

263. Curiosamente outra igualdade "ternária", mas que implica necessariamente sucessão ou "processão" aparece na obra do mestre da *Fede Santa* doutrinal quando, no fim da viagem paradisíaca, Dante, conduzido por São Bernardo — o santo patrono dos Templários —, contempla, "na profunda e transparente substância da santa luz", três círculos de três cores e de uma só circunferência que é a própria Divindade. Bernardo guia o Fiel de Amor a partir do canto 30, número que evoca "geometricamente" três anéis.

... E esta será a nossa conclusão:

- Melquisedeque? A Tradição Primordial.
- Melquisedeque? A bênção suprema concedida a Abraão e à sua descendência, a Fraternidade de Abraão.
- Melquisedeque? A realeza de Justiça e de Paz, a Paz de *Yerouschalaïm* reflexo da Cidade Santa da qual o Todo-Poderoso é o Templo e o Cordeiro, a lâmpada (Apocalipse, 21:23).
- Melquisedeque? O sacerdote do Altíssimo, *esse Deus do qual Jesus é o filho.* "Ele será grande e será chamado filho do Altíssimo, e o Senhor Deus lhe dará o trono de Davi seu pai" (Lucas 1: 32).
- Melquisedeque? O desconhecido "sem pai, sem mãe, sem genealogia, que não tem começo de dia nem fim de vida" (Hebreus, 7: 3) e Jesus lhe diz "*... antes que Abraão existisse, eu sou*" (João, 8: 58).
- Melquisedeque? Que funda Abraão e sua posteridade dos "Três Anéis" sobre o rochedo da Fé:
  "Confiai-vos a YHWH para sempre
  YHWH é um rochedo eterno" (Isaías, 26: 4).
  São Paulo acrescentará: "*Esse rochedo era o Cristo*" (I Coríntios, 10: 4).
  A pedra das "altas cavernas" cantada por São João da Cruz (*Cântico Espiritual*, 36ª trova).[264]
- Melquisedeque? Aquele que fecha um ciclo e abre outro, que fica na alvorada das alianças, *testemunho da Aliança universal e eterna e do Messias glorioso.*
  Pois eis que vem "o Santo, o Verdadeiro, aquele que tem a chave de Davi, aquele que abre e ninguém pode fechar, aquele que fecha e ninguém abrirá..." (Apocalipse, 3: 7), e "o leão da tribo de Judá, a raiz de Davi venceu para abrir o livro e seus sete selos" (Apocalipse, 5: 5).

---

264. *Cf.* revista *Vives Flammes*, Éditions du Carmel, nº 134, 1982, I, sobre o tema "O Rochedo Eterno", artigos da irmã Marie-Madeleine Jung, O.P.: "Meditação sobre o rochedo do Templo" e Renée de Tryon-Montalembert: "O Cristo, rochedo novo".

Bibliografia setorial onomástica

Abreviações utilizadas

A.I.U.	Biblioteca da Aliança Israelita Universal de Paris (45, rue La Bruyère).
O.C.	Obra coletiva, dicionário, enciclopédia.
R.	Revista, periódico, anais, etc.

Classificação setorial

I.	Bíblias de referência e dicionário de interpretação católica.
II.	Antigo e Novo Testamentos. Interpretação legal e simbólica.
III.	Esoterismo hebraico e místico judaico.
	A. Obras consultadas na A.I.U. de 1970 a 1977.
	B. Outras (cabala, etc.).
IV.	*Zohar* e tradição sinaítica.
V.	História do Judaísmo, monoteísmo, monoteísmo comparativo.
VI.	Seitas, gnose.
VII.	Exegese, orações, nomes divinos e angelologia.
	A. Exegese e orações
	B. Nomes divinos.
VIII.	Os cabalistas cristãos.
IX.	Esotéricos e teósofos cristãos
X.	Angelologia monoteísta e teofanias.
XI.	Mística muçulmana e abraamismo.
XII.	Visionários e "profetas" do século XIX.
XIII.	Obras de e sobre René Guénon.
XIV.	Tradição e Tradição Primordial.
XV.	Melquisedeque, sobre Melquisedeque.

XVI. Simbolismo maçônico e paramaçônico.
XVII. Sacerdócio cavalheiresco e místico inaciano.

I

Bíblias de Referência e Dicionário de Interpretação Católica

Crampon, cônego, *La Sainte Bible*, Desclée et Cie., Tournai, 1939.

O.C., *Concordance de la Bible de Jerusalém*, Le Cerf, Brépols, 1982.

Darby, J.N., *La Sainte Bible*, nova edição, Oxford, Imp. Universidade, 1966, trad. sobre os textos originais do A. e do N. Testamento, Éd. La Bonne Semence, Valence, 1966.

O.C., *Écolebiblique de Jerusalém, La Sainte Bible*, Le Cerf, em formato de bolso, Paris, 1955.

O.C., Kahn, Z., grande rabino, *La Bible*, edição bilíngüe, texto bíblico segundo a versão massorética, tradução francesa sob a direção do grande rabino Zadoc Kahn, Colbo, Paris, 1958.

Segond, L., *La Sainte Bible* (nova edição), tradução sobre os textos originais em hebreu e grego, Maison de la Bible, Paris, 1961.

La Sainte Bible, Ed. Gideões Internacionais, Société Biblique de Genève e Maison de la Bible para The Gideons International, 1975.

Sem nome de autor, *The Interlineary Hebrew and English Psalter*, Bagster and Son, London (24ª edição).

O.C., *Dictionnaire de théologie catholique*, sob a direção de A. Vacant, E. Mangenot e E. Amann, 3 vol., Letouzey e Ané, Paris, 1930.

O.C., *Les Églises devant le judaïsme*, documentos oficiais 1918-1978, textos reunidos com anotações por Marie-Thérèse Hoch e Bernard Dupuy, Le Cerf, Paris, 1980.

II

Antigo e Novo Testamentos — Interpretação Legal e Simbólica

Benveniste, L., *L'Alphabet est né au Sinaï*, edição do autor, 37, rue de Cléry, Paris e A.I.U.

Billerbeck, P., *Kommentar zum N.T. aus Talmude und Midrasch IV*, Leipzig, Bibl. Université, 1928.

Dan, J., *The Esoteric Theology of Askenazi Hasidisme*, Jerusalém, Mossad Bialek, 1980.

FABRE D'OLIVET, *La Langue hébraïque restituée*, 2 vol., 1905, Chacornac, Paris, 1922.

GRINBERG, M., *Les Dix Commandements*, Dervy-Livres. Jean-François, De la Genèse à l'Apocalypse, Table Ronde, Paris, 1976.

MOREAU, E., *La Bible de bouche à bouche*, Éd. Résiac, Montsûrs, 1977.

Et le Verbe s'est fait juif, Éd. Résiac, Montsûrs, 1980.

MUSSNER, F., *Traité sur les juifs*, Le Cerf, Paris, 1981.

RAT, von G., *La Genèse*, Labor et Fidès, Paris, 1968.

SCHWARZ, rabino J.S., *Toratt ' Haïme, I. Genèse*, Esperance Jerusalém, 1980.

SIRAT, C., *Les Perceptions surnaturelles dans la pensée juive du Moyen Âge*, Brill, 1975.

TRESMONTANT, C., *Essai sur la pensée hébraïque*, Le Cerf, Paris, 1953.

WEIL, grande rabino E., *Choul'ane Aroukh Abrégé*, Colbo, Paris, 1955.

III

ESOTERISMO HEBRAICO E MÍSTICA JUDAICA

A. Obras consultadas na A.I.U. de 1970 a 1977

VAJDA, G. *Recherches sur la philosophie et la kabbale dans la pensée juive du Moyen Âge*, U. 718.

Rôle et signification de l'ascétisme dans la religion juive, U. 6607.

Sur quelques éléments juifs et pseudo-juifs de l'Encycloppédie magique de Buni, 8 U.B. r 117.

Commentaire de Sa'adia sur le Sepher Yetzira (anuário de 1959-1960 da E.P.H.E.), 80 U.B. r 984 U. 469-U, 3086.

La Théologie ascétique de Bahya Ibn Paquda, U. 3835, 1369, 2318.

Un champion de l'avicennisme, U. 3862.

Un chapitre de l'histoire du conflit entre la kabbale et la philosophie, 80. U.B. r 273.

Ibn Waqar, U. 3813.

Luzzato: Le sentier de la rectitude, U. 4650, U. 4660.

L'amour de Dieu dans la théologie juive du Moyen Âge, U. 636, 613, 645.

Coutumes, vie et mariage selon la doctrine du judaïsme, 8. U.B.B.r. 299.

Commentaires karaïtes sur l'Ecclésiaste, U. 8694.

The Dialectics of the Talmud and the Kabbala, 8.U.B.r.2075.

Introduction à la pensée juive du Moyen Âge, U. 392, U. 527.

Isaac Albalag, averroïste juif, U. 540.

Juda Ben Nissim Ibn Malki, U. 540.

Melkitsedek dans la mythologie ismaélienne, U. 1376.

Origine et développement de la Kabbale, U. 369.

La Philosophie juive en Espagne, U. 8442.

Quelques aspects du problème foi et raison dans la philosophie du Moyen Âge, P. 1406.

La Finalité ou la création, 4. U.B.r. 461.

B. Outras (Cabala)

CASARIL, G., *Rabbi Siméon Bar Yochai et la Cabbale*, Le Seuil, Paris, 1965.

DE LUBOVITCH, Dobh Baer, *Traité de l'extase*, Fayard, Paris, 1977.

DRACH, P. L. B., *La Cabale des Hébreux, vengée de la fausse imputation de panthéisme par le simple exposé de sa doctrine d'après les livres cabalistiques qui font autorité* (Paris 1864), Chacornac, Paris, 1933.

FRANCK, A., *La Kabbale ou la philosophie religieuse des Hébreux*, trad. Jellinek, A.I.U., Paris, 1892.

GRAD, A. D., *Le Livre des principes kabbalistiques (Pîrqe Meqoubâlîm)*, Robert Laffont, Paris, 1974.

Pour comprendre la Kabbale, Dervy-Livres, Paris, 1972.

Kabbale de feu, Dervy-Livres, Paris, 1972.

Le Temps des kabbalistes, Payot, Paris, 1967.

Le Véritable Cantique de Salomon, Maisonneuve et Larose, Paris, 1967.

HESCHEL, A., *Les Bâtisseurs du temps*, Éd. de Minuit, Paris, 1958.

HRUBY K. e TRYON-MONTALEMBERT, R. de, *La Kabbale et la tradition juive*, Retz, Paris, 1973.

LÉVYNE, A., *Petite Anthologie de la mystique juive, introduction à la Kabbale*, Tsedek, 1974.

PAULY, J. de *Sepher ha Zohar*, 6 vol., Leroux, Paris, 1906.

REUCHLIN, J., *De acte cabalistica*, introdução e trad. de F. Secret, Aubier-Montaigne, Paris, 1973, Pardès, Estudos de textos de mística judaica, col. dirigida por G. Vajda, dir. de E.P.H.E.

ROSENROTH, Knorr von, *La Kabbala denudata*, Sulzbach, 1677, A.I.U.

SAFRAN, A., *La Cabbale*, Payot, Paris, 1960.

SCHAYA, L., *L'Homme et l'Absolu selon la Kabbale*, Dervy-Livres, Paris, 1977.

SCHOLEM, G.G., *La Kabbale et sa symbolique*, Payot, Paris, 1975.

Les Origines de la Kabbale, Aubier-Montaigne, Paris, 1962, Pardès, Estudos de textos de mística judaica, col. dirigida por G. Vajda, dir. de E.P.H.E.

"Major trends in jewish mysticism", O. C., *Encyclopedia Judaïca* (A.I.U.), Art. "Kabbalah".

SEROUYA, L., *La Kabbale*, Grasset, Paris, 1942.

SOUZENELLE, O. de, *De l'arbre de vie au schéma corporel*, Robert Dumas, Paris, 1974.

STABLE, P., *La Kabbale et le Yi-King*, Dervy-Livres, Paris, 1975.

VAJDA, G., *Recherches sur la philosophie de la Kabbale dans la pensée juive du Moyen-Âge*, Mouton et Cie, Paris, 1961.

Les Origines et le développement de la kabbale juive, Vrin, Paris, 1967.

VUILLAUD, P., *La Kabbale juive*, 2 vol., Nourry, Paris, 1923.

La Siphra Di-Tzenutha (*Sepher-ha-Zohar* II, Fol. 176 b — 179 a), Nourry, Paris, 1930.

WARRAIN, F., *La Théodicée de la Kabbale (Les Sephirot et les Noms Divins)*, Vega, Paris, 1945.

C. Outras (rituais e aspectos diversos)

BLOCH, grande rabino J., *Rituel de prières pour tous les jours de l'année*, Durlacher, Paris, 1963.

CAMY, O., *Une trilogie biblique sur le drame de la vie: Job, Qoheleth, Isaïe*, ilustr. de Maxa Nordan e Devi Tuszmski, Grassin, Paris, 1973.

DAN, J., *The esoteric theology of ashkenazi hasidism*, Mossad-Bialik, Jerusalém, 1961.

FLEG, E., *Anthologie juive*, 2 vol., Gallimard — N.R.F., Paris, 1930.

Moïse, Gallimard— N.R.F., Paris, 1928.

Salomon, Gallimard — N.R.F., Paris, 1930.

HALPERIN, J., *Le Shabbat dans la conscience juive*, P.U.F., Paris, 1975.

HRUBY, K., "Le Shabbat et sa célebration d'après les sources juives anciennes", *L'Orient syrien*, vol. VII, fasc. 4 e vol. VIII, fasc. 1, Paris, 1962-1963.

IBN GABIROL, S. Ibn, *Le Livre de la source de vie*, Aubier-Montaigne, Paris, 1970.

LAPERROUSAZ, E.M., *Qoumran*, A. J. Picard, Paris, 1976.

LAUTERBACH, J.Z., "The sabbat in jewish ritual and folklore", *Rabbinic Essays*, Cincinati-Hebrew Union College, 1951.

LÉVYNE, E., *Le Royaume de Dieu et le royaume de César*, Le Réveil de Beyrouth, 1973.

MÜLLER, E., *Histoire de la mystique juive*, Payot, Paris, 1973.

NEHER, A., *Le Puits de l'exil (la théologie dialectique de Maharal de Prague)*, Albin Michel, "Présence du judaïsme", Paris, 1966.

Moïse et la vocation juive, Le Seuil, Paris, 1956.

L'essence du prophétisme, P.U.F., Paris, 1955.

Jérémie, Plon, Paris, 1960.

Notes sur Qohelet, l'Ecclésiaste, Éditions de Minuit, Paris, 1951.

Amos, contribution à l'étude du prophétisme, Vrin, Paris, 1950.

O.C., *Encyclopédie de la mystique juive*, ouvrage réalisé sous la direction de A. Abecassis e Georges Natal, Berg international, Paris, 1977.

IV

Zohar e tradição sinaítica

Grinberg, Dr. M., *Lumière sur le Zohar*, Maisonneuve et Larose, Paris, 1978.

Introduction au Zohar, Dervy-Livres, Paris, 1978.

Sepher Raziel, Newprinting Ed., Paris, 1980 (2 tomos).

Le Cantique des cantiques, Newprinting Ed., Paris, 1979.

Le Temple de Jérusalem dans le Talmud de Babylone, traité Midot, Newprinting Ed., Paris, 1971.

Z'ev Ben Shimon Halevi, *La Cabbale, tradition de connaissance cachée*, traduzido do inglês por Guy Casaril, Le Seuil, Paris, 1980.

V

História do Judaísmo — monoteísmo

Blumenkranz, B., *Juifs et chrétiens dans le monde occidental*, Imprimerie nationale, Paris, 1960.

Breton, S., *Unicité et monothéisme*, Le Cerf, Paris, 1980.

Chouraqui, A., *Histoire du judaïsme*, P.U.F., Paris, 1957.

Jehouda, J., *Le Monothéisme, doctrine de l'unité*, Synthétis, Genève, 1952.

Israël et la chrétienté, Synthétis, Genève.

La Leçon de l'histoire, Synthétis, Genève, 1956.

Lods, A., *Histoire de la littérature hébraïque depuis les origines jusqu'à la ruine de l'État juif*, Payot, Paris, 1920.

Musaph Andriesse, R.G., *From Torah to kabbalah*, S.C.M. Press Ltd., London, 1980.

Nahon, G., *Les Hébreux*, Le Seuil, Paris, 1960.

Neher, A., *L'Existence juive*, Le Seuil, Paris, 1962.

———. (em colaboração com Neher, R.), *Histoire biblique du peuple d'Israël*, Adrien Maisonneuve, Paris, 1962.

RUDOLPH, E., *Die Religions geschichte an der Leipziger Universität und die Entwickling der Religions Wissenschaft*, A. Kad. Verlag, Leipzig, 1962.

MONOTEÍSMO COMPARATIVO

CAZELLES, H., *Le Messie de la Bible, Christologie de l'Ancien Testament*, Desclée de Brower, Paris, 1978.

CORBIN, H., *Le Paradoxe du monothéisme*, Herne, Paris, 1981.

DAYAN, M., *Vivre dans la Bible*, Albin Michel, Paris, 1980.

DELORME, C., *Le Chemin de Dieu*, Albin Michel, Paris, 1979.

FRIEDMANN, G., *Fin du peuple juif*, Gallimard, Paris, 1965.

GILLABERT, E., *Moïse et phénomène judéo-chrétien*, Metanoïa, Montélimar, 1971.

GOICHON, A. M., *Jérusalem, fin de la Ville universelle*, Maisonneuve-Larose, Paris, 1976.

GUIGNEBERT, C., *Le Monde juif vers le temps de Jésus*, Albin Michel, Paris, 1969.

HESSE, M., *Rome et Jérusalem*, Albin Michel, Paris, 1981

VI

SEITAS, GNOSE

AMIOT, F., *Évangiles apocryphes*, Arthème Fayard, Paris, 1952.

BASSET, R., *La Sagesse de Sibylle*, trad. dos Apócrifos cristãos, Arché, Milan, 1976 (div. Dervy-Livres).

BESSON, E., *Les Logia agrapha*, prefácio de Sédir, Amitiés spirituelles, Paris, 1926.

DEVIS, R., "Une curieuse énigme: égrégores bibliques et égrégores maçonniques", *Travaux de Villard de Honnecourt*, t. XII, Dervy-Livres, Paris, 1977.

HRUBY, K., *Les Chrétiens et le christianisme dans les documents et la littérature rabbinique ancienne*, Institut biblique pontifical, Rome, 1973.

LUBAC, H. de, *La Postérité spirituelle de Joachim de Flore (De Joachim à Schelling)*, 2 vol., P. Lethielleux, Paris, 1978.

MEAD, C.R.S., *Fragments of a faith forgotten*, A.I.U., London, 1906.

ODEBERG, R., *The Third Book Enoch*, A.I.U., London, 1921.

PUECH, J. Ch., *La Gnose et le Temps*, Gallimard - N.R.F., Paris, 1978.

SCHOEPS, H.J., *Das Judenchristentum*, Franck Verlay, Berna, 1961.

SIMON, M., *Les Sectes juives au temps de Jésus*, P.U.F., Paris, 1960.

VII

Exegese, orações, nomes divinos e angelologia

A. Exegese e orações

AUZOU, G., *La Parole de Dieu*, Éditions de l'Orante, Paris, 1956.

La Tradition biblique, Éditions de l'Orante, Paris, 1957.

DANIÉLOU, J., *Théologie du judéo-christianisme*, Desclée e Cie, Tournai, 1955.

FRIEDLÄNDER, M., *Des vorschriftliche judische gnosticis Mus*, A.I.U., Berlin, 1989.

HEINEMANN, I., *La Loi dans la pensée juive*, Albin Michel, Paris, 1962.

HRUBY, K., *Exégèse rabbinique et exégèse patristique*, Faculdade de Teologia de Estrasburgo, 1973.

JACOB, E., *Théologie de l'Ancien Testament*, Delachaux-Nestlé, Neuchâtel, 1968.

KITTEL, G., RENGSTEL, K. H., *Die Tosefta*, A.I.U. Suttgart, 1930.

LIPMAN, E.J., *The Mishna oral teaching of judaism*, Bibl. B'Naï Brith., New York-Paris, s.d.

MENASCE, J. de, *Quand Israël aime Dieu*, Plon, Paris, 1931.

RAD, J. von, *Théologie des traditions historiques d'Israël*, Labor et Fides, Genève, 1960.

SCHAD, M., *Le Talmu de Jérusalem*, 2 vol., 1923, A.I.U.

SCHULTZ, H., *Théologie de l'Ancien Testament*, 2 tomos, A.I.U.

STRAEK, H. e BILLERBECK, M., *Kommentar zum neuesten Testament aus Talmud und Midrash*, 4 volumes, A.I.U., Munich, 1922.

TRESMONTANT, A., *Essai sur la pensée hébraïque*, Le Cerf, Paris, 1953.

VAN IMSCHOOT, P., *Théologie de l'Ancien Testament*, Desclée e Cie, Tournai, 1954.

VAUX, R. de, *Les Institutions de l'Ancien Testament*, 2 vol., Le Cerf, Paris, 1960.

VENTURE, M., *Prières à l'usage des juifs portugais et espagnols*, Marseille, 1807.

O.C., *La Mishna*, coleção dirigida pelo grande rabino E. Gugenheim, Consistório Israelita de Paris, Paris, 1968.

Le Pentateuque avec commentaires de Rachi et notes explicatives, 5 vol. seguidos dos *Haphtaroth avec Targoum onkelos*, realizado sob a direção do grande rabino Élie Munk, A.I.U., Paris, 1964.

Le Talmud de Jérusalem, trad. Schwab, A.I.U., Paris, 1960.

B. Nomes divinos e angelologia

BERGUER, G., "La Puissance du nom", comunicação ao VI Congresso Internacional de História das Religiões, 1935, *Archives de psychologie de la Suisse romande*, t. XXV, Bruxelles, 1936.

BESNARD, A.M., O.P., *Le mystère du nom*, Le Cerf, Paris, 1938.

CHÉNIQUE, F., *Le Yoga spirituel de saint François d'Assise*, Dervy-Livres, Paris, 1978.

GUÉRIN, P., *Le Véritable Secret de Nostradamus (sur le nom Schaddaï)*, Payot, Paris, 1971.

JACOB, rabino B., *In Namen Gottes, Eine Sprachliche in religion geschichtliche Untersuchung zum alten and neuen Testament*, A.I.U., Berlin, 1903.

KING, Y. (Rev. hebrew lecturer at Sidney Sussex College), *Hebrew Words and Synonym (the Names of God)*, A.I.U., Cambridge, 1884.

MARMORSTEIN, A., *The old rabbinic doctrine of God* (VI.: *the Names and attribute of God*), A.I.U., London, 1927.

O.C., *Encyclopedia judaica (Names of God)*, A.I.U.

On the invocation of the name of Jesus (fellowship of St Alban, St Sergius), Londres, 1950, St Basil's House 52 Ladbroke Grove, London W 112 P B.

VIII

OS CABALISTAS CRISTÃOS

GAFFAREL, J., *Profonds Mystères de la Cabale divine* (1625), traduzido pela primeira vez do original latino por Samuel ben Chesed. Introd. do dr. Marc Haven, Milão, Arché, 1975 (col. Sebastiani), div. Dervy-Livres.

KUNRATH, H., *Amphithéâtre de la sagesse éternelle* (reedição da obra pelos drs. Papus e Marc Haven), Derain, Lyon, 1946.

POSTEL, G., *Absconditorum clavis* (1646), traduzido do latim, Milão, Arché, 1975 (col. Sebastiani), div. Dervy-Livres.

SECRET, F., "L'Introduction et traduction de J. Reuchlin", *La Kabbale (De arte cabalistica)*, Aubier-Montaigne, col. Pardès, dirigida por G. Vajda, diretor de estudos da E.P.H.E., Paris, 1973.

Les Kabbalistes chrétiens de la Renaissance, Dunod, Paris, 1964, col. Sigma, dirigida por H. Hierche.

Le Zohar chez les kabbalistes chrétiens de la Renaissance, Mouton et Cie, Paris, 1964.

De quelques courants prophétiques et religieux sous le règne de Henri III, P.U.F., Paris, 1964.

Histoire de l'ésoterisme chrétien (Problèmes et méthodes d'histoire des religions, E.P.H.E., 5e section: Sciences religieuses), P.U.F., Paris, 1968.

"Aspects oubliés des courants prophétiques du début du XVIe siècle", *Revue d'histoire des religions*, Annales du musée Guimet, P.U.F., Paris, 1965.

"Sur quelques traductions du *Sefer Razi'el*", *Revue des études juives, Historia Judaïca* CXXVIII, abr.-set. de 1969, fasc. 2-3.

"Notes sur les hébraïsants chrétiens", *Revue des études juives, Historia Judaïca* CXXIV, jan.-jun. de 1965, fasc. 1-2.

"Notes et documents oubliés sur Paul Paradis, lecteur royal en hébreu", *Bibl. d'Humanisme et Renaissance*, Trav. e doc., Documents, t. XXX — R., Droz, Genève, 1968.

"Notes sur quelques alchimistes de la Renaissance", *Bibl. d'Humanisme et Renaissance*, Trav. e doc., t. XXXIII, Droz, Genève, 1971.

"Egidio da Viterbo et quelques-uns de ses contemporains", Institut historique augustinien (*Augustiniana*, XVI), Heverlec, Louvain, 1966.

TRITHÈME, J., *Traité des causes secondes*, Arché, Milão, 1975 (col. Sebastiani), div. Dervy-Livres.

ZUNNER, J.D., *Adumbratio kabbal christianae* (1684), publicado em apêndice à *Kabbala Denudata* de Knorr von Rosenroth, Arché, Milan, 1975, div. Dervy-Livres.

IX

ESOTÉRICOS E TEÓSOFOS CRISTÃOS

AMADOU, R., *Louis Claude de Saint-Martin et le martinisme*, Griffon d'Or, Paris, 1946.

Recherches sur la doctrine des théosophes, Le Cercle du Livre, Paris, 1952.

Trésor martiniste, Éditions traditionnelles, Paris, 1959.

ARNOLD, P., *Histoire des Rose-Croix*, Mercure de France, Paris, 1955.

La Rose-Croix dans ses rapports avec la franc-maçonnerie, Maisonneuve, Paris, 1973.

BIES, J., *Passeports pour des temps nouveaux*, Dervy-Livres, 1982.

BOEHME, J., *Mysterium magnum*, 2 vol., com dois estudos sobre J. Boehme por N. Berdiaeff, Aubier-Montaigne, Paris, 1945.

Confessions, precedidas do *Philosophe teutonique ou l'esprit d'aventure* por A. Klimov, Fayard, Paris, 1973, col. Documents spirituels.

DERMENGHEIM, E., *Joseph de Maistre mystique*, La Colombe, Paris, 1946.

ECKARTSHAUSEN, d', *La Nuée sur le sanctuaire*, prefácio de M. Renebois, Amitiés spirituelles (R. de Savoie), Paris, 1972.

FAIVRE, A., *Kirchberger et l'illuminisme du XVIIIe siècle*, Nijhoff, Haia, 1966.

Eckartshausen et la théosophie chrétienne, Klincksieck, Paris, 1969.

L'ésoterisme au XVIIIe siècle en France et en Allemagne, Seghers, Paris, 1973.

Les Conférences des Élus-Cohen de Lyon (1774-1776), prefácio de Gilbert Durand, Baucens, Belgique, 1975.

Préface et publication de Le Forestier, la franc-maçonnerie templière et occultiste aux XVIIIe et XIXe siècles, Aubier-Nauwelaerts, Paris, 1970.

L'Ésoterisme chrétien du XVIe au XXe siècle, Gallimard, Paris, 1974, Encyclopédie de la Pléiade, Histoire des religions II.

La philosophie de la nature dans le romantisme allemand, Gallimard, Paris, 1974, Encyclopédie de la Pléiade, Histoire de la Philosophie III. "Rosicruciana", *Annales du musée Guimet*, out. de 1976 — jan. de 1977; *Revue de l'histoire des religions*, março e abril de 1976, P.U.F., Paris, 1976.

"Les Normes et la sécularisation du cosmos", *Eranos Jahrbuch*, vol. 43, E.J. Brill, Leyde, 1977.

GORCEIX, B., *La Bible des Rose-Croix*, P.U.F., Paris, 1970.

HAVEN, Dr. M. e SERVANT, P., *Le Mutus Liber et Le Traité de la Pierre philosophale* (reedição e apresentação), Derain, Lyon, 1948.

HUTIN, S., *Les Disciples anglais de Jacob Boehme aux XVIIe et XVIIIe siècles*, Denoël, Paris, 1960.

KOYRÉ, A., *La Philosophie de Jacob Boehme*, Vrin, Paris, 1929.

OTTO, A., *Le Sacré*, trad. A. Junott, Payot, Paris, 1949.

PASQUALLY, M. de, *Traité de la réintégration des êtres créés dans leurs primitives proprietés, vertus, et puissances spirituelles divines, version originale editée pour la première fois en regard de la version publiée en 1899, accompagnée du Tableau Universel*, precedido de uma introdução e de documentos inéditos, por R. Amadou, Robert Dumas, Paris, 1974.

SAINT-MARTIN, L. C. de, *Ecce Homo*, Derain, Lyon, 1959.

L'Homme de désir, col. 10-18, Paris, 1973.

Tableau naturel des rapports qui existent entre Dieu, l'homme et l'univers, introdução de Philippe Lavastine, Griffon d'Or, Paris, 1946.

VAN RIJNBERK, G., *Un thaumaturge au XVIIIe siècle: Martinez de Pasqually*, Derain, Lyon, 1938.

Épisodes de la vie ésotérique (1780-1824), Derain, Lyon, 1948.

VIATTE, A., *Les Sources occultes du romantisme*, Champion, Paris, 1928.

WEHR, G., e DEGHAYE, P., *Jacob Böehme*, Cahiers de l'Hermetisme, Albin Michel, Paris, 1977.

X

Angelologia monoteísta e teofanias

ABECASSIS, A., "Genèse, Histoire et signification de l'angélologie dans la tradition d'Israël", *Cahiers de l'Hermetisme*, "L'Ange et l'Homme", Albin Michel, Paris, 1978.

BASILE, santo de Cesaréia, *Traité du Saint-Esprit*, cap. 16, par. 38, trad. A. Maignan. O.C.: "Les Pères dans la Foi", pp. 89-93, D.D.B., Paris, 1979.

CORBIN, H., prefácio a *L'Évangile de Barnabé, recherches sur la composition et l'origine* por Luigi Cirillo; texto e tradução por Luigi Cirillo e Michel Trémaux, Beauchesne, Paris, 1978.

"Nécessité de l'angélologie", *Cahiers de l'Hermetisme*, "L'Ange et l'Homme", Albin Michel, Paris, 1978.

Histoire de la philosophie islamique, 2 vol., Gallimard, Paris, 1969; Encyclopédie de la Pléiade, Histoire de la Philosophie III. Paris, 1974.

En Islam iranien: aspects spirituels et philosophiques, 4 vol., Gallimard, Paris, 1971-1973.

Terre céleste et corps de résurréction de l'Iran mazdéen à l'Iran shi'ite, Buchet-Chastel, 1961.

Sohravardi. L'archange empourpré, quinze traités et récits mystiques traduzidos do persa e do árabe, apresentados e anotados, Fayard, Paris, Documents spirituels, 1976.

L'Homme de lumière dans le soufisme iranien, "Présence", Librairie de Médicis, Paris, 1971.

"Avicenne et le récit visionnaire", *Bibl. iranienne*[265] 4 e 5, 1954.

"Trilogie ismaélienne", *Bibl. iranienne*[266] 9, 1961.

"*Molla Sadra Shirazi*, le livre des pénétrations métaphysiques", ed. e trad. *Bibl. iranienne*[267] 10, 1964.

"Hadyar* Amoli — La Philosophie shi'ite" (em colaboração com Osman Yahya), *Bibl. iranienne*[268] 16, 1969.

---

265. Os números da Bibliothèque iranienne [Biblioteca Iraniana] foram editados em Teerã, département d'iranologie de l'Institut franco-iranien de recherche [Departamento de Iranologia do Instituto Franco-Iraniano de Pesquisa], B.P. [Cx. Postal] 8-6173, Teerã e na Librairie d'Amérique et d'Orient [Livraria da América e do Oriente], Adrien Maisonneuve, 11, rue Saint-Sulpice, Paris, VIe.
266. *Ibid.*
267. *Ibid.*
* N. T. Em outras ocorrências no texto aparece "Haydar" e não "Hadyar".
268. *Ibid.*

"Anthologie des philosophes iraniens depuis le XVIIe siècle jusqu'à nos jours", textos escolhidos por S. J. Ashtîyarî. Introdução e análise por H. Corbin, 5 volumes previstos, t. I e II, *Bibl. iranienne*[269] 18-19, 1975.

"Traité des compagnons chevaliers", "*Rasa'il-e Javan-mardan*", coletânea de sete "Fotowwat-Nâmeh" publicada por Morteza Sarraf, introdução analítica de H. Corbin, *Bibl. iranienne*[270] 20, 1973.

"L'Idée du Paraclet en philosophie iranienne", O.C., *Academia Nazionale dei Lincei* (Roma), ano CCCLXVIII, 1971, número 160, Convegno Internazionale "La Persia nel Medicevo" (Roma 31 de março — 5 de abril de 1970).

L'Imagination créatrice dans le soufisme d'Ibn Arabi, Flammarion, Paris, 1978, col. Idées-Recherches, dirigida por Y. Bonnefoy.

Temple et contemplation, Flammarion, Paris, 1980.

GINZBERG, L., *The Legends of the Jews*, 6 vol., *Jewish Publication*, Society of America, Philadelphie, 1938 (A.I.U.).

IKBAL ALI SHAH, Sirdar, *Islamic sufism*, Rieder & Co, London, 1933.

JABRA JURJI, E., *Illumination in islamic mysticism*, Londres-Oxford, Princeton University Press, 1938.

TERTULIANO, *La Résurrection des morts*, texto traduzido por Madeleine Moreau, professora universitária; introdução, análise, notas por Jean-Pierre Mahé, professor universitário, Paris, Desclée de Brower, col. "Les Pères dans la foi", 1980.

THOMAS DE AQUINO, São, *Somme théologique*, "Les Anges", I° a, questões 50-64, tradução Ch. V. Héris. O.P., Desclée e Cie, Paris, 1953.

VALENSIN, S.J., *Le Christianisme de Dante, cf.* parte III, cap. II, pp. 45-50, Aubier-Montaigne, Paris, 1954.

269. *Ibid.*
270. *Ibid.*

XI

Mística muçulmana e abraamismo

Le Koran, tradução Savary, Classiques Garnier, Paris, s.d.

Le Koran, tradução e notas Kazimirski, Complementos a respeito de Maomé e o Corão por M. Rodinson, Classiques Garnier, Paris, 1981.

Burckhardt, J., *De l'homme universel (Al — Insân Al — Kâmil)*, de Abd Ak — Kârîm al Jîlî, trad. do árabe com comentário, Dervy-Livres, Paris, 1975.

Cantein, J., *La Voie des lettres, tradition cachée en Israël et en Islam*, Albin Michel, Paris, 1981.

Cuoq, J., "L'Islam religion du livre", *Bulletin du secrétariat pour les non-chrétiens*, nº 21, Rome, 1972, pp. 47-55.

Jomier, J., *Bible et Coran*, Le Cerf, Paris, 1959.

"La notion de prophète dans l'islam", *Bulletin du secrétariat pour les non-chrétiens*, nº 18, Rome, 1971, pp. 154-158.

Masson, D., *Le Coran et la révélation judéo-chrétienne*, Maisonneuve, Paris, 1957.

M. Ibn Arabi, E., *La Sagesse des prophètes*, Albin Michel, Paris, 1980.

Nasr Seyed Hossein, *Essais sur le soufisme*, Albin Michel, Paris, 1980.

XII

Visionários e "profetas" do século XIX

Dirrheimer, A., *Catherine Emmerich (La Visionnaire stigmatisée de Dulmen et Clément Brentano son secrétaire. Étude de l'authenticité des visions)*, Téqui, Paris, 1951.

Eggenstein, K., *Le Sens caché des Évangiles et l'avenir de l'humanité (révélations du Christ à Jacob Lorber en 1840)*, tradução de Valdo Secrétan, Dervy-Livres, Paris, 1981.

Lorber, J., *Auditions de Jakob Lorber*, Lorber-Verlag, Bretigheim-Wurtemberg, s.d.

Saint-Yves d'Alveydre, *Mission des Juifs*, 2 vol., Dorbon Aîné, Paris.

SAUNIER, J., *Les Clefs de l'Orient*, introdução à edição original de 1877, Belisane, Nice, 1980.

Saint-Yves d'Alveydre ou une synarchie sans énigme, Dervy-Livres, 1981.

La Synarchie, Grasset, "Histoire des personnages mystérieux et des sociétés secrètes", 1971.

SCHNOEGER, P.P., *Vie d'Anne Catherine Emmerich*, trad. do alemão pelo abade Cazalis, vigário geral de Versailles, Téqui, Paris, 1951.

XIII

OBRAS DE E SOBRE RENÉ GUÉNON

Obras de René Guénon que servem de base à pesquisa

Introduction générale à l'étude des doctrines hindoues, Marcel Rivière, Paris, 1921.

L'Homme et son devenir selon le Vêdânta, Bossard, Paris, 1925.

Le Règne de la quantité et les signes des temps, N.R.F. Gallimard, Paris, 1945.

Aperçus sur l'initiation, Éditions traditionnelles, Paris, 1946.

La Grande Triade, La Table ronde, Nancy, 1946.

Le Symbolisme de la Croix, Vega, 1950.

Le Roi du Monde, N.R.F. Gallimard, Paris, 1958.

Symboles fondamentaux de la Science sacrée, apresentado por Michel Valsan, N.R.F. Gallimard, Paris, 1962.

Études sur la franc-maçonnerie et le compagnonnage, 2 tomos, Éditions traditionnelles, Paris, 1965.

Aperçus sur l'ésotérisme chrétien, prefácio de Jean Reyor, Editions Traditionnelles, Paris, 1969.

Formes traditionnelles et cycles cosmiques, prefácio de Roger Maridort, N.R.F. Gallimard, Paris, 1970.

Mélanges, N.R.F. Gallimard, Paris, 1976.

Aperçus sur l'ésotérisme hébraïque et le taoïsme, prefácio de Roger Maridort, N.R.F. Gallimard, Paris, 1973.

Études sur l'hindouisme, Éditions traditionnelles, Paris, 1976.

Obras de pesquisa sobre René Guénon

ANDRUZAC, Ch., *René Guénon, la contemplation métaphysique et l'expérience mystique*, Obra com *Nihil Obstat* e *Imprimatur*, Dervy-Livres, Paris, 1980.

CHACORNAC, P., *La Vie simple de René Guénon*, Éditions traditionnelles, Paris, 1958.

LAURANT, J. P., *Le Sens caché dans l'oeuvre de René Guénon*, L'Age d'homme, Lausanne, 1975.

MANARA, G., *Parasites de l'aeuvre de René Guénon*, Edizioni Studi Tradizionali, Turin, 1980.

PONTE, G., "Mesurer René Guénon?", *Rivista di Studi Tradizionali*, nº 36 Turin, 1970.

ROBIN, J., *René Guénon Témoin de la Tradition*, Guy Trédaniel, Éd. de la Maisnie, Paris, 1978.

SCHUON, F., "(Euvre de Guénon", *Les Études traditionnelles*, nº 256-261, Chacornac, Paris, 1951.

SÉRANT, P., *René Guénon*, La Colombe, Paris, 1953.

THAMAR, A., "Comment situer l'oeuvre de Guénon", *Les Études traditionnelles*, nº 282-288, ano de 1951, Chacornac, Paris, 1951.

TOURNIAC, J., *Propos sur René Guénon*, Dervy-Livres, Paris, 1973.

VÂLSAN, M. e os colaboradores de *Études traditionnelles*, número especial sobre René Guénon, Paris, 1951.

O.C., *René Guénon et l'actualité de la pensée traditionnelle*, Atas do Colóquio Internacional de Cerisy-la-Salle, 13-20 de julho de 1973, Arché, Milão, 1980 (div. Dervy-Livres).

XIV

Tradição e Tradição Primordial

Daniélou, J., *Le Mystère de l'histoire*, Le Seuil, Paris, 1953.

"Réticences chrétiennes", número especial de *Planète-Plus* consagrado a René Guénon: "L'Homme et son message", entrevista, com o cardeal Daniélou, pp. 127-133, abril de 1970.

Davy, M.-M., *Initiation médiévale*, Albin Michel, Paris, 1980.

Dermengheim, E., "Joseph de Maistre mystique", *Le Christianisme et la Tradition universelle*, La Colombe, 1946, pp. 253-277.

Georgel, G., "Doctrine des cycles et mouvements de l'histoire", *Le Symbolisme*, nº 398-399, ano de 1970.

Mellor, A., *Dictionnaire de la franc-maçonnerie*, artigo "R. Guénon", pp. 267-268, P. Belfond, 1971. *"Sânâthana Dharma", Cahiers du Sud*, 1949, número especial.

Naudon, P., *La Tradition et la connaissance primordial dans la spiritualité de l'Occident,* Dervy-Livres, Paris, 1977.

Schuon, F., *De l'unité transcendante des religions*, Gallimard — N.R.F., Paris, 1948.

"L'CEl du cœur, Dervy-Livres, Paris, 1974.

"Perspectives spirituelles et faits humains", *Cahiers du Sud*, Paris, 1953.
"Forme et substance dans les religions", *Cahiers du Sud*, Paris, 1975.

"Castes et races, Arché, Milan, 1980

Le Soufisme, voile et quintessence, Dervy-Livres, Paris, 1978.

L'Ésoterisme comme principe et comme voie, Dervy-Livres, Paris, 1979.

Tourniac, J., *Lumière d'Orient, Des chretientés d'Asie aux mystères évangéliques*, Dervy-Livres, Paris, 1979.

O.C., *René Guénon et l'actualité de la pensée traditionnelle*, Atas do Colóquio Internacional de Cerisy-la-Salle, 13-20 de julho de 1973, Arché, Milão, div. Dervy-Livres, Paris.

XV

Sobre Melquisedeque

Ambrósio, Santo, *De sacramentis, De mysteris*, Le Cerf, "Sources chrétiennes", Paris, 1959.

Aron, R., *Le Dieu des origines (Histoire de Dieu)*, Plon, Paris, 1959.

Berthelon, J. P., *Miscellanées traditionnelles et maçonniques*, Techni-Presses, Paris, 1975.

Boccace, *Décaméron*, Livre de poche, nº 3.848.

Boehme, J., *Mysterium Magnum*, com estudos sobre Boehme de N. Berdiaeff, Aubier-Montaigne, Paris, 1945.

Corbin, H., *Le Paradoxe du monothéisme*, L'Herne, Paris, 1981.

Daniélou, J., *Les Saints païens de l'A.T.*, Le Seuil, Paris, 1960.

Théologie du judéo-christianisme, Desclée de Brower, Paris, 1958.

Denys, o Areopagita, *Œuvres complètes*, tradução, prefácio, notas sobre as obras e o Pseudo D. por Maurice de Gandillac, Aubier-Montaigne, Paris, 1943.

Dermengheim, E., *Melchisedech suivi de Symiamire*, La Connaissance, 1920.

Duley, J., O. P., *Visions d'Anne Catherine Emmerich sur la vie de N.S. J.-C. e de la T. S. Vierge, la douloureuse passion de l'Église par les apôtres, coordonnées en un seul texte selon l'ordre des faits*, Téqui, Paris, 1951, 3 tomos.

Friedländer, M., "Le Siècle de Melchisedech et l'Épître aux Hébreux", *Revue des études juives*, V, p. 1 sq. 188 sq. e VI, p. 187 sq., 1882.

Georges, chamado "de Veneza", *L'Harmonie du monde divisée en trois cantiques*, trad. Guy Le Fèvre de la Boderie, Paris, MDLXVIII, Edit. em Jean Macé, no monte Saint-Hilaire, em L'Ecu de Bretaigne, Reimpressão Tapié de Celeyran, Arma Artis, 1978 (tiragem de 100 ex.).

Goetmann, abade, "L'Ordre de Melchisedech et la Première Alliance", *Nouvelle Arche*, ano XII, abril de 1964.

Guénon, R., *Le Roi du Monde*, cap. VI, pp. 47-59, Gallimard, N.R.F., Paris, 1958.

Horton, F. L., *The Melchisedech tradition*, Cambridge University Press, 1976.

MEINHOLD, J., *"I. Mose 14, eine Historich Kritische Untersuchung", Beihefte zur Zeitschrift für die neutestamentliche Wissenschaft*, nº 22, Giessen, 1927.

PERROT, E. *Coran teint, La Fontaine de Pierre*, Paris, 1979.

RUDOFPH, K., *Die Mandäer, Göttingen*, 1804.

Coran teint, La Fontaine de Pierre, Paris, 1979.

Rudolph, K. SIMON, M., "Melchisedech dans la polémique entre juifs et chrétiens", *Revue de l'histoire et de philosophie religieuse*, Strasbourg, Faculdade de Teologia Protestante, 1937.

"Les saints d'Israël dans la dévotion de l'Église ancienne", *Revue de l'histoire et de philosophie religieuse*, Strasbourg, Faculdade de Teologia Protestante, 1954.

VAILLAT, A., *Le Livre des secrets d'Hénoch*, tradução do texto eslavo, Instituto de Estudos Eslavos, Paris, 1975.

VAJDA, G., "Melchisedec dans la mythologie ismaélienne", extraído de *Journal asiatique*, 1943-1945, Bibl, da A.I.U. cota 1376, Librairie orientaliste Paul Gunthner, MDCCCCXL, VII.

WEIL, S., *Lettre à un religieux*, Le Seuil, Paris, 1970.

WUTTKE, G., *"Melkisedech der Priesterkônig von Salem", Beihefte zur Zeitschrift für die neutestamentliche Wissenschaft*, nº 5, Giessen, 1927.

O.C., *Les Doctrines et alliances de l'Église de Jésus-Christ des Saints des Derniers Jours, La Perle de grand prix (choix de révélations, de traductions et de narrations) et Joseph Smith, premier prophète, voyant et révélateur de l'Église de J.-C. des Saints des Derniers Jours, avec quelques additions faites par ses successeurs à la Présidence de l'Église*, Edição da Igreja dos Santos de J.-C. dos Últimos Dias, Salt Lake City, 5ª edição francesa, Francfort-sur-Main, 1981.

O.C., *Yewish Encyclopedia, About "Melchizedek" and "Shem"*, VIII, p. 450 e XI, p. 261, New York, 1946.

XVI

Simbolismo maçônico e paramaçônico

Acta latomorum, 2 vol., P. Élie Dufart, Paris, 1815.

Bayard, J.P., *Le Symbolisme maçonnique traditionnel*, Le Prisme, Paris, 1974.

Le Symbolisme maçonnique des hauts grades, Le Prisme, Paris, 1975.

Le Compagnonnage en France, tese de doutorado em letras, Payot, Paris, 1977.

Brengues, J., *La Franc-maçonnerie du bois*, Le Prisme, Paris, 1973.

Chappron, E.-J., *Nécessaire maçonnique*, edição do autor, Paris, 1814.

Dierickx, M., *Vrijmetselarig de grote onbkente*, U.D.N.B., Anvers, 1967.

Favre, B., *Franciscus, eques a capite galeato*, 1753-1814, prefácio de Copin-Albancelles, La Renaissance française, Paris, 1917.

Findel, J.G., *Histoire de la franc-maçonnerie*, traduzido do alemão por E. Tandel, Librairie internationale, Paris, 1866.

Lacroix, Verboeckoven et Cie, Brixelas-Livourne-Leipzig.

Fulcanelli, *Le Mystère des cathédrales*, J.-J. Pauvert, Paris, 1964.

Hannah, G., *Christian by degrees*, Lewis Ldt, London, 1964.

Inman, H.F., *Masonic problems and queris*, Britens Publishing & Co, London, 1954.

Lantoine, L., *Histoire de la franc-maçonnerie française*, E. Nourry, Paris, 1925.

Palou, J., *La Franc-maçonnerie*, Payot, Paris, 1974.

Les Origines du rite écossais ancien et accepté et son évolution jusqu'en 1804, Fondation J. Palou, Les Mollets, Sazeray, 1972.

Saunier, J., *Les Francs-Maçons*, Grasset, Paris, 1914.

Tourniac, J., *Symbolisme maçonnique et tradition chrétienne*, nova ed., revista, aumentada e completada com documentos originais, Dervy-Livres, Paris, 1982.

Principes et problèmes du rite écossais rectifié et de sa chevalerie templière, Dervy-Livres, Paris, 1969 (em reimpressão).

Propos sur René Guénon, Dervy-Livres, Paris, 1973.

Les Traces de lumière, Dervy-Livres, Paris, 1976.

Vie et perspectives de la franc-maçonnerie traditionnelle, 2 ed., Dervy-Livres, Paris, 1978.

VAN RIJNBERK, G., *Le Tarot*, Derain, Lyon, 1947.

VUILLAUME, C.A., *Manuel maçonnique ou tuileur des divers rites de maçonnerie pratiques en France*, prefácio de J. Tourniac à reimpressão da edição de 1830, Dervy-Livres, Paris, 1976 (esgotado).

WIRTH, O., *Le livre de l'apprenti*, Dorbon, Paris, 1931.

Le Livre du compagnon, Dorbon, Paris, 1931.

Le Livre du maître, Dorbon, Paris, 1931.

Les Mystères de l'art royal, Dorbon, Paris, 1947.

Le Tarot des imagiers du Moyen Âge, Tchou, Paris, 1966.

ZEULEMAKER, J.B., (Jnz. Prof. Mr) *De Vrijmetselarij ontleed*, Stiching Fama Fraternitatis, Anvers, 1972.

O. C., "Ars quatuor coronatorum", Colet. 9, *vol.* 89, do *Transactions of quatuor Coronati Lodge*, nº 2076, London, 1887-1976.

O. C., *Dictionnaire universel de la franc-maçonnerie*, sob a direção de D. Ligou, Navarre et Prisme, Paris, 1974.

O. C., *La Haupt hutte de Strasbourg*, 1782.

O. C., *La Stricte Observance templière avant 1789* (dois manuscritos), por volta de 1775, Rouyat, Éd. Ventabren, 1981.

O. C., *Recueil précieux de la maçonnerie adonhiramite* (Philadelphie, 1787); Rouyat, Éd. Ventabren, 1975.

XVII

SACERDÓCIO CAVALHEIRESCO E MÍSTICA INACIANA

BERNONVILLE, G., *Saint Ignace de Loyola et les jésuites*, Arthème Fayard, Paris, 1934.

BOEMINGHAUS, E., S. J., *L'Ascèse des Exercices de saint Ignace*, Aubier-Montaigne, Paris, 1936.

CRASSET, J., S.J., *Méthode d'oraison*, Spes, Paris, 1931.

GUILBERT, P. J. de, S. J., *Saint Ignace mystique*, Apostolado da Oração, Toulouse.

PICCOLI, conde D., *Histoire de la chevalerie, des croisades et de l'ordre de la milice de Jésus-Christ*, Tobra et M. Simonet, Paris, 1905.

PINARD de la BOULLAYE, E., *La Spiritualité ignatienne*, Plon, Paris, 1948.

Saint Ignace de Loyola directeur d'âmes, Aubier-Montaigne, Paris, 1946.

RAHNER, H., S. S., *Saint Ignace de Loyola et la Genèse des Exercices spirituels*, traduzido do alemão por Guy de Vaux, apresentação de Henry de Lubac, Apostolado da Oração, Toulouse, 1948.

Ignace de Loyola, Desclée de Brower, Paris, 1955.

ROOTHAAN, J., S. J., *Les Exercices spirituels de saint Ignace*, anotados pelo R. P. Roothaan, traduzidos do espanhol pelo P. Pierre Jennesseaux, 23ª edição revista e corrigida pelo P. H. Pinard de la Boullaye, J. de Gigord, Paris, 1948.

SORVAL, J. de, *Le Language secret du balson*, Albin Michel, Paris, 1981.

(S.N.), *Manrèse ou les exercices spirituels de saint Ignace*, 17ª edição, J.B. Pelagaux, Paris, 1802.

MADRAS® Editora CADASTRO/MALA DIRETA

Envie este cadastro preenchido e passará a receber informações dos nossos lançamentos, nas áreas que determinar.

Nome ____

RG ________________________ CPF ____________________

Endereço Residencial ________________________________

Bairro ________________ Cidade ____________________ Estado ___

CEP ____________ Fone ______________________________

E-mail ____

Sexo ❑ Fem. ❑ Masc. Nascimento ______________________

Profissão _________________ Escolaridade (Nível/Curso) __________

Você compra livros:

❑ livrarias ❑ feiras ❑ telefone ❑ Sedex livro (reembolso postal mais rápido)

❑ outros: ____

Quais os tipos de literatura que você lê:

❑ Jurídicos ❑ Pedagogia ❑ Business ❑ Romances/espíritas

❑ Esoterismo ❑ Psicologia ❑ Saúde ❑ Espíritas/doutrinas

❑ Bruxaria ❑ Auto-ajuda ❑ Maçonaria ❑ Outros:

Qual a sua opinião a respeito dessa obra? ________________________

____

Indique amigos que gostariam de receber MALA DIRETA:

Nome ____

Endereço Residencial ________________________________

Bairro ______________ Cidade ______________ CEP __________

Nome do livro adquirido: ***Melquisedeque ou a Tradição Primordial***

Para receber catálogos, lista de preços e outras informações, escreva para:

MADRAS EDITORA LTDA.
Rua Paulo Gonçalves, 88 — Santana
CEP: 02403-020 — São Paulo/SP
Caixa Postal: 12299 — CEP: 02013-970 — SP
Tel.: (11) 6959-1127 — Fax: (11) 6959-3090
www.madras.com.br

Este livro foi composto em Times New Roman, corpo 11/12.
Papel Offset 75g – Bahia Sul
Impressão e Acabamento
Editora Parma Ltda – Avenida Antonio Bardella, 280
(Cidade Satélite Cumbica) – Guarulhos – SP
CEP 07220-020 – Tel.: (0_ _11) 6462-4000